쉽고 체계적인
설득커뮤니케이션의 이해

정만수 | 이은택 지음

에피스테메
EPISTEME

쉽고 체계적인 설득커뮤니케이션의 이해

ⓒ 정만수 · 이은택, 2008

초판 1쇄 찍은 날 2008년 9월 16일
초판 1쇄 펴낸 날 2008년 9월 22일

지은이 정만수 · 이은택
펴낸이 장시원
펴낸곳 (사)한국방송통신대학교출판부
　　　　110-500 서울시 종로구 이화동 57번지
　　　　전화 | 영업_ 02-742-0954
　　　　　　　편집_ 02-3668-4764
　　　　팩스 | 02-742-0956
　　　　출판등록 | 1982년 6월 7일 제1-491호
　　　　홈페이지 | press.knou.ac.kr

출판위원장 한복연
책임편집 김미란
표지 디자인 김명혜
편집 · 소판 프리스타일
인쇄 · 제본 정문사문화(주)

ISBN 978-89-20-92813-0 93070

값 13,000원

책머리에

　모든 성공은 설득 능력에서 시작한다. 우리는 설득의 달인이 되기를 원하는 동시에 타인의 부당한 설득에 넘어가지 않기를 원한다. 판매원이 매장을 방문한 고객을 설득하여 제품을 구매하도록 만들려면 설득 능력이 필요하다. 광고 시안을 가지고 광고주의 승낙을 받거나 PR 전략을 수립해서 PR주의 승인을 받기 위해서도 설득 능력이 중요하다. 상사에게 자신의 의견과 주장을 제시하여 채택하게 하거나, 매력적인 이성을 설득하여 연인 또는 배우자로 만들기 위해서도 설득 능력이 중요하게 작용한다. 이처럼 설득 능력은 전문가뿐만 아니라 생활인 모두에게 필요한 능력이다.

　설득 능력은 그것이 선의든 악의든 강력한 무기가 된다. 설득 능력이 있는 사람은 청소년을 마약으로부터 안전하게 지키고 전쟁을 막으며, 자신은 물론 다른 사람의 삶까지 변화시킨다. 반대로 설득 능력을 악의로 사용하면 사람들을 술, 담배, 폭력, 마약의 유혹에 방치하고, 불필요한 충동구매를 부추기며, 심하면 삶을 파괴할 수도 있다. 우리는 좁게는 자신과 친구 그리고 가족을, 넓게는 공동체를 개선하고 향상시키는 '긍정적인 설득의 힘'에 집중하고 싶어 한다. 영국의 역사학자 토인비는 "영국 광고계에 종사하는 극히 일부의 광고인만 참여해도 새로운 생활양식을 창조할 수도 있고, 인류의 더 나은 삶을 위해 프란시스코 성인을 따르게도 할 수 있다"라고 갈파한 적이 있다. 이것은 광고, 더 나아가 설득의 영향력을 웅변으로 말해준 것이다.

　설득의 달인이 되는 것에 대해 '다른 사람에게 무엇인가를 강요하고 교묘한 술수를 부리거나 혹은 뻔뻔스러워지는 것'이라고 생각하는 사람들이 있을 지도 모른다. 하지만 이는 잘못된 편견이다. 설득은 단기적 성과를 거두기 위한 술수가 아니라 장기적 성과를 획득하기 위한 전술이다. 다른 사람을 효과적으로 설득하고, 영향력을 행사하기 위해서는 무엇보다도 커뮤니케이션 기법을 숙달하고 인간의 본성을 이해하는 것이 필요하다. 더욱이 홈쇼핑 채널과 같이 우리에게 전해지는 강력한 설득메시지에 대해 효율적으로 대처하기 위해서는 설득커뮤니케이션의 기능과 작동 원리에 대한 체계적인 이해가 요구된다.

이 책은 현대사회에서 이처럼 중요한 역할을 하고 있는 설득커뮤니케이션을 체계적이면서도 알기 쉽게 이해하기 위해 쓰여졌다. 이론뿐만 아니라 다양한 실제 사례도 흥미롭게 풀어내고자 노력했다. 이 책의 독자들은 주로 커뮤니케이션 관련 분야 또는 광고 홍보학을 공부하는 학생이거나 설득이라는 주제에 관심이 있는 일반인일 것이다. 이 책을 통해 얻게 될 설득커뮤니케이션에 대한 체계적인 지식을 통해 광고나 홍보, 건강커뮤니케이션 분야를 전공하거나 실제 업무를 수행할 때 많은 도움을 받을 수 있을 것이다.

≫ 교재의 내용과 구성

이 책에서 다루는 내용은 다음과 같다.

첫째, 설득이라는 개념을 체계적으로 탐구하고 그에 대한 연구경향들을 소개한다.
둘째, 기존의 SMCRE 모델에 기초하여 설득과정의 주요 요소들을 알아보고 이를
　　　한국사회에 적용한 관련 연구들을 알아본다.
셋째, 대표적인 설득커뮤니케이션 활동인 광고와 PR, 건강커뮤니케이션에 대한
　　　기초 지식과 이를 설득이론과 연관시킨 사례들을 학습한다.

이 책은 모두 11개의 장으로 구성되어 있으며, 각 장마다 학습목표와 주요용어, 연습문제가 포함되어 있다. 제1장에서 소개하는 설득에 대한 탐구는 다른 장의 내용을 전반적으로 소개해 주는 가이드라인 역할을 할 것이다. 또한 각 장에 실려 있는 다양한 사례와 연구들을 통해 이론적 지식을 얻고 이를 실제생활에 적용하는 방법을 습득할 수 있을 것이다.

차 례

제1장 설득커뮤니케이션의 기초   1

1.1. 설득커뮤니케이션이란?   3
1.2. 설득의 정의와 주요 모델   4
1.3. 설득커뮤니케이션의 연구 경향   11
1.4. 설득과 매스미디어 이론   33

제2장 설득커뮤니케이션과 전달자   39

2.1. 설득커뮤니케이션에서 전달자의 역할   41
2.2. 전달자효과와 관련된 요인   42
2.3. 집단의 영향력과 동조   45
2.4. 전달자의 임무와 증명의 사용   48
2.5. 전달자의 일상적 전략   53
2.6. 설득커뮤니케이션과 전달자 관련 연구   58

제3장 설득커뮤니케이션과 메시지   63

3.1. 설득커뮤니케이션 과정과 메시지   65
3.2. 태도변화에 영향을 미치는 메시지 요인   66
3.3. 메시지의 작성 및 배열   68
3.4. 메시지의 소구방식에 따른 분류   75
3.5. 비언어적 메시지와 설득   77
3.6. 설득커뮤니케이션과 메시지 관련 연구   81

제4장 설득커뮤니케이션과 매체 87

4.1. 설득커뮤니케이션과 매체의 의미 89

4.2. 매체의 발전과 설득커뮤니케이션 90

4.3. 슈워츠의 매체관 95

4.4. 맥루언의 매체관 98

4.5. 의제설정과 설득 101

4.6. 설득커뮤니케이션과 매체 관련 연구 102

제5장 설득커뮤니케이션과 수용자 107

5.1. 설득커뮤니케이션에서 수용자의 중요성 109

5.2 수용자와 태도 110

5.3. 설득과정에서 수용자와 관련된 요소들 117

5.4. 수용자와 동기의 각성 121

5.5. 설득커뮤니케이션과 수용자 관련 연구 123

제6장 설득커뮤니케이션의 효과 127

6.1. 설득커뮤니케이션 효과의 정의 및 쟁점 129

6.2. 설득커뮤니케이션 효과와 소비자행동의 일반모델 131

6.3. 설득커뮤니케이션의 효과연구 140

6.4. 설득커뮤니케이션의 효과 관련 연구 145

제7장 설득커뮤니케이션과 광고(I)   149

7.1. 광고의 설득기능   151
7.2. 행동주의적 설득이론과 광고   151
7.3. 인지학습   159
7.4. 동기적 설득모델과 광고   162

제8장 설득커뮤니케이션과 광고(II)   175

8.1. 인지적 설득모델과 광고   177
8.2. 귀인이론   185
8.3. 통합적 설득모델과 광고   189

제9장 특수한 형태의 설득커뮤니케이션   197

9.1. 유머광고   199
9.2. 잠재의식광고   205
9.3. 설득의 백화점 : 홈쇼핑 채널   210

제10장 설득커뮤니케이션과 PR   217

10.1. PR란?   219
10.2. PR의 주체   220
10.3. PR의 형태   224
10.4. PR의 수행과정   231

10.5. PR 메시지의 요소   233

10.6. PR와 기업 이미지   235

10.7. 스포츠 마케팅   238

10.8. PR 성공사례   241

제11장 설득과 건강커뮤니케이션   245

11.1. 건강커뮤니케이션의 이해   247

11.2. 주요 설득이론과 건강커뮤니케이션   249

11.3. 정교화가능성 모델과 건강커뮤니케이션   251

11.4. 사회학습이론과 건강커뮤니케이션   262

11.5. 건강 관련 태도변화를 위한 이론적 입장   263

11.6. 건강커뮤니케이션 사례   264

참고문헌   285
찾아보기   288

1

제 1 장

설득커뮤니케이션의 기초

개요

이 장에서는 일상생활에서 흔히 사용되는 설득이라는 개념을 개괄적이며 체계적으로 알아본다. 설득이란 타인의 태도에 영향을 끼치기 위해 주로 언어와 시청각적인 수단을 이용하여 시도하는 상징적 행위라고 정의할 수 있다. 이러한 설득을 이해하기 위해 역사적으로 설득의 정의를 고찰하고 기초적 모델인 SMCRE 모델과 랭크의 모델을 살펴본다. 그리고 설득커뮤니케이션의 연구 경향을 각각 인문학적 접근과 사회과학적 접근으로 구분하여 이론의 핵심적 사항을 숙지한다.

학습목표

- 설득에 대한 다양한 정의를 이해한다.
- 설득과정에서의 SMCRE 모델을 이해한다.
- 설득에 대한 인문학적 · 사회과학적 접근 경향을 파악한다.

주요용어

수사학, 에토스, 파토스, 로고스, 생략삼단논법, 에피파니, 담론

심리적 소구, 수면자효과, 부메랑효과, 블랙박스, 최신효과

FUD 전략, 인지 일관성, 행동주의, 강화의 계획, 역할수행

개혁의 확산, 이용과 충족

1.1. 설득커뮤니케이션이란?

설득(persuasion)이란 무엇인가? 혹은 설득커뮤니케이션이란 무엇인가? 이와 같은 질문에 대해 즉각적으로 응답할 수 있는 사람은 실제로 설득과정을 전공하는 학자나 설득을 실천에 옮기고 있는 현업 종사자들이 아니라면 아주 드물 것이다. 하지만 우리가 흔히, 그리고 여러 곳에서 듣고 보고 하는 과정이 실제로는 모두 설득이라고 하는 커다란 개념에 속한다. 오늘날에는 설득의 역할이 특히 중요해지고 있는데, 그 이유는 기술의 급속한 발전에 발맞추기 위해 생각하고 믿고 행동하는 데 필요한 새로운 방식을 보다 많이, 그리고 보다 빨리 시도하고 도입해야 하기 때문이다. 일상생활에서 직면하는 설득의 쉬운 예를 들어 보자.

첫 번째 예로 가정에서 벌어질 수 있는 경우를 생각해 보자. 어머니는 반찬 투정을 하는 아이를 달래기 위해 여러 가지 시도를 한다. 경우에 따라서는 야단을 치거나 체벌을 하는 것과 같은 강압적인 방법을 사용하지만, 이것이 항상 효과적인 것은 아니다. 보다 효과적이고 바람직한 방법은 설득의 방법을 사용하는 것인데, 가정에서 아이에게 사용할 수 있는 방법으로는 부모의 말을 잘 듣는 대가로 주말에 야외로 데리고 간다든지 좋아하는 물건을 사 주는 것과 같은 추후의 보상을 제시하는 것이다. 이와 같이 설득은 강압적인 분위기가 아닌 부드러운 분위기에서 말로 잘 설명하여 상대방의 부정적인 태도를 변화시키는 것을 가장 큰 목적으로 한다.

두 번째 예로 한 직장인의 출근길을 떠올려 보자. 이 직장인은 매일 아침 지하철로 출근하는데, 그는 매일 신문을 읽거나 지하철의 내부에 걸려 있는 인쇄광고물과 마주치며, 지하철 출구를 나서면서 고층건물의 대형화면을 통해 동영상광고를 보게 된다. 대부분의 광고는 그의 머릿속에 오래 남아 있지 않지만, 경우에 따라 특정한 광고는 그의 주의를 끌고 유난히 관심을 두게 한다. 광고인에게 설득이란, 이와 같이 수용자 혹은 소비자의 주의를 끌어 마지막으로 옮겨지는 행동, 즉 특정 제품의 구매에까지 이르게 하는 일련의 과정을 의미한다.

위의 두 가지 예에서 볼 수 있듯이 설득이라는 개념은 거창한 것이 아니라 우리의 실생활에서 매일같이 접하고 실천하는 행위 자체이다. 그러나 이처럼 실생활에서 늘 사용하는 설득은 안으로 들어가 보면 매우 복잡하고도 정교한 이론적 모델들로 구성되어 있다. 이 장에서는 설득을 하나의 커뮤니케이션 과정으로 보고 이를 움직이게 만드는 여러 가지 요소를 고찰하고, 설득과정에 대한 전반적인 이론적 체계를 하나하나 살펴볼 것이다.

설득과정은 한마디로 전달자 혹은 설득자와 수용자 모두에게 하나의 상징적 행위라고 할 수 있다. 설득은 또한 근본적으로 타인에게 영향을 끼치려고 하는 민주적이면서도 인본주의적인 시도이다. 여기에서 유념할 점은 강압적인 수단을 쓰지 않는다는 것이다. 다시 말해 설득이란 타인에게 특정한 행동을 하도록 강요하는 것이 아니라, 상대방이 행동을 취하도록 논리적이고 감정적이며 문화적인 근거를 제공하여 좋은 의도로 커뮤니케이션을 하는 것이라고 정의할 수 있다.

1.2. 설득의 정의와 주요 모델

1. 설득에 대한 다양한 정의

서구사회에서는 설득에 대한 관심 및 탐구가 오래전부터 이루어져 왔다. 이미 그리스 시대부터 철학자들은 사람들 간의 상호작용에 대해 관심을 가지기 시작하였다. 그리스 시대의 철학자들은 설득을 체계적으로 연구하기 시작하였는데, 그들은 이를 수사학(rhetoric)이라고 불렀다. 그들은 수사학을 재판이나 민주주의를 실천하는 데 적극적으로 사용하였다.

설득에 대해 체계적으로 탐구한 아리스토텔레스는 설득을 "어떤 주어진 경우에서 가능한 설득의 수단을 준수하는 능력"이라고 정의하였다. 그에 따르면 설득은 예술적 증명과 비예술적 증명으로 구분된다. 또한 설득은 세 가지 요소로 구성되어 있는데, 그것은 전달자의 신뢰도[에토스(ethos)], 정서적 소구[파토스(pathos)], 논리적 소구[로고스(logos)]에 기초하고 있다. 또한 그는 설득은 설득자와 피설득자 간에 존재하는 공통점에 기초할 때 가장 효과적이라고 생각하였다. 설득자와 피설득자 간의 공통점을 얻기 위해 설득자는 수용자와 수용자의 신념에 대한 특정한 가정을 만드는 데 많은 노력을 기울이게 된다. 이러한 신념을 알게 되면 설득자는 생략삼단논법(enthymeme)을 사용할 수 있는데, 생략삼단논법이란 증명과정에서 첫 번째 혹은 주요한 전제가 설득자에 의해 주장되지 않고 수용자에 의해 제공되는 주장 형태를 의미한다. 따라서 설득자의 과제는 수용자가 가지고 있는 첫 번째 혹은 주요 전제인 공통점을 알아내어 이를 생략삼단논법에 사용하는 것이다. 아리스토텔레스의 이 세 가지 개념에 대해서는 뒤에서 더 상세히 다룰 것이다.

로마 시대의 키케로는 설득적 화법의 다섯 가지 요소를 다음과 같이 정리하였다. 성공적인 설득을 위해서는 첫째, 증거와 주장을 발견 혹은 발명하고, 둘째, 그것들을 정돈하며, 셋째, 미적으로 멋을 내고, 넷째, 그것들을 암기하며, 마지막으로 그것들을 능숙하게 전달하는 것이 필요하다. 같은 로마 시대의 이론가인 퀸틸리아누스는 설득자는 좋은 발화자이면서도 '훌륭한 사람'이어야 한다고 주장하였다.

고대 그리스 시대와 로마 시대의 정의들은 주로 메시지의 전달자와 설득자의 기술과 미적인 측면만을 강조하였다. 이러한 수사학적 전통은 현대사회로 넘어오면서 매스미디어의 도래와 함께 점차 변화하게 된다.

커뮤니케이션 학자인 브렘벡과 하월은 설득을 "사람의 동기를 미리 정해진 목적에 따라 조작함으로써 사고와 행동을 수정하려는 의식적 시도"라고 정의하였다. 여기서 중요한 것은 관심의 초점이 논리의 사용에서 수용자의 내적인 동기인 보다 '감정적인' 설득수단으로 변화하였다는 것이다. 이후에 브렘벡과 하월은 설득의 정의를 단순하게 "선택에 영향을 주기 위한 커뮤니케이션"이라고 변화시켰다.

문학비평가이자 이론가인 버크는 설득을 '모호함의 자원'을 예술적으로 사용하는 것으로 정의하였다. 그는 피설득자들이 그들 자신의 언어라고 느끼는 정도가 동일시를 느끼는 데 매우 중요하다고 보았는데, 이는 아리스토텔레스가 말한 설득자와 피설득자 간의 공통점 개념과 비슷한 개념이다.

역사적으로 오랜 기간 동안 많은 학자들에 의해 정의되어 온 설득의 개념에 대하여 라슨은 "언어적 혹은 시각적 상징의 사용을 통해 전달자와 수용자 간의 동일의 상태를 공동으로 창조하는 과정"이라고 정의하였다. 라슨의 정의 중에서 공동의 창조라는 개념은 수용자 안에 들어 있는 것이 전달자의 의도나 메시지의 내용 못지않게 중요하다는 것을 가리키고 강조하는 용어이다. 다시 말하면, 설득이란 전달자와 수용자가 아리스토텔레스가 주장한 공통점의 개념을 함께 만들었을 때 이루어지는 것이다.

라슨은 계속해서 설득에 대한 정의를 발전시켜 성공적이고 윤리적인 설득을 이루기 위한 세 가지 기준점을 제시하였는데, 그 세부 항목은 다음과 같다.

첫째, 전달자와 수용자 양측이 설득을 할 수 있는 동등한 기회가 주어지고 양측이 동등한 능력을 가지고 있으며, 커뮤니케이션 미디어에 동등하게 접근할 수 있을 때 성공적인 설득이 이루어진다. 이러한 상황을 설정하는 것 자체가 이상적이고 현실적이지는 않지만 기본적 전제조건임에는 틀림없다.

둘째, 논점의 주제가 분명히 밝혀져야 한다. 이를 위해서는 수용자에게 실제 목표와 지향점을 알리고 논점의 주제를 어떻게 밝힐 것인가를 알려야 한다. 피설득자의 입장에서 보면 설득자의 의도를 미리 알게 되면 이를 받아들일 것인가 아닌가를 판단하기가 훨씬 쉽다.

셋째, 가장 중요한 것은 비판적인 수용자의 존재 여부이다. 능동적이고 깨어 있는 수용자는 전달자가 전하는 메시지에 대해 충분한 데이터를 얻기까지는 판단을 유보해야 한다. 예를 들어, 공중건강을 위한 공익적인 설득커뮤니케이션이 지나치게 부정적인 장면만을 지속적으로 내보내게 되면 부메랑효과(boomerang effect)가 발생하게 된다. 다시 말해 적절한 정도의 위협소구를 사용해야 효과적인데, 너무 적거나 너무 많으면 효과를 보기가 힘들다. 결과적으로 너무 부정적인 메시지에 대해서는 수용자가 외면하게 되어 많은 시간과 비용을 들인 건강커뮤니케이션 (health communication)이 큰 효과를 보지 못하게 된다.

한편 설득은 한 사람 혹은 여러 사람이 한 사람 혹은 여러 사람에게 영향(influence) 을 주는 형태의 하나이다. 영향은 다양한 형태로 이루어지는데, 그중 설득은 위에서 지적한 것같이 민주적이고 인본주의적인 방법을 사용하는 것이다. 영향의 형태에는 강압, 사회적·문화적 동력, 설득, 의도적인 행동수정, 비의도적인 행동수정, 정보통합, 생물학적·환경적 요소 등이 있다.

2. 설득과정에서의 SMCRE 모델

커뮤니케이션 현상을 설명하기 위해서 자주 쓰이는 도구가 모델(model)이다. 모델은 실물과 구조는 같지만 규모를 다르게 만든 가상의 형체를 의미한다. 모델의 목적은 어떤 구조나 과정의 주요소들과 개별 요소들 간의 관계를 보여 주는 것이다. 이런 맥락에서 커뮤니케이션 모델은 커뮤니케이션 과정의 구조를 언어와 그림을 사용하여 비유적으로 표시한 것이다. 복잡한 현상을 단순화하여 설명해 주는 모델은 조직화 기능과 길잡이 기능, 그리고 예측 기능을 가지고 있다.

설득커뮤니케이션과 관련하여 주목을 끄는 것은 오래전에 발표된 SMCR 혹은 SMCRE 모델이다. 섀넌과 위버는 후에 수학적 모델(mathematical model)이라고 명명된 유명한 모델을 고안해 내었는데, 이는 사람들 사이의 커뮤니케이션을 수학적이고 계량할 수 있는 모델로 정리한 것이었다. 초기에는 SMCR라는 네 가지 요소로 구성되었다가 나중에 효과(effect)가 포함되어 SMCRE 모델이 된 이 모델은 설득커뮤니케이션 영역에서뿐만 아니라 모든 커뮤니케이션 과정을 설명할 때 자주, 그리고 기본적으로 제시되는 모델이다. 이 모델은 이후 벌로나 로저스와 같은 학자들에 의해 여러 번 수정되고 변형되기도 하였으나 기본적 전제는 동일하다.

이 모델은 다섯 가지 요소로 구성되어 있는데 각 요소의 특징을 간략히 설명하면 다음과 같다. 이 구성요소들에 대해서는 이후에 소개되는 각 장의 핵심 내용으로 다시 자세히 설명할 것이다.

1) S : 전달자 혹은 소스

전달자(sender) 혹은 소스(source)란 커뮤니케이션의 출발점 혹은 정보의 원천을 의미한다. 설득커뮤니케이션에서 전달자란 설득메시지를 수용자에게 전달하는 사람이나 기관, 조직을 의미한다. 전달자는 메시지를 전달하는 사람으로, 쉬운 예로 광고모델 혹은 외판원, 정치인 등을 들 수 있다. 다른 요소들과 마찬가지로 전달자는 매우 다양한 요소로 구성되어 있다.

2) M : 메시지

메시지(message)란 말 그대로 전달자의 의미를 어떠한 종류의 부호를 통해 수용자에게 전달하는 내용을 의미한다. 이를 다른 말로는 내용(content)이라고도 하며 광고나 PR 메시지 자체를 가리킨다. 물론 메시지는 언어적(verbal)인 것만 있는 것은 아니다. 경우에 따라서는 설득커뮤니케이션에서 언어적인 메시지보다는 비언어적(non-verbal)인 메시지가 더 효과적일 수도 있다.

3) C : 채널

채널(channel)이란 전달자가 다양한 방식으로 제작하거나 포장한 메시지를 수용자에게 전달해 주는 운반체를 의미한다. 이를 다른 용어로는 매체(media) 혹은 회로(circuit)라고도 한다. 흔히 우리는 텔레비전매체가 신문매체에 비해 선정적이고 즉시성이 뛰어나다고 말한다. 이러한 이야기는 채널의 속성을 쉽게 표현해 주는 예이지만, 그러나 채널이 그렇게 간단한 개념은 아니다. 채널에는 또한 잡음(noise)이라는 장애물이 있어 메시지가 전달자의 의도대로 수용자에게 전부 전달되지는 않는다.

4) R : 수용자

수용자(receiver)란 커뮤니케이션 모델의 일직선상에서 전달자와 대칭되는 위치에 자리 잡고 있어 전달자로부터 전달된 메시지를 수용하는 역할을 한다. 초기의 효과이론인 탄환이론(bullet theory)에서는 수용자의 역할을 미미하고 수동적인 것으로 간주하였으나, 최근의 연구 경향은 수용자의 능동성과 역동성을 강조하고 있다. 다시 말해 수용자는 전달자가 전하는 메시지를 일방적이고 무비판적으로 받아들이는 것이 아니라, 자신이 원하는 바를 선택적으로 수용할 수 있으며 경우에 따라서는 자신의 해석까지도 추가한다. 이는 특히 인터넷이 상용화된 오늘날 잘 적용된다. 인터넷의 상호작용성은 이전의 매체에서는 상상할 수 없을 만큼 커졌다.

5) E : 효과

지금까지 살펴본 내용은 전달자로부터 시작된 메시지가 어떤 채널을 통해 수용자에게 흘러 들어오는가에 대한 전반적인 과정이지만, 실제로 연구자들이나 실무자들의 관심은 이를 어떻게 측정하는가에 있다. 이런 연구 경향을 효과연구(effect study)라고 한다. 예를 들어, 같은 메시지를 담은 광고메시지라도 텔레비전이라는 매체를 사용하였는가, 신문이라는 매체를 사용하였는가에 따라 효과는 크게 달라질 수 있다. 이러한 연구는 채널연구에서도 할 수 있지만 더 크게 보면 효과연구라고 할 수 있다. 따라서 효과연구란 지금까지 논의한 각 구성요소가 실제로 어떤 기능과 역할을 수행하는가를 측정하는 포괄적인 연구라고 할 수 있다.

3. 랭크의 설득모델

랭크는 설득커뮤니케이션 과정에서 그동안 무비판적인 것으로 인식되어 왔던 수용자관에 대해 문제를 제기하였다. 무비판적이고 수동적이기 쉬운 수용자를 설득과정에서 비판적이고 능동적으로 교육시키기 위해 그는 설득모델을 개발하였는데, 이는 '강화-경시(intensify-downplay) 도식'으로 정리될 수 있다. 랭크의 모델에서 사용된 기초적인 아이디어는, 설득자들이 목표를 성취하기 위해 두 가지 주요한 전략을 사용한다는 것이다. 하나는 그들의 제품이나 후보, 정책의 특정 측면을 강화시키는 것이고, 다른 하나는 다른 측면들을 경시하는 것이다.

전략적 차원에서 설득자는 다음과 같은 전략을 쓴다.

첫째, 자신의 장점을 강화한다.

둘째, 경쟁자의 약점을 강화한다.

셋째, 자신의 단점을 경시한다.

넷째, 경쟁자의 장점을 경시한다.

이러한 전반적인 전략 아래 강화전략에는 반복, 연계, 구성의 방법이 포함되고, 경시전략에는 생략, 전환, 혼돈의 방법이 포함된다.

1) 강화전략

인간에게는 기본적으로 다른 사람들 앞에서 자신이나 자신의 물건을 좋게 보이려고 하는 본능이 있다. 따라서 자연스럽게 자신의 장점과 경쟁자의 단점을 강조하게 된다.

(1) 반복

한 제품이나 사람, 후보에 대해 장점이나 단점을 강화시키는 가장 손쉬운 방법은 지속적으로 반복하여 제시하는 것이다. 반복(repetition)은 특히 광고에서 가장 자주 쓰는 전략 중의 하나이다. 신제품이 출시되면 광고인들은 소비자들에게 그 제품명을 기억시키기 위해 제품명을 듣기 거북할 정도로 계속 반복하여 제시한다. 또한 선거철에 한 후보는 자신의 장점이나 경쟁후보의 단점을 집요하게 반복해서 제시한다.

(2) 연계

연계(association)란 연상 혹은 연합이라고도 하는데, 크게 세 가지 과정으로 구성
된다. 첫째, 대의나 상품 혹은 후보자가, 둘째, 이미 좋아하거나 싫어하는 무엇에
게, 셋째, 수용자에 의해 연계되어 있다. 즉 이러한 연계과정을 통해 대의나 상품,
후보자가 좋아하거나 싫어하는 어떤 것에 의해 동일시된다. 흔히 연계과정은 특정
제품이나 후보를 일반인들이 좋아하는 사람이나 동물 등과 연계시키는 방식으로
사용된다.

(3) 구성

구성(composition)이란 메시지의 제작과 관련된 사항으로, 메시지의 물리적 구성
을 변화시켜 자신의 장점을 강조하거나 경쟁자의 단점을 강조하는 것을 의미한다.
구성의 변화는 비언어적 혹은 시각적 수단을 사용하거나 다양한 형태를 통해 이루
어진다. 예를 들어, 문구 하나를 고침으로써 의미가 달라지거나, 카메라의 앵글을
달리함으로써 이미지를 좋게 만들 수 있다.

2) 경시전략

경시란 설득과정에서 설득자가 피설득자에게 쓰는 전략으로, 강화전략과는 반
대로 자신의 단점이나 경쟁자의 장점을 무시하는 것을 의미한다. 예를 들어, 한 회
사는 경쟁회사의 신제품 개발에 대해 무시하거나 의미를 축소시키는 방법을 사용
한다. 그러나 경시전략은 잘못 사용될 경우 엄청난 후폭풍을 불러올 수도 있다.

(1) 생략

생략(omission)은 자신의 단점을 감추기 위해 특정한 정보를 누락시키는 것이다.
예를 들면, 정치광고에서 자신이나 자신의 아들이 병역의 의무를 마치지 않은 후
보자들은 병역 사항을 의도적으로 생략하는 경우가 많다. 또한 제품광고에서 제품
의 단점은 의도적으로 생략하고 장점만을 강조한다.

(2) 전환

전환(diversion)이란 경쟁자의 장점, 혹은 자신의 단점에 대한 관심을 다른 곳으로 돌리는 것을 의미한다. 이를 위해 경쟁자의 장점이나 자신의 단점을 희석시키거나 주의를 다른 곳으로 끌기 위한 희생양을 찾게 된다. 예를 들어, 치약광고에서 경쟁사의 치약이 살균력이 강하다는 것을 무시하기 위해 자사 치약의 향기나 색깔이 좋다는 광고를 제작할 수 있다. 실례로 포드자동차는 자사의 SUV인 익스플로러가 안전문제를 일으키자 그에 대한 초점을 전환시키고자 안전문제를 타이어회사인 파이어스톤의 잘못으로 전환시켰다.

(3) 혼돈

혼돈(confusion)은 수용자가 이해할 수 없는 매우 복잡한 용어나 은어를 사용하거나 알기 어려운 대답을 하는 것이다. 또한 잘못된 논리를 사용하여 소비자나 유권자를 혼동시키는 것도 여기에 포함된다. 예를 들어, 일반 사용자들이 익숙하지 않은 중앙처리장치(CPU)나 하드디스크 용량 등을 컴퓨터 광고에 포함시켜 사후 서비스 부족 등의 약점을 수용자들이 알아차리지 못하게 만드는 광고 등이다.

1.3. 설득커뮤니케이션의 연구 경향

설득에 대한 연구는 연구의 역사 및 탐구방향, 지향점 등으로 구분해 보았을 때 크게 두 가지 경향으로 구분된다. 이를 라슨은 크게 질적(qualitative) 연구와 양적(quantitative) 연구로 구분하였다. 질적 연구에 속하는 전통은 아리스토텔레스에 뿌리를 둔 것으로, 설득 혹은 수사학을 하나의 예술적인 행위로 간주하는 입장을 견지한다. 이 전통에 따르면 설득은 수량화되거나 객관화된 방식으로 연구하는 것이 아니고 수사학적인 면에 치중하여 인문학적 방법으로 접근해야 한다.

한편 20세기에 들어 주로 미국에서 시작되고 발전된 연구 경향은 철저하게 수량화하고 객관화하는 사회과학적 접근방식에 뿌리를 두고 있다. 주로 심리학과 사회심리학적 연구에 뿌리를 두고 있는 이 연구 경향은 실험실이나 모의 실제상황에서 피험자들을 대상으로 하는 실험연구에서 많은 시사점을 도출해 내었다. 오늘날 행해지는 설득과 관련된 많은 연구들은 이 두 번째 전통인 양적 연구 계열에 속하는 것이다. 따라서 아리스토텔레스의 수사학을 토대로 하는 질적 연구는 인문학적 접근이라고 할 수 있으며, 양적 연구는 사회과학적 접근과 동일하다.

1. 설득에 대한 인문학적 접근

1) 아리스토텔레스의 고전적 접근

설득에 대한 탐구는 고대 그리스로부터 시작되었다. 아리스토텔레스가 언급한 설득 주제의 상당수는 오늘날에도 적용될 수 있다. 아리스토텔레스는 『수사학』을 포함해서 다양한 주제를 다룬 400권 이상의 책을 저술하였고, 그중 『수사학』이 설득연구에서 가장 중요한 작품으로 간주된다. 수사학에서 설득과 가장 관련 있는 특징 가운데 몇 가지는 다음과 같다.

(1) 맥락과 목적에 적합

아리스토텔레스는 설득에 대한 하나의 접근이 모든 상황에 맞지 않다는 점을 인식하였다. 그는 설득적인 발화자는 맥락에 적응해야 한다고 제안하였다. 세 가지 맥락이 그의 사고를 지배하였는데, 첫 번째는 변론적 담론으로서, 법적 광장(아레나)에서 법적인 토론을 다루는 것이다. 두 번째는 과시적 담론으로서, 칭찬과 비난이 공존하는 상황을 다룬다. 세 번째는 숙의적 담론으로서, 정치영역에서 특별한 주의를 가지고 미래의 정책을 다루는 것을 의미한다. 이 세 가지 유형의 담론은 오늘날에도 매우 중요하다. 오늘날 우리는 판매광고, 정치광고, 건강 캠페인 등 많은 다양한 설득 맥락을 다룬다. 여기서 중요한 것은 아리스토텔레스가 설득전술은 맥락에 부합해야 한다는 점을 오래전에 인식하였다는 점이다.

(2) 수용자 적응과 사상의 공통 영역

아리스토텔레스는 다양한 맥락에 있는 청자들이 비슷한 생각을 가진다고 가정하였다. 즉 특정 종류의 소구방식이 많은 수용자의 주목을 끄는 데 효과적일 수 있다고 가정한 것이다. 『수사학』에서 아리스토텔레스는 개인의 회피 경향에 대한 주장을 하였다. 그는 발화자가 행복을 가져오는 것들은 촉진하고, 행복을 파괴하거나 방해하는 것들에 대해서는 저항해야 한다고 제시하였다. 그가 제시한 효과적인 소구에는 번영을 얻는 것, 최고의 즐거움을 얻는 것, 재산을 지키는 것, 좋은 우정을 유지하는 것, 아이를 많이 낳는 것, 아름다움을 높이는 것, 건강을 지키는 것 등이 포함되는데, 이들 중 대부분은 오늘날에도 효과적이다. 매슬로의 욕구 단계와 같이 현대의 욕구 접근방법의 대부분의 요소가 여기에서 발견되며, 아리스토텔레스는 그중 상당수는 외재적이고 나머지는 내재적임을 인식하였다.

『수사학』의 후반부에서 아리스토텔레스는 설득장치의 사례에 수용자들에 대한 폭넓은 소구방식을 제공하였다. 그는 보편적 진리를 듣고 싶어하는 청자들을 위해 격언을 사용할 것을 제언하였다. 본질적으로, 아리스토텔레스는 설득하는 사람들에게 수용자가 이미 믿고 있는 바를 강화시킬 것을 충고하였다. 그는 "그러므로 연설가는 실제 그의 청중이 이미 견해를 가지고 있는 주제와 그들의 견해가 무엇인지를 추측해야만 하며, 그 이후에 일반적 진리로서, 동일한 주제에 대해 동일한 견해를 표현해야만 한다."라고 주장하였다.

(3) 증거의 유형

아리스토텔레스는 법정이나 정부, 시장에서 아테네의 많은 설득자들이 설득을 하는 것을 지켜보면서 자신의 설득이론을 발전시켰다. 『수사학』에서 아리스토텔레스는 설득자가 만들거나 조작할 수 있는 기교적 증거나 소구라고 불렀던 것에 관심을 기울였다. 예를 들어, 설득자들은 특정한 말과 이미지를 선택함으로써 감정적 분위기를 만들 수 있고, 자신의 목소리 톤이나 속도, 성량을 다양하게 함으로써 분위기를 고양시킬 수도 있다. 한편 비기교적 증거는 설득이 발생하는 장소와 같은 상황적 요인이나 화자의 키, 혹은 신체적 매력 등과 같이 설득자의 통제를 벗어난 요소를 의미한다.

① 에토스와 진실성

아리스토텔레스 설득이론의 첫째 요소인 에토스는 여러 차원을 가진 개념이다. 실제로 설득을 하기 전에 설득자는 수용자에게 몇 가지 방식으로 인식된다. 심지어 설득자가 수용자들에게 전혀 알려져 있지 않더라도, 수용자들은 발화자의 용모나 키, 피부색, 몸동작, 의상, 걸음걸이 등에 기반을 두고 설득자에 대해 특정한 결론을 내린다. 설득자가 수용자에게 알려져 있는 경우에도 수용자들은 설득자의 말솜씨나 정직성, 지식, 경험, 혹은 유머감각에 대한 정보를 가지고 있다. 에토스에 대한 평가는 다양한 정치 후보자, 그리고 상품과 서비스에 대해 이루어질 수 있다.

이처럼 목소리의 좋고 나쁨이나 주장의 명석함, 단어 선택, 눈 맞춤과 같은 추가적인 특징들이 에토스의 하부요소로 작용한다. 보다 최근의 연구자들은 성실함이나 신뢰성, 전문적 지식, 역동성이나 성장력을 포함한 여러 차원을 추가하고 있다.

개인적 에토스의 한 가지 요소가 다른 것들보다 뛰어날 수 있다. 때때로 사람의 명성은 중요한 요인이 될 수 있다. 예를 들어, 호색한으로 널리 알려진 전 미국 대통령 클린턴의 이미지는 그의 정치 경력 내내 그를 괴롭혔다.

하지만 에토스는 한 가지로 단정될 수 없는 많은 복잡한 요소들을 포함한다. 예를 들어, 미국의 전 하원의장이었던 깅리치는 그가 클린턴을 부도덕하다고 맹비난하던 시기에 스스로도 불륜을 저지르고 있었다.

② 파토스와 덕목

파토스는 감정을 의미하는 용어이며, 열정이나 의지에 대한 소구와 연관된다. 오늘날 용어로 심리적 소구에 해당하며, 중요한 감정적 문제에 초점을 둔다. 설득자들은 청중의 감정적 상태를 평가하고, 그 상태에 초점을 맞춘 기교적인 소구를 구성한다.

다음의 리스트는 감정에 대한 소구로서, 아리스토텔레스가 인용한 몇 가지 심층적 가치 혹은 덕목들이다.

- 정의(justice) : 법의 준수, 소유권, 절제와 같은 특성들을 포함한다.
- 신중함(prudence) : 충고하는 방법, 혹은 좋은 판단을 보여 주는 방법과 관련된 개념이다.
- 관대함(generosity) : 단지 물질적인 것을 남에게 주는 것에만 한정되는 것이 아니라, 가정이나 직장, 공동체, 정부 혹은 국제관계에서 이타적 속성을 가지는 것을 포함한다.

- 용기(courage) : 외부의 압력에도 불구하고 옳다고 생각하는 것을 행하는 것을 의미한다.
- 절제(temperance) : 인간 행동의 모든 영역에서 자기 절제와 온건함을 포함하는 개념이다. 절제적인 인간이란 스스로 감정과 욕망을 통제할 수 있는 사람이다. 이런 사람들은 열린 마음을 가지고 있고 다른 사람의 관점을 자기 것처럼 생각하는 경향이 있다.
- 담대함(magnanimity) : 소심함에서 벗어나 남을 용서하고 허물을 눈감아 줄 수 있는 마음과 세상을 개선하는 방법을 찾는 열망을 의미한다.
- 장엄함(magnificence) : 인간의 삶의 질을 향상시키는 것에 대한 관심을 의미한다. 인류의 역사에서 간디나 링컨, 유관순 등이 이런 특성을 가진 사람들이다.
- 지혜(wisdom) : 훌륭한 판단과 성격, 경험 등에서 우러나오는 특성을 지칭한다.

③ 로고스와 논거의 입장

로고스는 지성에 대한 소구를 의미하며 인간의 이성적 측면을 다룬다. 설득자는 로고스를 통해 수용자들이 논리적 방법으로 통계적 자료나 사례, 증명을 처리하여 스스로 결론에 이를 것을 기대한다. 설득자는 수용자들이 어떻게 자료를 처리할 것인지를 예측하고 정보처리와 결론의 추론패턴을 평가해야 한다. 이성적 방법의 가장 대표적인 것은 삼단논법(syllogism)이다.

현대의 많은 시장조사들은 소비자들의 주요한 전제를 확인하고자 노력한다. 이런 생각으로, 광고인들은 '공통의 기반'을 따라서 설득적 의미의 공동 창작을 효과적으로 발전시키는 제품과 포장, 광고를 디자인한다. 아리스토텔레스는 그러한 공통의 기반을 찾는 좋은 방법은 논거의 입장이나 토픽(topic)별로 분류화하는 것이라고 생각하였다. 설득자들은 이러한 입장을 확인하고 그들이 특정 청중을 위해 일할지 여부를 결정하고자 한다.

- 정도 혹은 '다소'에 대한 논거 : 예를 들어, 재고를 저장하기보다 줄어든 비율에 따라 그것들을 파는 것이 나에게 다소 이윤이 될까? A후보자가 B후보자보다 다소 신뢰할 만한가?
- 가능성 대 불가능성의 논거 : 예를 들어, 제3세계 국가들이 생태학적으로 안전한 방법으로 살아가는 것이 가능할까? 인터넷과 전자우편이 우편서비스를 파산으로 이끌 것인가?
- 과거 사실 : 사건이 실제로 발생하였는가? 이 진술은 법정에서 매우 중요하며,

그곳에서는 범죄가 실제로 발생하였음이 입증되어야만 한다. 이와 마찬가지로 공장을 폐쇄해야 할지 여부를 결정하려는 회사는 과거 사실을 고려할 필요가 있다. 공장은 이윤을 내었던가? 효과적이었던가?

- 미래 사실 : 미래에 무엇인가 발생할 것 같은가? 이것은 가능성이 아닌, 개연성에 초점을 둔다는 점에서 가능성 대 불가능성의 논거와 다르다. 예를 들어, 우리가 가까운 미래에 '가상현실'을 사용해서 의류상점을 운영하는 것이 가능할까? 그러한 기술에 투자하는 것이 현명한 일인가?
- 크기 : 중요하거나 중요하지 않은 무언가가 있는가? 의미 있는 혹은 의미 없는 변화를 낳는가? 예를 들어, 전자우편이 어느 정도로까지 대학교육에 통합될 것인가?

(4) 언어의 유효성

아리스토텔레스는 신중하게 선택된 언어는 효과적 설득전략의 일부가 된다고 보았다. 그는 감정적 표현의 사용을 장려하였다. 왜냐하면 그것은 청중이 발화자와 감정을 공유할 수 있게 만들기 때문이다. 하지만 감정적 언어는 맥락과 상황에 적절해야만 한다. 더 나아가, 그는 보다 감정적으로 사용된 언어가 청중이 한 주제에 대해 비슷한 생각을 공유하고 있을 때 사용될 수 있다고 이해하였다. 그는 친숙한 사람의 이미지를 통해 새로운 아이디어와 사실을 전달하는 데 있어서 은유와 미소의 중요성을 강조하였다.

2) 변증법적 접근과 인식론적 접근

진리에 대해 아리스토텔레스의 입장보다는 그의 스승인 플라톤의 입장을 이해하는 것이 더 어렵다. 플라톤은 인간으로서 우리는 절대적 진리를 직접 볼 수는 없으며, 단지 진리에 대한 간접적 이미지, 흐릿함 혹은 그림자만을 주워 모을 수 있다고 믿었다. 따라서 우리는 전체 진리를 보지 못하며 다른 사람들과의 대화를 통해서 진리는 더 분명해진다. 그러나 대화를 통해 진리를 발견하는 일은 진리가 절대적이라고 믿는 사람들에게는 충분하지 않다.

플라톤은 진리의 개념에 대해 많은 주의를 기울였다. 그와 소크라테스와의 대화집인 『고르기아스』에서, 그는 수사학이 인생에서 중요한 것임을 확인하였지만, 그것은 진리를 발견하는 수단이라기보다는 말로만 떠들고 소구하며, 가장하거나 속이는 데 이용되는 기술로 생각하였다. 플라톤은 소크라테스와 패드루스의 대화에서, 사익을 추구하기보다 청자들의 이익을 최선으로 추구하는 자로서 이상적인 발화자 개념을 제시하였다. 플라톤은 모든 진리가 상대적이라는 사실을 믿지 않았다.

플라톤은 아리스토텔레스에 의해 접목된 공공대화 모형 대신 대화기법을 사용하였다. 그의 대화는 용어가 정의되는 문제로 시작한다. 그러므로 가설은 이러한 질문에 대한 대답을 통해 소개되며, 대답을 엄격하게 따져 묻는다. 결국, 각자 지위의 이해를 높이는 이슈 논증의 측면에서, 변화를 낳는 전형적인 몇 가지 해답이 있다. 플라톤의 변증법적 접근은 윤리가 전달자가 사용하는 기술과 분리될 수 없는 더 긴밀한 관계와 관련된다.

3) 스콧의 인식론적 접근

수사학자인 스콧은 마치 제품이나 상품처럼 객관적 패키지로 제시되는 진리 개념에 대해 반대한다. 그는 진리는 과학의 영역에 있는지 공공문제의 영역에 있는지에 따라 결코 확실하지 않은 개념이라고 주장한다. 그에게 수사학은, 진리가 '인간적, 창조적 과정'에서 순간으로 보이는 지속적 발견의 과정이다. 이런 시각을 다른 용어로 인식론적 접근방식이라고 한다. 다시 말해, 수사학은 사물에 대해 알아가는 과정이라고 정의할 수 있다. 비록 진리가 한 시점에서는 안정적일 수 있다 하더라도, 변화하는 세계에서 영원히 고정되어 있을 수는 없는 것이다. 우리가 새로운 방식으로 무언가를 보는 순간을 종종 '에피파니(epiphany)' 혹은 '유레카(eureka) 순간'이라 부른다. 스콧의 입장은 실존주의 사상가들과 많이 유사하며, 그들은 진리가 살아 있는 순간에 경험되며 영원히 소유될 수 없다고 주장한다.

지속적 발견의 과정으로서 설득을 이해하는 것은 설득을 배우는 과정에서 중요한 원리 중 하나이다. 이러한 시각은, 단순히 일련의 설득전략이나 이론만을 배우는 것이 보다 폭넓게 설득을 이해하기에는 충분하지 않다는 것을 보여 준다. 오늘날 텔레비전, 라디오, 신문, 잡지와 같은 많은 매스미디어는 상호작용을 많이 허용하지 않지만, 새로운 미디어인 인터넷은 이전과는 비교할 수 없을 정도로 매우 큰 상호작용을 허용하고 있다.

4) 피셔의 담론이론

담론이론은 전통적인 아리스토텔레스의 입장에 대한 대안으로서 지지를 얻고 있다. 그러한 시각의 핵심에는 드라마나 뉴스기사가 인간이 사건을 설득하고 설명하는 데 이용할 수 있는 가장 영향력 있고 설득적인 은유라는 전제가 깔려 있다. 포괄적인 담론이론에서, 커뮤니케이션 이론가인 피셔는 모든 이성적 행동은 담론 용어에서 설득적 사건을 줌으로써 분석적 장치로서 기사, 드라마 혹은 담론을 사용하는 것이 이해될 수 있다고 제시한다.

피셔는 담론이 일치와 충성을 가지고 있는지 여부에 따라 설득에 성공하거나 실패한다고 주장한다. 일치란 이야기가 모순되지 않는 방식이어서 의미나 효과를 가진다는 의미이고, 충성이란 이야기의 개연성이나 믿음성과 관련된 개념이다.

일치하는 이야기와 함께 거의 모든 사람은 그 전제나 요점을 이해한다. 이야기는 기교적으로 진술되며 결과적으로 신뢰를 가지게 된다. 일치는 이야기가 얼마나 일관적인가 하는 정도에 달려 있다. 일관성은 이야기가 논리적으로 조직되거나 전개되는 것을 의미한다. 즉 우리는 일반적으로 이야기의 결과나 등장인물의 운명을 이야기가 끝날 때까지 알지 못한다. 일관적인 담론에서, 등장인물들은 그들이 하는 것을 행하는 합당한 이유를 가지고 있고, 상황의 효과나 이야기의 설정 또한 이치에 닿는다.

담론에서 충성은 일치와 유사하지만, 이야기의 신뢰성이나 진실성에 보다 초점을 둔다. 충성은 내러티브의 설정과 플롯, 등장인물, 결과에 대한 이성이나 좋은 추론의 논리를 제시한다. 피셔는 충성이 잘 이루어지는 담론의 세 가지 기준을 다음과 같이 제시하고 있다.

첫째, 담론은 이야기의 요점이나 교훈을 적절하게 제시하고 등장인물에 의해 취해진 행동에 적절한 인간적 가치를 다루어야 한다.

둘째, 그 가치는 등장인물들의 긍정적 결과를 이끌고 우리 자신의 경험과 동시적으로 있어야 한다.

셋째, 그 가치는 우리의 미래를 위한 이상적 철학이나 비전을 형성해야 한다.

담론은 또한 공통적 세계관을 함께 이끄는 동일시의 공동체를 형성할 수 있다. 이것 때문에 담론은 역사를 통해 모두는 아니지만 대부분의 이데올로기 운동에서 중심이 되어 왔다. 담론은 가장 영향력 있는 이용 가능한 설득전략 가운데 하나이다. 좋은 이야기는 많은 사실을 논박할 수 있다.

2. 설득에 대한 사회과학적 접근

제2차 세계대전이 끝난 후 예일 대학교의 심리학 연구자 집단은 설득에 대한 경험적 연구에 몰두하였고, 그 결과 설득이론과 실천에 관해 지금까지 영향을 미치는 족적을 남겼다. 호블랜드와 재니스, 켈리가 쓴 『커뮤니케이션과 설득』은 1950년대의 설득연구를 자극하였고, 그 연구의 결과물들은 오늘날의 설득연구에도 지속적으로 영향을 주고 있다. 인문학적 접근과는 대조적으로, 사회과학적 연구들은 설득이 어떻게 통제된 조건에서 작동하는지에 대한 질문에 답하기 위해 실험방법을 자주 사용한다. 이를 위해 특정 환경에서 설득이 어떻게 작용하는지 설명하고, 설득이 미래에 어떻게 작용하는지 예측하기 위해 변인이 통제되고, 측정되며, 분석된다. '경험적(empirical)'이라는 용어는 경험이나 관찰에 의한 지식을 타당화하는 실제를 말한다. 관찰은 설득적 경험에 대한 실제 행동을 직접 보거나 대리적 관찰을 통해 정보를 모으는 것과 관련된다. 이러한 많은 연구들은 실험결과를 분석하는 통계방법을 사용하며, 그 밖의 연구들은 설득행동의 체계적 기술을 사용한다.

1) 강화와 학습이론

설득에 대한 사회과학적 접근은, 사람들은 그들이 보상받는 태도·믿음·행동을 계속 유지하고 부정적 결과를 회피하려 한다는 가정에 기반을 두고 있다. 이를 쾌락주의 원칙 혹은 쾌락-고통 원칙이라고 한다. 보다 일반적으로, 이러한 연구경향은 강화이론에 속한다. 강화는 일종의 학습인 설득과 함께 단순히 학습으로 간주되기도 한다.

(1) 행동주의이론

고전적 조건화(classical conditioning)라는 개념은 스키너 이전에 손다이크와 왓슨, 파블로프의 연구로 널리 알려졌지만, 스키너는 1938년에 그가 쓴 『유기체의 행동』을 기점으로 행동주의와 거의 동일시되는 인사가 되었다. 스키너의 많은 업적은 설득연구에 널리 적용할 수 있다. 예를 들어, 스키너는 강화의 계획(schedule of reinforcement)이라는 개념을 고안하였는데, 이는 긍정적 혹은 부정적 강화물이 얼마나 자주, 그리고 어떤 종류의 행동을 나타내는지에 관한 것이다. 긍정적 강화물이 특정 행동의 사례로 제시될 경우, 스키너는 이를 '지속적 강화물'이라고 불렀다.

스키너는 모든 정확한 반응이 강화를 낳지 않는다는 사실을 인정하여, 어떤 때는 강화되고 어떤 순간에는 강화되지 않는 이 두 번째 강화를 '간헐적 강화'라고 불렀다. 스키너는 더 나아가 이러한 간헐적 강화가 비율이나 간격 기준에 따라 발생할 수 있고, 비율이나 간격은 고정되거나 바뀔 수 있다고 보았다. 고정된 비율 강화에서 정확한 반응은 주어진 반응 수 이후에 강화된다. 무작위적인 비율 강화에서는 강화를 낳는 정확한 반응의 수를 예측할 수 없다. 고정된 간격 강화에서 강화는 예측 가능한 시간간격에서 발생한다. 무작위 간격 강화에서 강화 사이의 시간길이는 예측할 수 없다. 우리는 그가 노동자들에게 작업 향상을 설득하기 위해 칭찬을 사용하였다고 말할 수 있다. 스키너는 수학과목에서 판에 박힌 학습이 해답이 옳은지 그른지를 즉시 배우고 문제를 해결하는 데 효율적이지 않다는 것을 보여 주었다.

정치분야에서 설득자의 임무는 강화에 대한 유권자들의 패턴을 결정하는 것이다. 이것은 후보자들이 왜 그렇게 많은 투표행위에 관여하는지를 설명해 준다. 유권자들은 정치인들이 제공하는 강화를 평가할 필요가 있다. 다시 말해, 캠페인 공약이 긍정적 자극인가 혹은 부정적 자극인가, 긍정적 강화를 얻고 부정적 강화를 피하기 위해 무엇을 해야 하는가 등이다. 많은 다른 이론가들과 달리, 전통적 학습이론은 전달자보다 수용자를 덜 강조한다. 사실 스키너는 충동, 동기, 본능, 태도, 가치 혹은 믿음과 같은 정신상태인 블랙박스(black box) 구조에 대한 실험을 인정하지 않았다. 이러한 모든 것은 인간의 마음과 신체 내부에 있기 때문에 스키너에게는 알 수 없는 것이었다. 스키너는 환경에 대한 연구자가 조작한 대상행동의 상관관계가 유일하고 중요한 실제 관찰이라고 믿었다.

(2) 사회학습이론

밴듀라의 사회학습이론(social learning theory)은 스키너의 행동주의와는 달리, 이른바 블랙박스 내에서 변화가 어떻게 발생하는지 설명하기 위한 이론이다. 밴듀라는 한 사람의 행동으로부터 다른 사람의 행동에 이르는 내부상태와 사회강화 사이의 지속적 상호작용에 인간이 반응한다고 보았다. 따라서 사람들은 어떤 행동이 사회적으로 바람직하지 않거나 사회적인 처벌을 가져온다고 인식하면 그 행동을 그만둔다는 것이다. 밴듀라에 따르면 강화는 두 가지 주요 원천에서 나온다. 하나는 직접경험 혹은 대리경험 형태의 외부 정보이고, 다른 하나는 우리 자신의 개념과 같은 내부적으로 발전하고 스스로 강화하는 체계이다.

사람들은 외부세계로부터 그들의 행동에 대한 직접보상이나 처벌을 받으며, 결과적으로 사회규칙을 발견하여 그에 따라 행동한다. 비록 사람들이 어린 시절에 많은 사회규칙을 배운다고 하더라도, 나이가 들어 감에 따라 새로운 사회규칙들을 계속 발견하게 된다.

사람들이 받아들일 만한 사회적 행동을 얻는 외부적 원천은 역할행동이다. 밴듀라가 확인한 강화의 마지막 외부적 원천은 역할모델(role model)이다. 사람들은 유명 운동선수나 성공한 기업인, 뛰어난 학자 등과 같은 사람들에 대해 호감을 가지고 있다. 자연스럽게 그들을 선호하거나 존경하기 때문에, 그들의 행동을 흉내 내거나 조언을 받아들이기 쉽다.

(3) 행위이론과 문화학습

러시아의 심리학자인 비고츠키는 행동에 대한 발전적 접근을 고안하였다. 그것은 강화이론의 일종이었지만, 미국의 연구와는 차이가 있었다. 비고츠키는 지식은 매개된다고 보았다. 다시 말해, 유아는 외부세계의 상징과의 연상을 통해 학습을 시작하며 부모나 보모들이 그들을 도와주는 관계에 의해 도움을 받는다. 비고츠키에 따르면, 공동체는 아이들이 배우는 과정에서 커다란 역할을 한다. 예를 들어 유아가 무엇인가를 가리킬 때, 사람들은 그 물체와 연상되는 단어를 말한다. 행위이론으로 알려진 비고츠키의 공식은 문화가 어떻게 개인이 성숙하는 데 도움을 주는지를 설명해 준다.

2) 태도변화에 대한 관점

제2차 세계대전 동안 각국의 지배층이나 군 사령관들이 일반 민중을 전쟁을 위한 노력동원에 끌어 들이기 위해 단편영화와 라디오를 광범위하게 사용하였다는 사실은 설득과 선전의 힘이 막강하다는 것을 명확하게 보여 준다. 전쟁 이후 대중설득은 정치영역을 넘어 일상생활과 상업적 영역으로까지 확산되었다. 정치계와 종교계, 상업영역을 망라하여 효과적인 설득자들은 전후 새로운 미디어의 발전에 힘입어 이전에는 상상할 수도 없었던 많은 대중과 접촉할 수 있게 되었다. 제2차

세계대전 동안 심리학자였던 호블랜드는 태도평가에 대한 커뮤니케이션 관계를 연구하였다. 그가 제시한 태도가 행동을 예측할 수 있다는 가정은 스키너의 행동주의와의 주요한 단절이었다. 태도변화에 대한 연구에 따르면, 인간 행동은 많은 제한이 있으나, 그중 가장 중요한 것 중의 하나는 태도이다. 태도변화 연구자들의 핵심적 질문은 "설득과정에서 어떤 요인들이 사람의 태도를 변화시키는 데 가장 중요한가?"이다.

(1) 변인분석적 접근

호블랜드는 효과적 설득을 이루어 내는 많은 요인을 분리하려고 노력하였다. 이러한 연구들 가운데 대부분은 이제 예일 커뮤니케이션과 태도변화 프로그램으로 알려진 곳의 후원 아래 집합적으로 진행되었고, 그 프로그램은 재니스, 켈리, 앤더슨과 같은 공동연구자 집단을 포함하였다. 일반적인 설득이론을 발전시키는 것 대신에, 호블랜드는 하나의 이슈에 초점을 둔 많은 연구를 통해서 설득과 관련된 주요 변인들을 체계적으로 고려함으로써 설득을 연구하였다. 예일학파는 사람들이 변화를 지지하는 증거나 충분한 강화가 주어진다면 자신의 태도를 변화시킬 것으로 보았다. 그러기 위해서는 기존 태도를 변화시킬 정보와 태도로부터 나오는 행동을 처리할 동기가 필요하다. 호블랜드 등의 연구자들은 설득이 주의, 이해, 수용, 보류, 행위라는 다섯 단계 혹은 국면을 통해 진행된다고 보았다.

① 전달자효과

설득메시지의 수용은 두 가지 요소에 달려 있다. 하나는 아리스토텔레스의 에토스에 대한 논의에서 다루었던 전달자의 신뢰도나 진실성이고, 다른 하나는 수용자에 대한 전달자의 매력이다. 초기의 신뢰도 연구는 평판(reputation)에 대한 아리스토텔레스의 개념에 의존하고 있다. 다양한 전달자를 다룬 연구에서, 동일한 메시지는 다양한 종류의 평판을 가진 설득자들로부터 나왔다. 한 연구에서는, 흡연과 폐암에 대한 메시지를 외과의사와 대학 2학년생이 전달하도록 하였다. 당연히 수용자들은 메시지가 대학생이 아닌 외과의사가 전달하였다고 믿을 경우 더 크게 태도를 변화시켰다. 그러나 여기에서 중요한 점은 전달자 신뢰도의 효과는 만일 메시지 내용이 수용자들의 기억에서 전달자로부터 분리된다면 시간이 지나면서 줄어들 수 있다는 점이다.

호블랜드와 동료들은 이러한 지연되는 효과를 '수면자효과(sleeper effect)'라고 불렀다. 수면자효과는 발화자의 신뢰도가 처음에 높았을 경우, 발화자에게 불리하게 작용할 수 있다. 다시 말해, 발화자의 높은 신뢰도는 종종 시간이 지나면서 사라지게 된다. 그러나 초기에 발화자의 신뢰도가 특히 높지는 않지만 아주 강한 주장이 제기되었을 경우에는 발화자에게 유리하게 작용할 수 있다. 왜냐하면 사람들은 강한 주장만을 기억하고 신뢰도 요소는 잊을 수 있기 때문이다.

다른 전달자 연구들은 전달자의 키가 얼마간의 태도변화를 이끄는지, 눈 맞춤이 어떤 영향을 주는지와 같은 질문들에 초점을 두고 있다. 전달자의 매력을 결정하는 중요한 요인 중 하나는 전달자가 우리와 얼마나 유사한가이다. 설득자에게 유사성은 제안을 위한 신뢰를 세우는 데 아주 확실한 항목이다. 하지만 유사성에 근거한 소구는 정당하지 않은 신뢰를 세움으로써 윤리적으로 남을 속이는 데 이용될 수 있다.

② 메시지효과

예일학파는 메시지의 본질에 대한 논의에도 초점을 맞추었다. 예를 들어, 연구자들은 증거의 가장 중요한 사항은 마지막에 나오지(최신효과) 않고 처음에 나온다(초두효과)고 주장한 룬드의 연구결과를 검증하였다. 호블랜드와 동료들은 초두－최신효과에 대한 것이 매우 복잡하며, 처음 이야기하는 사람이 두 번째 이야기하는 사람에 비해 반드시 이점을 가지지는 않는다고 보았다. 그러나 부정적 정보는 인상 형성에서 중요한 역할을 하는데, 특히 처음에 제시된 부정적 정보는 극복하기 어렵다.

사람의 동기도 정보를 처리하는 데 중요한 역할을 한다. 내용의 순서는 인식에 대한 높은 필요성을 가진 사람들에게는 정보처리를 위한 동기화 경향에 거의 영향을 주지 않는다. 하지만 정보를 처리하는 데 동기화되지 않은 사람들에게는 본질적인 차이를 낳는다.

의견을 공개적으로 지지하는 메시지 수용자들은 그렇지 않은 사람들보다 자신의 마음을 쉽게 바꾸지 않는다. 시간프레임은 초두효과 혹은 최신효과가 지배적인지 여부를 예측하는 데 중요하다는 것을 보여 주었다.

설득자가 이슈의 한 측면만을 제시할 것인가 아니면 양 측면을 제시할 것인가는 주장과 증거의 배치와 관련되어 있다. 설득자들은 항상 표적수용자(target audience)의 지배적 태도가 무엇인가를 확인해야 한다. 호블랜드는 논쟁적 이슈가 제기될 경우에는 사람들이 이미 인지하고 있는 부정적 주장을 꺼내는 것이 현명하다고 제안하였다.

앨런은 1만 명 이상의 사람들을 대상으로 70개의 다측면 메시지에 대한 연구들을 메타분석하였다. 그의 분석에 따르면, 반대편 주장의 반박을 담고 있는 양면메시지가 가장 효과적이다. 심지어 유사한 가치를 지니고 있는 사람들은 양면메시지로부터 혜택을 얻는 것으로 밝혀졌다.

③ 공포소구와 충동감소

호블랜드와 재니스, 켈리는 공포소구의 사용이 설득의 가능성을 증가시킨다고 보았다. 그들은 공포소구를 사용하는 설득시도에 응하는 것이 감성적 긴장을 줄인다고 제안하였다. 충동-감소 모델은 이전에 논의된 쾌락-고통 원리의 보다 전문화된 형태이다.

호블랜드 등은 공포소구가 수용자들이 믿도록 요구된 행동에 의해 효과적으로 맞설 수 있는 충분한 충동상태를 일으킬 수 있다면 효과를 가질 것이라고 보았다. 위협이 다루어질 수 있는 이러한 인식은 '효능(efficacy)'이라고 불린다. 만일 부정적 결과가 위협이나 경고의 인식에 따라 본질적이지 않다면, 그 효과는 무시할 만한 수준일 것이다. 마찬가지로 위협이나 경고를 제기하는 사람의 신뢰도가 낮다면 순응하는 수준은 떨어질 것이다. 1만 5000명 이상의 사람들을 다룬 28개의 연구에 따르면, 공포소구의 사용과 태도변화 사이에 의미 있고 지속적인 관계가 나타났다. 다시 말해 공포소구는 효과가 있었다.

한편 얼마나 많은 공포를 사용하는 것이 효과적인지에 대한 논란이 지속되어 왔다. 유명한 공포소구 관련 연구에서 재니스와 페쉬바흐는 치아위생과 관련된 공포소구를 연구하였다. 그들은 너무 많은 공포각성이 중간 정도의 공포각성보다 덜 효과적일 수 있음을 발견하였다. 재니스는 공포소구에 대한 역 U자 반응으로 이 효과를 설명하였다. 즉 공포에 대한 높은 수준(역 U자 곡선의 최상부)은 방어적 회피를 낳지만, 공포에 대한 낮은 수준은 태도변화를 이끌기에 충분하지 않다. 그러므로 재니스는 공포에 대한 중간 수준을 사용하는 것이 최적의 결과를 낳는다고 주장하였다.

태도변화에 대한 공포소구의 의미 있는 효과는 커뮤니케이션 학자인 몬고의 메타분석에 의해 지지되었다. 더 나아가 이들 연구는 공포소구가 사람들이 나이를 먹으면서 더 효과적이고, 근심에 빠지기 쉬운 사람들에게는 덜 효과적임을 보여 준다. 지난 50년간 공포소구에 대한 많은 연구는 효과적 공포소구는 첫째, 수용자 세계에 의미 있는 위협을 제시해야 하고, 둘째, 발생할 것같이 인식되어야 하며, 셋째, 수용자에 의해 이상적으로 이행될 수 있는 교정법을 가지고 있어야 한다고 제안하였다.

공포소구에 대해 많은 관심을 가지는 이유는 그것이 오늘날 수용자들이 쉽게 마주칠 수 있는 공통의 설득장치 가운데 하나이기 때문이다. 한 텔레커뮤니케이션의 제품 매니저는 인기 있는 판매기술 가운데 하나는 공포(fear)와 불확실성(uncertainty), 의심(doubt)을 사용하는 것이라고 인정하였다. 이것은 영어의 첫 글자를 따서 FUD 전략이라고 한다. 기술 혹은 테크놀로지는 FUD 전략의 사용에 특히 적합한 영역으로 보인다. 왜냐하면 기술은 항상 새로 등장하며 불확실성은 그것의 자연적인 결과이기 때문이다. 몇몇 회사들은 불확실한 환경에서 자신의 강점을 강조하지만, 다른 회사들은 자신의 경쟁사를 헐뜯기 위해 FUD를 사용한다.

재정투자 시장은 FUD 전략이 자주 쓰이는 또 다른 영역이다. 많은 투자자의 포트폴리오에서 거대한 손실은 사람들로 하여금 FUD 전략을 수용하게 만들었다. 2002년 재정투자 광고를 살펴보면 투자의 위험과 건실한 기업의 안정성에 대한 공통적 주제가 나타난다.

④ 사회적 판단이론

사회적 판단이론은 우리가 준거점을 어떻게 형성하는지, 또는 셰리프와 호블랜드가 '닻(anchors)'이라고 불렀던 것에 초점을 둔다. 닻은 사람들이 사람이나 이슈, 제품 등을 비교하는 내부 준거점이다. 이러한 시각에서 모든 이슈는 어떤 주어진 시간에 닻을 가진다. 사회적 판단이론에서는 판단기준을 순차적 시간에 따라 설득적 커뮤니케이션에 의해 설립된 닻에 비유한다. 아마도 이 이론의 가장 중요한 기여는 닻이 실제로 하나의 측면이라기보다 다양한 국면의 범위를 제시한다는 가정일 것이다. 그러므로 사회 이슈에 대한 개인의 입장은 수용의 범위나 허용 정도로 인식된다고 본다.

이 이론에 따르면, 보다 중요한 과업 가운데 하나는 여러 집단의 사람들이 직접 그 이슈와 관련된 입장에 닻을 강하게 설정하는지의 여부를 결정하는 것이다. 이슈에 공개적 입장을 밝힌 사람들이 변화를 하는 것은 어렵지만, 시간이 지남에 따라 태도변화가 발생한다. 특정한 브랜드에 충성심을 발휘하는 소비자들은 자신이 좋아하는 브랜드에 높은 자아관여를 한다. 따라서 브랜드의 충성도는 특정 상품의 판매에 커다란 영향을 끼친다.

(2) 합리적 행동이론

연구자들은 태도-행동 관계를 지속적으로 입증하는 것이 매우 힘들다는 것을 깨닫게 되었다. 합리적 행동이론을 제시하면서, 피시바인과 에이젠은 태도에 대한 정의가 너무 포괄적으로 되어 있어 태도-행동 관계에 대해 일관적인 설명이 힘들다는 점을 지적한다. 그들은 태도가 아닌 피설득자들의 행동의도에 대한 설득변인 효과를 측정할 것을 제안한다. 예를 들어, 쓰레기 재활용에 대한 태도를 평가하기 위해 사람들에게 질문을 하는 대신에, 피시바인과 에이젠은 쓰레기 재활용과 실제로 관련된 의도와 사람들에게 그 행위가 얼마나 중요한지를 평가하는 질문을 하였다.

이 이론에 따르면 행동의 의도는 두 가지 평가의 결과물이다. 하나는 행동에 대한 사람의 태도와 행동이 그 개인에게 얼마나 중요한가이고, 다른 하나는 개인에 대한 규범적 영향력과 그 영향력이 개인에 의해 얼마나 중요하게 여겨지는가이다. 규범적 영향력은 중요한 개인이나 집단이 그 행위를 하거나 하지 않는 것이 바람직한지를 판단하는 개인의 믿음이다. 다시 말해 사람들은 그들이 그것을 하기를 희망하기 때문에, 혹은 다른 사람들이 그것을 하기를 원한다는 것을 믿기 때문에 무엇인가를 하려고 한다. 실제로는 아마도 두 가지의 혼합이 차이를 낳을 것이다. 동일한 원리가 일반적으로 어떤 행동을 수행하지 않는 의도에도 적용된다. 어떤 광고나 홍보 캠페인의 효과를 검증할 때, 더 광범위한 태도가 아닌 행위 의도를 검증하는 것이 필요하다.

많은 설득 캠페인은 추천할 만한 행동을 선택하는 개인이 다수임을 보여 주기 위해 규범을 성공적으로 사용하고 있다. 과도한 음주를 억제하기 위한 캠페인은 학생 대다수가 과도한 음주를 하지 않고 있다는 것을 보여 주기 위해 고안된다.

3) 인지적 접근

(1) 인지일관성이론

인지일관성이론은 인간이 자신의 삶에서 인지적 불일치를 줄이기를 원한다는 가정에 기초하고 있다. 사회심리학자인 쇼와 코스탄조는 인지일관성이론을 "일관적이지 않은 심리상태가 원래 심리적으로 평온한 일관성을 얻기 위해 설계된 행동에 불편한 심리상태를 불러일으키는 일반적 명제"라고 정의하였다. 인지적 불일치는, 당신이 어떤 사람을 좋아하지만 그 사람이 당신이 좋아하는 다른 사람을 싫어할 때 발생한다. 혹은 그 사람은 당신이 전형적으로 싫어하는 특정 정당 출신의 정치 후보자를 좋아할 수도 있다. 다양한 인지일관성이론은 살아가면서 우리들이 직면하는 다양한 상황을 설명해 준다.

하이더의 P-O-X 이론은 발표된 시기는 오래되었지만 아직도 인지일관성이론에서 중요한 위치를 차지하고 있다. 균형이론(balance theory)으로 잘 알려진 이 이론은 한 사람(P)과 다른 사람(O), 특정한 대상(X)의 관계를 탐구하기 때문에 P-O-X 이론이라고도 한다. 여기서 X는 대상도 되고 다른 사람도 될 수 있다. 이 이론의 핵심은 한 사람이 홀로 존재하는 것이 아니라 특정 대상이나 제3자와의 구성단위와 관련되어 있다는 것을 인식하는 것이다. 만일 두 사람이 서로 좋아하고 둘다 대상(혹은 다른 사람)에 대해 긍정적 혹은 부정적 평가를 가진다면 균형이 발생한다(〈그림 1-1〉).

그와는 반대로, 한 사람이 한 주제에 대해 좋은 의견을 가지고 있는데 다른 사람은 그 주제에 대해 비판적인 입장을 취한다면 두 사람은 매우 불편한 관계에 빠질 수 있다. 또한 한 사람이 다른 사람과 사이가 좋지 않을 경우, 특정한 주제에 대해 같이 좋아하거나 싫어할 경우에도 인지적 불일치가 발생한다.

사람들은 다음과 같은 세 가지 방법 가운데 한 가지로 균형을 느낀다.

① 전달자와 수용자는 대상이나 생각에 대한 부정적 태도와 서로에 대한 긍정적 태도를 가지고 있다. 예를 들어, P와 O가 모두 정치는 싫어하지만 서로 좋아해서 균형을 유지한다.

② 전달자와 수용자가 대상이나 생각에 대해 긍정적 태도를 가지고 서로에 대해 좋은 감정을 유지한다.

③ 전달자와 수용자가 생각이나 대상에 대해 의견을 달리하고 서로 싫어한다. 예를 들어, P와 O는 서로 싫어하므로 그 주제에 대해 동의하지 않는다는 것을 아는 것이 편하다. 혹은 우리가 좋아하는 사람들이 우리와 똑같은 가치와 생각을 가지고 있음을 아는 것은 좋은 일이다.

뉴컴스의 A-B-X 이론은 하이더의 P-O-X 이론과 매우 유사하다. 뉴컴스는 커뮤니케이션이 사람과 그 사람이 주의를 기울이는 대상과의 관계에서 정보를 전달하는 데 중요한 역할을 한다고 보았다. 뉴컴스는 하이더의 균형이론에 수정을

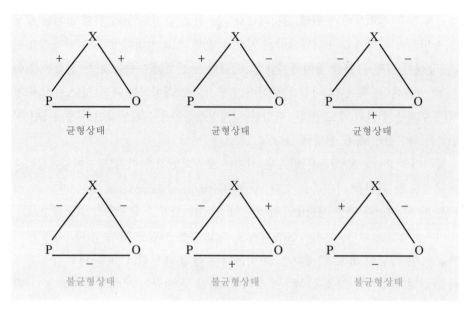

〈그림 1-1〉 **인지 균형상태와 불균형상태**

가하였고, 관계는 단지 긍정 혹은 부정의 표시를 넘어 정도의 문제임을 제안함으로써 보다 실제 세계에 가깝도록 이론을 정교화하였다. 뉴컴스는 균형이론이 인지된 차이의 정도와 사람들 사이의 매력 정도, 평가 시 대상의 중요성을 고려한다고 제시하였다. 이것은 사람들이 개인을 좋아하는 서로 다른 수준을 가지고 있음을 말해 주는 것이다.

수용자들이 생각이나 대상에 대한 자신들의 견해를 바꾸기를 원하는 설득자들은 심리적 불균형이나 불안의 감정을 사용한다. 설득자들이 사람들의 믿음을 변화시키려고 의도적으로 불균형을 이끌어 내고 있음을 인식해야 한다. 그들은 인지적 불균형을 사용함으로써 심리적 안정을 원하는 사람들의 태도를 바꾸고자 한다.

위의 이론들에 이어 보다 복잡한 현상을 설명해 줄 수 있는 부조화감소이론이 고안되었다. 이러한 모든 이론은 설득자들이 수용자의 태도와 행동을 강화하거나 변화시키기 위해 인지적 긴장을 어떻게 사용하는지를 보여 준다.

(2) 이중처리이론

사회심리학자인 체이킨과 트롭이 고안한 이중처리이론에 따르면, 판단과 결정을 내릴 때 작용하는 정보처리 과정에는 질적으로 다른 두 가지 모형이 있다. 그중 하나는 많은 노력을 들이는 체계적 추론에 기반을 둔 시간이 걸리고 규칙을 찾는 정보처리모델이고, 다른 하나는 적은 노력을 들이는 발견법에 기반을 둔 신속하고 연상을 사용하는 정보처리모델이다.

① 정교화가능성모델

사회심리학자인 페티와 캐시오포는 그들이 정교화가능성모델(Elaboration Likelihood Model : ELM)이라고 부른 이중처리이론을 고안하였다. 정보처리 과정에 두 가지의 구분되는 경로가 있다는 개념은 이미 페티가 고안하였었다. ELM에서 정교화라는 용어는 평가적 판단을 할 때 사용되는 의식적인 정밀조사를 의미한다. 페티는 이를 '정교화 연속체'라고 지칭하였다. 또한 정교화는 정보를 처리하는 동기와 능력 모두와 관련된 개념이다. 비록 한 사람이 정보를 처리할 능력을 가지고 있다 하더라도, 그 능력은 정보를 처리할 동기화가 되어 있지 않다면 소용이 없게 된다. 그러므로 설득전략을 고안할 때 능력과 동기라는 두 요소를 모두 고려하는 것이 중요하다.

이러한 정교화 연속체는 정보처리의 두 가지 경로 가운데 하나에 의해 각각의 끝에 제시된다. 정교화 연속체의 상단은 정보처리의 중심경로(central route)에 해당되며, 이는 현 정보의 진정한 장점에 대한 개인의 신중하고 사려 깊은 고려의 결과로 나온 것이다. 그것은 체계적 추론을 사용하는데, 정보처리가 더디고 보다 심사숙고를 요하는 과정이다. 중심경로를 이용할 경우 사람들은 사고에 보다 의식적으로 관여하게 된다. 페티와 위기너는 중심경로에서는 더 많은 사고가 일어날 뿐 아니라, 원래의 정보를 넘어 무엇인가를 더하는 사고와 관련된다고 주장한다. 이 연속체의 상단에서 사람들은 이용 가능한 정보의 정밀한 조사에 기반을 두고 그들이 할 수 있는 최선의 이성적 판단을 한다.

한편, 정교화 연속체의 하단에서 사람들은 주변경로(peripheral route)를 사용하는데, 이는 중심경로에 비해 인지적 노력이 훨씬 적게 든다. 주변경로는 뒤에서 논의할 발견법으로 알려진 사고의 지름길 사용이나 단순한 고전적 조건화와 관련된 개념이다. 그것은 설득의 맥락에서 몇 가지 간단한 암시의 결과로 발생한다. 주변경로에서의 처리는 목이 마르면 물을 찾듯이, 의식적 지각범위 밖에서 자주, 그리고 단순하게 발생한다. 그것은 이용 가능한 정보를 많은 노력을 기울이지 않고 조사하는 것과 관련되며, 중심경로보다 확실히 쉽고 자동적으로 정보처리가 이루어진다.

당연히 자동차를 구매하는 데 필요한 결정은 음료수를 구매하는 것과는 비교할 수 없을 정도로 많은 노력과 시간이 요구된다. 또한 구매결정은 매우 복잡하고 많은 고민을 수반한다. 그 이유는 자동차를 구매하기 위해서는 음료수 구매보다 고려해야 할 항목이 훨씬 많기 때문이다. 소비자의 입장에서는 연비, 엔진 성능, 디자인, 가격, 중고차 시세, 보증기간, 안전도, 구매자의 반응 등 여러 가지 요소를 꼼꼼히 비교하고 체크해야 한다. ELM에 따르면 이러한 정보는 중심경로로 처리될 것이다. 그러나 모든 사람들이 자동차라는 고가의 제품을 구매하면서 중심경로를 통해 정보를 처리하지는 않는다. 경우에 따라서는 기분에 따라, 혹은 친구나 친척의 권유만을 믿고 자동차를 구매할 수도 있다. 다시 말해 정보를 처리할 동기가 부여되지 않거나 비교할 능력이 없을 수도 있다. 이런 종류의 소비자들은 자동차 자체의 모든 특징을 처리하고자 노력하지 않을 수도 있다. 친구나 전문가의 추천에 의존하는 것은 적은 양의 중심처리가 사용된다는 것을 의미한다.

자동차 구매 시 심사숙고를 통한 정보처리와는 대조적으로 어떤 결정은 거의 자동적으로 이루어진다. 예를 들어 중국음식점에서 종업원이 무엇을 먹을지 물었을 때, 많은 사람들이 자동적으로 자장면이라고 대답할 것이다. 이것은 전형적인 주변경로를 이용한 정보처리이다. 특정 브랜드를 선호하는 경향은 사람들이 자주 정보를 주변적으로 처리하도록 만든다.

페티와 캐시오포의 ELM은 사람들이 올바른 태도나 적어도 올바른 것으로 생각되는 태도를 가지기를 원하기 때문에 정보를 처리할 동기를 가진다고 가정한다. 사람들은 다양하게 비교하고 규범을 고려함으로써 올바른 태도를 인식할 수 있다. 페티와 캐시오포는 또한 다양한 요소가 개인의 태도의 방향과 수에 영향을 줄 수 있고, 주장의 강도를 강화시키거나 약화시킬 수 있다고 본다.

ELM과 관련된 주요한 윤리적 이슈는 어린이나 청소년들이 올바른 선택을 할 수 있도록 설득메시지를 중심적으로 처리할 능력을 언제 발전시킬 것인가에 대한 것이다. 어린이나 청소년은 아직 경험이 없어 올바른 선택을 할 능력이 없기 때문에, 특히 그들을 대상으로 한 설득메시지에 많은 관심을 기울이고 걱정하는 것은 당연한 일이다.

② 발견적-체계적 모델

ELM과 발견적-체계적 모델(Heuristic-Systematic Model : HSM)은 유사점이 많다. HSM은 판단과 관련된 정보의 종합적 처리를 하는 체계적 처리경로를 제안한다. HSM에서 체계적 경로는 ELM에서의 중심경로와 매우 비슷한데, 시간이 걸리고 많은 노력을 기울이는 추론과정이다. HSM에서 다른 경로는 발견적 처리경로인데, 그것은 판단적 규칙이나 발견적 학습(heuristic)의 활동에 의존하며 시간을 들이지 않고 적은 노력을 기울이는 과정이다. 발견적 학습은 우리가 일상적 상황에 대처하도록 돕는 우리 기억 속에 저장된 지적 구조이다. 그것은 우리가 결정을 내리는 데 걸리는 시간을 줄이는 데 도움을 주는 적응전략이다. 사람들이 인지에서 제한적 정보처리 능력과 흥미를 가지고 있다는 점에 근거하여, HSM은 사람들이 인지 노력의 최소화와 그 목적의 만족화 사이에 균형을 달성하려고 노력하는 충족 원리를 제안한다.

발견적 학습은 마음속의 경험에 의한 방법이다. 예를 들어 두 운전자가 신호등이 없는 교차로에서 만났을때, 누가 먼저 갈것인가에 대해 고민하는 대신에 대부분의 운전자들은 상대방에게 먼저 멈추라고 간단히 손을 드는 경우가 많다. 이것은 너무 많은 것을 생각해야 하는 것을 피하는 발견적 학습이다.

ELM과는 달리 HSM에서는 체계적 처리와 발견적 처리가 동시에 발생한다. ELM에서 중심경로와 주변경로의 사용은 역비례의 관계를 가진다. 다시 말해 한 경로를 많이 사용하면 다른 경로의 사용은 줄어든다. HSM에서는 두 가지 시스템이 보다 독립적으로 작동한다. 그러므로 체계적 경로 사용의 증가는 발견적 학습의 사용을 직접적으로 제한하지 않는다. 체계적 증거와 발견적 학습이 동일한 방향으로 이끌 경우 결합효과가 발생할 수 있다. 따라서 태도변화에 대한 효과가 강화된다. 그러나 증거와 발견적 학습이 일치하지 않을 경우 효과가 감소할 수 있다. 그러므로 설득자는 사람들을 설득하고자 할 때 사람들이 가지고 있는 다양한 발견적 학습을 알아내는 것이 중요하다.

4) 순응획득에 대한 관점들

순응획득은 한 사람이 다른 사람으로 하여금 어떻게 어떤 것을 하도록 할 수 있는가를 고려한다. 순응획득은 부모와 상사들이 매일 직면하는 과업이다. 순응획득은 매스미디어가 사용되는 상황보다는 사회적 맥락에서 많이 검토된다. 순응획득 연구는 사회학자인 마웰과 슈미트로부터 시작되었다. 그들은 사람들이 타인의 순응을 획득하고자 노력하는 방법에 초점을 맞추었지만, 커뮤니케이션은 그들에게 중요한 의제가 아니었다. 그들은 순응획득 소구가 평범한 행동 레퍼토리를 통해 이루어질 수 있다고 믿었다. 그들은 열여섯 가지 순응획득 전략의 유형학을 만들었고, 긍정적 그리고 부정적 전략집단으로 만들었다.

주목할 영역은 커뮤니케이션 연구자인 밀러, 보스터, 롤로프, 시볼드가 밝혀낸 순응획득의 상황적 본질에 대한 연구이다. 그들은 이 연구에서, 사람들이 대인 상황에서 마웰과 슈미트의 순응획득 전략을 다르게 사용하였다고 보고하였다. 이것은 영향력의 메시지를 계획할 때 고려할 중요한 요소이다. 설득자는 어떤 특별한 고려사항이 이러한 특정 상황을 위해 이루어질 필요가 있는가를 질문해야 한다.

또 다른 역학관계는 순응획득의 일화적 본질이다. 다시 말해 순응획득은 종종 단 하나의 메시지라기보다 일련의 시도와 관계되는 일화이다. 순응획득 시도는 보다 많은 저항에 부딪힐수록 긍정적 전략에서 보다 부정적 전략으로 이동한다. 기본적 주장을 하기 위해 추론을 사용하는 것은 또 다른 널리 알려진 접근법이다. 하지만 상황과 목적, 권력관계 모두는 전략이 가장 효과적인 곳에서 역할을 한다. 순응획득 연구의 한계 가운데 하나는 그것이 대개 단기간의 결과에 초점을 두고 있다는 점이다.

권력과 선택의 주제는 순응획득 연구에서 주요한 이슈이다. 많은 권력의 공통 출처를 아는 것은 순응획득 메시지의 고안자이자 소비자에게 도움을 줄 수 있다. 프렌치와 레이븐은 다섯 가지 권력 출처를 다음과 같이 제시하였다.

① 준거권력 : 한 사람이 다른 사람에 대해 개인적으로 호감을 가지게 되면 한 개인은 다른 사람과 견해를 같이하게 된다. 다른 학자들은 관계적 권력을 포함하기 위해 이러한 출처를 설명해 왔다.

② 전문가 권력 : 한 개인이 주제에 대해 가지는 특정한 지식에 근거하며, 권력은 그 지식영역에 제한을 둔다.

③ 합법적 권력 : 특정 지위에 존재하는 부분으로서 개인에 부여되어 있다. 그러므로 상사는 노동자들이 특정 과업에 책임을 질 것을 기대한다.

④ 강제적 권력 : 기대가 충족되지 않는다면 처벌을 할 능력과 개인이 결과를 고르게 할 수 있는 믿음에 근거한다.

⑤ 보상적 권력 : 긍정적 성과나 행동에 대하여 개인을 보상해 줄 능력에 근거한다.

이후 정보권력이라는 개념이 레이븐과 크루글란스키에 의해 추가되었고, 정보의 통제가 권력의 원천이었음이 명백해졌다. 비록 전문가적 권력과 공통부분이 있을 수 있다 하더라도 조직에서 많은 권력은 비서와 같은 사람들이 가지고 있다. 왜냐하면 그들은 정보를 말할 수 있는 사람들이기 때문이다. 정보권력의 사용은 또한 소비자들에게 권한을 부여하는 매우 가치 있는 방법이 된다.

시장과 일터를 넘어서 이러한 유형의 권력은 친구와 가족 사이의 대인관계에서 매일같이 사용된다. 대인관계는 자주 충돌을 일으킨다. 우리는 우리가 바라는 목적을 달성하기 위해 실제로 원하지 않는 것에 동의할 수 있다. 우리가 어떤 방식으로 다른 사람들의 결과를 통제할 때, 혹은 그들이 우리의 결과를 통제할 때 권력이 관련된다. 그러므로 친구가 원하지 않는 무엇인가를 하게 만드는 우정에 대한 관계적 권력을 사용할 때 어느 정도의 강제가 존재한다.

설득의 시각에서 볼 때, 순응획득의 어려운 점은 행동적 순응이 종종 상호이해의 발전 없이 단순히 묵인을 반영한다는 것이다. 예를 들어, 고용인들은 특정 규정에 대해 자주 불만을 표현하지만, 고용조건의 일부로 그것에 따른다. 행동적 순응이 달성될 때 합의적 태도변화가 일어날 수도 있고 일어나지 않을 수도 있다. 동의는 종종 형성되며, 그럼으로써 사람들은 토론을 거친 후의 제안이 현명한 행위과정임에도 불구하고, 다른 이슈에 대한 고려 대신에 특정한 방법으로 투표를 한다. 이것은 특히 정치영역에서 자주 발생한다.

1.4. 설득과 매스미디어 이론

몇몇 매스미디어 이론은 설득커뮤니케이션이 미디어를 통해 유포되는 현상을 설명하는 데 유용하다. 이러한 이론들은 설득 캠페인의 설계에 도움을 줄 수 있다. 매스미디어의 새로운 형태가 20세기 초에 발전하면서, 미디어 메시지가 수용자에 의해 동일한 방식으로 수용되고, 그 미디어는 메시지 처리에 대해 즉각적이고 직접적인 효과를 가진다고 추정되었다. 이러한 견해는 설득자가 미디어가 직접 사람들의 마음에 생각을 주입하거나 전달할 수 있다고 믿었기 때문에 탄환이론 혹은 피하주사이론(hypodermic meedle theory)이라고 불렸다. 그들은 수용자가 미약하고 수동적이며, 결과적으로 그들이 받는 정보를 능동적으로 처리하지 못한다고 가정하였다. 미디어의 영향력이 분명해지자, 미디어가 어떻게 사람들에게 영향을 미치는가에 대한 설명이 필요해졌으며, 이후 다양한 미디어 이론이 고안되었다.

1. 확산과 유권자 선택

확산(diffusion)연구는 새로운 정보나 사상, 실천, 상품이 표적집단에 의해 어떻게 수용되는가 또는 거부되는가를 탐구하는 분야이다. 초기 연구의 대부분은 미디어를 다루었으나, 다른 확산연구들은 잡종 옥수수 씨앗처럼 새로운 농업 생산물이 어떻게 수용되는가에 초점을 두었다. 초기의 연구는 정보가 미디어를 통해 어떻게 확산되는가에 대한 것이었다. 투표 행동에 대한 미디어효과 연구인『민중의 선택』은 피하주사모델의 가정에 대해 공격을 시작하였던 대표적인 연구였다. 라자스펠드와 동료들은 오하이오 주의 이리에서 유권자들의 투표 행동에 대한 미디어효과를 탐구하였다. 이것은 오늘날의 기준에서 보더라도 매우 체계적이고 종합적인 연구였다. 그 연구는 매스미디어 연구에 패널 설계와 종단적(longitudinal) 조사를 도입하였다. 6개월에 걸쳐 매달 2400명의 투표자에 대한 인터뷰가 진행되었다.

카츠에 따르면,『민중의 선택』은 그 당시 매스미디어 효과에 대해 주요한 세 가지 결론을 제공하였다.

첫째, 매스미디어 효과에서 가장 중요한 요소는 개인적 영향력이었다. 즉 사람들은 어떤 다른 전달자보다 가족이나 친구와 같은 개인적 영향력에 기반을 두고 투표 행동을 하는 것으로 나타났다. 많은 사람들이 텔레비전이나 라디오를 통해 선거 캠페인 연설을 듣거나 신문 사설을 읽기보다는 선거에 대한 개인적 토론을 한다고 응답하였다.

둘째, 의견지도자(opinion leader)로부터 주위의 다른 사람들에 이르기까지 정보의 흐름이 있었다. 즉 몇몇 사람들은 보다 많은 영향력을 가졌고, 그들은 자신의 주위 사람들에게 정보를 전파하였다. 의견지도자들은 사회의 모든 수준에서 발견되었다.

셋째, 의견지도자들은 다른 사람들보다 먼저 선거가 있기 수개월 전부터 라디오와 신문, 잡지를 보다 많이 이용하였다. 의견지도자 개념으로부터 정보의 2단계 흐름 모델(two-step flow model)이 탄생하였다. 이 모델에 따르면, 1단계에서 의견지도자들은 미디어로부터 정보를 모으고, 2단계에서 이 정보를 그들 주위의 다른 사람들에게 전달하였다.

2. 개혁의 확산

개혁의 확산연구는 라자스펠드가 유권자 선택에 대한 미디어효과를 연구할 때 동시에 농학계에서도 발전하였다. 사회학자인 라이언과 그로스는 농부들이 이전에 심었던 개방적 수분 변종에 대하여 잡종 옥수수 씨앗을 어떻게 채택하였는지를 연구하였다. 그들은 이웃들이 변화를 이끄는 가장 빈번하게 인용된 정보채널이었다는 것을 밝혀냈다. 설득에서 대인관계의 중요성은 확산에 대한 매우 다른 형태를 연구한 두 연구자 집단에 의해 주목되었다. 라이언과 그로스는 유권자 연구에 실제로 적절하지 않은 추가적 요인들을 발견하였다. 그들은 S자 형태의 적용패턴이 발생하였음을 보고하였다. 이는 성공적으로 적용된 것이 처음에는 매우 천천히 시작하고 있음을 제시해 준다. 그 이후 많은 사람들이 그것을 적용하게 되는 때인 중요한 국면의 특정 지점에서 적용 비율이 보다 급격히 올라가기 시작한다. 그 후 적용 비율이 평탄해지기 시작하는 기간이 따른다(〈그림 1-2〉).

개혁의 확산연구에서 관심은 동일한 S자 형태의 적용패턴을 따르며, 이는 확산에 대한 그래프에서 볼 수 있다. 곡선은 급하게 적용되는 것들에 대해 훨씬 더 급하지만, 그 곡선은 시장에 소개되었을 때 성공적이지 않은 개혁의 경우에는 결코 발생하지 않을 것이다. 라이언과 그로스의 또 다른 중요한 발견은 농부들이 잡종 씨앗을 시험삼아 재배하기 시작하였고, 모든 잡종 씨앗을 심기 전에 3년 혹은 4년 이상 자신의 토지면적을 증가시켰다는 점이다. 아직도 많은 농부들이 새로운 종류의 씨앗을 시험해 보는 이러한 패턴을 따르고 있다.

로저스는 이집트 마을에 현대적 식수체계의 보급 실패에 대해 논의하였다. 깨끗한 식수가 사람들의 건강을 증진시키는 데 가장 중요한 요인 가운데 하나임은 당연하다. 하지만 이집트 마을에 안전한 식수를 공급하려는 시도에도 불구하고, 대부분의 마을 주민들은 오염된 운하의 물을 전통적인 급수원으로 계속 사용하였다. 여기에서 주민들에게 제안하기에 이치에 맞고 이성적이며 유익한 것 같은 개혁도 문화적·사회적 장애물에 부딪힐 수 있음을 도출하였다.

많은 사람들을 설득하는 것을 목표로 하는 설득 캠페인 설계에서, 두 개의 확산 연구 전통으로부터 알아낸 바는 매우 중요하다. 첫째, 그들은 사람들이 자신의 주위 사람들과의 관계를 통해서 제공된 정보에 커다란 영향을 받는다. 즉 우리는 우리와 가까운 사람들을 더 신뢰한다. 둘째, 문화적·사회적 가치가 고려되어야만 한다. 셋째, 의견지도자들은 다른 사람들의 마음의 변화에 보다 영향력을 지니며, 개

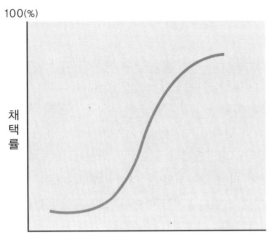

100(%)

채
택
률

채택한 사람 수

〈그림 1-2〉 **개혁의 S곡선**

인들을 처음에 설득하는 일은 집단 내 다른 사람들의 설득을 더 쉽게 할 수 있다.

3. 이용과 충족이론

　매스미디어 설득효과에 대한 다른 접근방법은 이용과 충족(uses and gratification) 이론이다. 이 이론은 그동안 미약한 것으로 인식되어 왔던 수용자관에 이의를 제기하고 "수용자는 미디어에 수동적으로 반응하기보다는 미디어 내용을 능동적으로 이용한다."는 가정에 따라 커뮤니케이션 수용자들에 초점을 맞춘다. 이것은 미디어효과의 탄환이론이나 피하주사이론을 논박하는 접근법이다. 매스커뮤니케이션의 능동적 수용자로서 사람들은 미디어를 통해 만족되고 충족될 수 있는 기본 욕구를 가지고 있다. 욕구를 충족할 많은 방법이 있고, 수용자들은 그 가운데에서 선택을 한다. 이 선택들 가운데 몇몇은 매스미디어 이용과 관련된다. 결국 특정한 매스미디어가 욕구를 충족할 다른 방법들과 경쟁한다.

　이용과 충족이론의 주창자 가운데 한 사람인 블럼러는, 우리에게 미디어에 의존할 동기를 준 네 종류의 욕구를 개괄하였다.

　첫 번째 욕구는 감시이다. 우리는 우리에게 유용할지 모를 일이 발생하는 것을 찾기 위해 미디어에 의존한다. 심지어 지하철 무료신문이나 대학신문과 같이 뉴스가치가 거의 없는 매체를 보더라도 무슨 일이 벌어지는지 알아내기 위해 그러한 매체를 읽게 된다.

두 번째 욕구는 새롭고 이전에 알려지지 않은 정보를 발견하려는 욕구인 호기심이다. 우리는 선정적인 주간신문이나 연예채널, 사이트를 통해 이러한 욕구에 대한 소구를 자주 본다. 대개 기사내용과 헤드라인이 일치하지 않지만, 그것은 호기심 많은 독자에게 중요하지 않다.

세 번째 욕구는 전환이다. 우리는 일상생활에서 안도를 필요로 하고 탈출을 위해 미디어를 이용한다. 탈출에 대한 욕구는 소설을 읽거나, 텔레비전 시청 혹은 영화 관람과 같은 방식으로 충족된다. 텔레비전의 오락 프로그램이나 스포츠신문들은 이러한 전환 욕구를 충족시켜 주는 장르이다.

네 번째 욕구는 개인적 정체성에 대한 것인데, 이는 로키치의 자아개념과 밀접하게 연관되어 있다. 미디어는 우리의 독서, 청취 혹은 시청을 통해 우리가 누구인지 확인하도록 도움을 준다. 블럼러와 그의 동료들은 인쇄미디어와 전자미디어 사이의 확연한 차이를 발견하였다.

이용과 충족이론에 따르면, 미디어는 이처럼 사람들의 욕구를 충족시켜 주는 기능을 수행하며 이를 통해 수용자들의 태도까지 변화시킬 수 있다.

¤ 연습문제

1 다음 중 아리스토텔레스가 제시한 미적 증거의 주요 영역에 속하지 <u>않는</u> 것은?

　　① 에토스　　　② 파토스　　　③ 마노스　　　④ 로고스

2 다음 중 행동주의를 발전시키고 강화의 계획을 고안한 학자는?

　　① 호블랜드　　② 스키너　　　③ 파블로프　　④ 왓슨

3 다음 중 새로운 정보나 사상, 실천, 상품이 표적집단에 의해 어떻게 수용 혹은 거부
되는가를 탐구하는 분야는?

　　① 확산연구　　② 효과연구　　③ 기능연구　　④ 채널연구

정답　1 ③　2 ②　3 ①

¤ 연구과제

1 설득에 대한 정의를 라슨의 세 가지 기준점을 중심으로 논하시오.

2 아리스토텔레스가 제시한 수사학의 주요 논점을 현대 광고에 적용하여 논하시오.

3 순응획득과 관련된 접근방법을 정리하시오.

4 ELM과 HSM을 유사점과 차이점을 비교하여 설명하시오.

5 개혁확산이론을 새로운 제품의 설득과 관련하여 설명하시오.

2

제 2 장

설득커뮤니케이션과 전달자

개요

설득커뮤니케이션 과정에서 최초이자 기본적인 흐름은 전달자 혹은 소스로부터 이루어진다. 다시 말해 전달자란 커뮤니케이션에서 사용되는 메시지를 전달하거나 시작하는 사람 또는 조직, 기관을 지칭하는 용어이다. 전체 설득커뮤니케이션 과정의 성패 여부가 전달자 요인에 의해 결정되기도 할 만큼 전달자의 역할은 중요하다. 이 장에서는 전달자의 역할과 전달자효과에 미치는 요인, 전달자의 임무 등에 대해 살펴보고 관련 연구를 알아본다.

학습목표

- 설득커뮤니케이션 과정에서 전달자의 역할을 이해할 수 있다.
- 전달자가 설득커뮤니케이션에 미치는 효과와 관련된 요인을 이해한다.
- 전달자가 해야 할 임무를 설명하고, 사용해야 하는 증명의 종류를 열거할 수 있다.
- 전달자의 일상적 임무를 이해하고 그에 대처할 수 있다.

주요용어

신뢰성, 평판, 전문성, 역동성, 호감, 동조, 몰개인화, 사회적 태만

인구통계학적 자료, 증언, 비교와 대조, 상호성의 법칙

2.1. 설득커뮤니케이션에서 전달자의 역할

　설득커뮤니케이션 전달자(sender 혹은 communicator)란 쉽게 말해 설득커뮤니케이션에서 사용되는 메시지를 전달하거나 시작하는 사람, 집단 또는 기관을 지칭하는 용어이다. 이를 간단한 예를 통해 살펴보면, 신문의 경우 넓은 의미에서는 신문사라는 조직 자체가 전달자가 되고, 좁은 의미로 보면 해당 기사를 취재하여 보도한 기자, 편집자, 편집국장 등이 해당된다. 방송사의 경우에는 방송사 자체와 뉴스 앵커, 교양·오락 담당 PD, 기자, 연예인, 개그맨 등이 전달자가 된다. 또한 광고나 PR업계의 경우에는 광고를 만드는 모든 사람이 포함된다. 즉 광고에서 전달자에 해당하는 사람들로는 눈에 보이지 않지만 실제로 광고를 기획하고 제작하는 광고인과 광고에 등장하는 연예인이나 운동선수, 전문직 종사자, 어린이 등 모델이 모두 포함된다.

　흔히 마주치게 되는 광고나 PR, 정치광고, 건강커뮤니케이션에서 전달자의 영향력이 얼마나 큰가에 대해서는 다시 언급할 필요가 없을 것이다. 특히 광고에서 광고제작자들이 신경을 많이 쓰는 것 중의 하나는 광고 카피와 같은 메시지 자체뿐만 아니라 이러한 메시지를 누가 전달할 것인가이다. 일반인들에게 친숙한 이미지를 가진 인기 연예인을 쓸 것인가, 혹은 그 분야의 전문가를 쓸 것인가, 아니면 만화나 동물을 캐릭터화하여 사용할 것인가에 따라 광고의 성패가 결정되기도 한다. 대체로 전달자가 평소에 이미지가 좋거나 신뢰성이나 공신력을 확보하고 있을 경우가 그렇지 않을 경우에 비해 설득의 효과가 높은 것으로 알려져 있다.

　그러나 유명한 탤런트나 영화배우, 운동선수, 저명한 전문가를 전달자로 사용하였다고 하더라도 언제나 설득이 성공을 거두는 것은 아니다. 만일 그것이 사실이라면, 성공하지 못하는 광고나 PR는 존재하지 않을 것이다. 수용자 혹은 소비자의 심리는 매우 이중적이다. 어느 때는 유명인에 열광하면서도, 때로는 그 유명인에게 조그만 스캔들이나 구설수가 생겨도 냉담하게 반응한다. 따라서 어느 때나 효과적인 전달자란 존재하지 않는다. 오래가는 광고모델은 그 존재만으로도 관심의 대상이다. 또한 전달자 요인 외에도 수용자의 관심사나 상황, 여러 가지 주위 여건들에 따라 설득의 성패가 달라질 수도 있다. 다음 절에서는 전달자라는 개념을 하나의 요인으로 보고, 이것이 수용자에게 영향을 줄 수 있는 항목들에 대해 알아본다.

2.2. 전달자효과와 관련된 요인

전달자의 어떤 영향이 설득커뮤니케이션의 효과에 영향을 줄 것인가? 어떤 요인은 설득커뮤니케이션의 효과에 긍정적인 영향을 끼치는 반면, 어떤 요인은 부정적인 기능을 하기도 한다. 크게 보아 긍정적인 전달자의 효과와 관련된 요인은 신뢰성과 호감이라고 할 수 있으며, 그중 신뢰성은 신용, 전문성, 역동성 등의 요소로 구성되어 있다.

1. 신뢰성

동일한 메시지를 받아들이는 수용자라도 전달하는 사람의 신뢰성(credibility)이 높은 경우 그렇지 않은 경우보다 전달내용을 보다 잘 받아들이는 경향이 있다. 이를 호블랜드와 와이스는 신용과 전문성으로 구분하여 설명하고 있는데, 예를 들어 치약광고의 광고모델로 치과의사를 연기하는 인기 연예인과 실제 치과대학 교수의 경우를 비교해 볼 때 후자가 전문성이 더 높음은 두말할 필요가 없을 것이다. 또한 신용이란 신뢰성과 직접적으로 연관된 것으로, 특정한 사람을 얼마나 믿을 수 있는가와 관련된 것이다.

신뢰성에는 다음과 같은 요인들이 중요하다. 전달자가 아무리 많은 노력을 들여서 자료를 준비하고 메시지를 효과적으로 전달하더라도 기본적으로 수용자들에게 신뢰감을 주지 못한다면 설득과정 자체는 성공적이지 못할 것이다. 객관적으로 볼 때, 유사한 자격과 경력을 갖춘 두 사람이 있을 경우, 한 사람은 신뢰성이 높기 때문에 설득을 성공적으로 수행하는 반면, 다른 사람은 사람들에게 믿음을 주지 못하기 때문에 설득에 실패한다. 이런 경우 사람들의 신뢰성 차이는 어디에서 나오는 것일까?

그 차이는 흔히 평판(reputation)이라고 불리는 개념에서 나오는데, 그것은 전달자의 공인된 전문성과 함께 쓰인다. 예를 들어 같은 메시지를 가지고 동일한 수용자를 대상으로 연설을 한다고 할 때, 전달자가 전문가인가 아니면 일반인인가에 따라 결과가 달라질 확률이 높다.

또한 신뢰성은 메시지를 전달하는 전달자가 피전달자에게 직접적·간접적으로 제시하는 태도나 제스처와 같은 비언어 커뮤니케이션과도 관련이 있다. 점잖음과 체면을 중시하는 동양사회와는 달리, 서구사회에서는 특히 상대방의 눈을 쳐다보지 않고 말하는 사람은 상대방을 무시하는 것으로 여겨지기 때문에 상대방에게 결코 신뢰감을 줄 수 없다. 또한 너무 과장된 논조나 몸동작을 취하는 사람들도 큰 신뢰감을 주기 어렵다. 설득에는 신체나 용모도 영향을 끼친다. 대개 키가 큰 전달자가 키가 작은 사람보다 설득력이 높으며, 미남이나 미인의 경우도 마찬가지이다. 실제로 캐나다에서 행해진 국회의원 선거와 후보의 용모와의 관계에 대한 연구에서 호감을 주는 인상을 가진 후보들의 당선확률이 그렇지 않은 후보들에 비해 훨씬 높게 나타났다.

일상생활에서 신뢰성이 설득의 효과에 미치는 요소들은 다음과 같다.

1) 신용

사람들은 특정인에 대한 신용을 여러 가지 방법으로 파악할 수 있다. 얻기는 힘들지만 한번 잃으면 다시 회복하기 힘든 것이 신용이다. 신용을 높이는 방법은 사람에 따라, 혹은 경우에 따라 다르다. 전달자의 속성을 잘 모르는 경우에 신용은 전달자의 외모나 목소리, 태도로부터 유추하는 수밖에 없다. 신용이 높은 사람은 대개 말수가 적고 눈이 총명하며 행동거지가 흐트러짐이 없는 반면, 신용이 낮은 사람은 말이 많고 행동에 안정감이 없다. 한편 신용은 과거의 기억에 의존하는 경우가 많다. 흔히 한 사람에 대한 의견을 구하고자 할 때는 그의 학교 동창이나 은사 혹은 옛 직장동료에게 자문을 구하는 경우가 많다. 이때 가장 중요한 질문은 그 사람이 얼마나 믿을 만한 사람이었느냐는 것이다. 과거에 동료들에게 신용을 주지 못하였거나 덕망을 쌓지 못한 사람은 후에 아무리 개과천선하였을지라도 한번 손상된 이미지를 복구하기가 쉽지 않다.

2) 전문성

전문성도 신뢰성을 고양하는 데 필수적인 요인이다. 전문성은 신용과 마찬가지로 과거의 경험이나 성공사례에 기초한 개념이지만, 신용보다 범위가 좁다. 한 주제에 대한 설득력을 높이기 위해 보다 전문성이 있는 전달자를 찾아내는 것이 설득메시지를 만드는 사람들이 최우선적으로 고려하는 업무 중 하나이다. 예를 들어, 건강 캠페인과 관련된 텔레비전 다큐멘터리에서 과도한 음주의 해악을 지적하는 내용을 제작하기 위해서는 술과 인체에 관한 많은 연구를 한 의과대학 교수를 인터뷰 대상으로 섭외하는 것이 필수적이다.

위와 같은 경우가 공식적 상황에서의 전문성에 대한 논의라면 비공식적인 상황에서도 전문성은 상당한 영향력을 발휘한다. 평소 금연이나 운동과 같은 건강에 대한 논의를 할 때, 일반인들은 설득자가 의사와 같은 전문인이 아닌 경우에는 웬만해서는 자신의 기존 태도를 바꾸려 하지 않는다. 실제로 흡연과 폐암 간의 상관관계를 밝혀 주는 연구결과를 제시하지 않고서는 애연가들의 흡연습관을 바꾸는 것은 매우 힘들다.

3) 역동성

역동성과 관련된 개념은 한 가지로 정의하기 힘들다. 역동성은 경우에 따라서는 몸동작이나 목소리와 같은 외향적 요소에 국한되기도 하지만, 어떤 경우에는 카리스마를 뜻하기도 한다. 그러나 몸동작이 크고 용모나 복장이 화려해 보이는 전달자가 항상 설득력이 높은 것은 아니다. 어떤 사람은 전혀 매력적인 용모를 지니지 않았지만 설득력이 강하고 역동적일 수 있다. 한편 카리스마는 선천적으로 타고난 성질로 간주된다. 특히 정치영역에서 카리스마는 엄청난 영향력을 발휘한다. 이는 과학적 설명이 불가능한 개념인데, 카리스마를 갖춘 정치인은 그렇지 못한 정치인에 비해 당선될 가능성이 훨씬 높다. 반드시 정치계가 아니라도 우리는 주변에서 리더십을 갖춘 카리스마를 가진 사람들을 쉽게 찾을 수 있다.

4) 메시지 전달에 영향을 미치는 요소

신뢰성과 관련된 하부 항목 중에서 설득커뮤니케이션에 영향을 미치는 요소들로는 말하는 동안의 자세, 눈 맞춤, 신체의 움직임과 제스춰, 발성과 음성 등이 있다. 이 하부 요소들은 결정적인 영향을 끼치지는 않지만 다른 요인들과 결합하여 효과를 증폭시키거나 감소시킨다. 예를 들어, 전달자의 목소리가 크고 이해하기 쉬운 경우에는 소리가 작고 힘이 없는 전달자에 비해 설득력이 높다.

2. 호감

전달자와 관련된 요인들 중 호감 역시 설득과정에서 중요한 영향을 끼친다. 당연히 호감을 주는 인물이나 잘 웃는 사람은 그렇지 않은 사람에 비해 수용자에게 좋은 첫인상을 줄 수 있고 결과적으로 설득력을 높일 수 있다. 또한 사람들은 광고모델이나 정치광고의 주인공이 자신들과 비슷한 사람일 경우 보다 설득되기 쉽다. 광고모델로 흔히 젊은 미남·미녀 외에도 이웃집 아저씨나 아줌마와 같은 소박한 외모를 가진 중년의 탤런트를 기용하는 이유가 여기에 있다. 사람들은 보통 자신에게 호감을 표시하는 사람이나 집단에게 마찬가지로 호감을 느끼게 된다.

특히 선거를 앞둔 정치인들은 자신이 보통사람들과 비슷하다는 점을 부각시키기 위해 많은 노력을 기울인다. 선거를 앞두고 반드시 시장을 찾는다든지, 지하철을 탄다든지 하여 일반인과의 거리감을 줄이려고 노력한다. 그러나 유권자들은 그러한 움직임이 선거를 위한 위선적인 행동이라는 것을 잘 알고 있다. 비슷한 맥락에서 국회의원 공천에서 평소 방송에 많이 출연한 사람들이 공천과 당선이 쉽게 되는 것을 자주 발견한다. 어제까지만 해도 특정 방송사의 프로그램을 진행하던 사람이 공천을 받고 하루아침에 국회의원이 되는 경우가 다반사이다. 그것은 역시 호감이 커다란 작용을 하기 때문이다. 현대와 같은 미디어시대에 한 번이라도 텔레비전에 출연한 사람은 단지 신문에만 나온 사람에 비해 유권자들이 훨씬 친숙하게 여긴다.

호감은 동조(conformity)나 집단의 압력과도 관련된 개념으로, 이는 자신과 유사한 집단의 의견에, 다시 말해 다수의 의견에 사람들이 따르기 쉽다는 가정에 기초하고 있다.

2.3. 집단의 영향력과 동조

사람들은 살아가면서 다양한 집단의 영향을 받으며 살아간다. 인간은 사회적 동물이라는 말이 있듯이 무인도에 홀로 떨어져 살지 않는 한, 사람들은 주위의 다양한 사람들과 함께 영향을 주고받으며 살아간다. 특히 한국과 같이 개인보다는 집단의 영향력이 큰 동양사회에서는 자신이 가깝게 느끼거나 결속력이 강한 집단의 입김에서 자유롭기가 매우 힘들다. 이런 경우 집단은 스스로 하나의 전달자 기능을 하는데, 이를 설명하는 대표적인 개념이 동조이다.

1. 집단과 동조

1) 집단의 규범과 동조

집단의 규범은 중요한 사안에 대해 집단 구성원들의 태도나 행동을 규율하는 규칙이나 기준을 지칭한다. 일단 규범이 정해지면 집단의 구성원들은 이를 따라야 한다는 압력을 느끼게 된다. 이와 유사한 개념으로 동조가 있다. 동조란 집단이 구성원들에게 가하는 실제 압력이나 구성원들이 스스로 느끼는 가상의 압력에 의해 개인의 행동이나 신념을 변화시키는 현상을 가리킨다. 이러한 동조현상은 실제로 압력이 존재하는 경우는 물론이고, 실제로는 압력이 없더라도 개인이 심리적으로 압력을 느끼기만 해도 발생한다. 다양한 집단은 보상과 처벌이라는 수단을 통해 구성원들에게 집단의 규범에 따르도록 하며, 구속력은 집단의 성향에 따라 달라진다.

사람들이 동조를 하는 이유는 다양하게 설명될 수 있다. 스미스는 개인이 어떤 집단에 소속감을 가지고 동조하는 것은 사회적 지지를 얻기 위한 목적과 자신과 세상에 대한 지식을 넓히기 위한 목적 때문이라고 보았다. 첫 번째 목적은 규범적 영향력이고, 두 번째 목적은 정보적 영향력이다.

동조와 관련된 연구로는 셰리프의 자동운동 현상을 이용한 실험과 애시의 실험이 있다. 두 실험 모두, 비록 자신이 확실한 답을 알고 있다 하더라도 같이 실험에 참여한 동료의 답이 자신과 다를 경우, 대부분 동료의 답을 따랐다는 결과를 발견했다. 이는 미국과 같은 개인주의 성향이 강한 나라에서 이루어진 실험인데, 집단의 영향력이 훨씬 큰 한국에서는 더 큰 동조현상이 나타날 것이다.

2) 동조에 영향을 미치는 요소

동조에 영향을 미치는 요소로는 집단의 특성, 집단 규모, 개인적 특성의 세 가지로 구분할 수 있다.

첫째, 집단의 특성과 관련된 요소는 집단의 응집력과 조직원의 일탈 허용 여부이다. 응집력은 구성원들이 집단에 대해 가지는 친밀도나 관여도 등을 의미하는데, 대개 응집력이 높은 집단일수록 집단의 규범에 동조하는 확률이 높다. 동문회나 향우회처럼 유사성이 높은 집단의 경우 구성원들이 선배나 조직원들의 규범에 잘 따르는 경향이 있다. 한편 동조현상은 집단의 규범에 따르지 않는 사람들, 다시 말해 일탈자들이 늘어날수록 감소한다. 따라서 결속력이 높은 집단에서는 구성원들이 일탈행위를 하지 않도록 집안 단속을 철저히 하는 것이 필수적이다. 일단 일탈자가 생기면 봇물이 터지듯 집단의 규범은 약화될 수밖에 없기 때문이다.

둘째, 집단 규모도 동조에 영향을 미친다. 집단 규모와 관련하여 동조를 설명하는 이론으로는 사회적 감화이론과 사회적 영향력 모델이 있다. 사회적 감화이론은 어떤 의견을 제일 처음 제시한 사람, 다시 말해 조직을 만든 사람이 집단 내 영향력이 가장 크다고 보며, 두 번째 구성원부터는 영향력이 감소한다고 본다. 한편 사회적 영향력 모델은 첫 번째 집단 구성원보다는 두 번째, 세 번째 구성원의 영향력이 크다고 본다. 그러나 집단의 규모가 커질수록 동조의 압력은 작아진다고 보는데, 그 이유는 완전한 집단의 일치란 있을 수 없기 때문이다.

셋째, 개인적 특성도 동조현상에 큰 영향을 끼친다. 아무리 응집력이 강한 조직에 속해 있다 하더라도, 개인적 성향이 강한 사람은 동조를 쉽게 하지 않는다. 예를 들어, 교육 수준이 높고 합리적으로 정보를 처리하는 사람들은 감정적이고 부화뇌동하는 사람들에 비해 동조를 많이 하지 않는다.

2. 집단 속에서의 개인행동

같은 사람이라도 개인적으로 행동할 때와 집단의 구성원으로 행동할 때는 전혀 다른 양상을 보인다. 설득상황에서도, 한 개인으로서 설득메시지에 접할 때와 집단의 구성원으로서 설득메시지를 접할 경우 전혀 다르게 반응할 수 있다. 집단 속에서 개인행동이 변화하는 현상은 크게 몰개인화와 사회적 태만 현상으로 정리된다.

첫째, 몰개인화란 개인이 집단 속에 존재하면서 자기 자신에 대한 자각이 낮아지고 다른 사람이 자신을 어떻게 평가할 것인가에 대해 신경을 덜 쓰게 되는 현상을 지칭한다. 이것이 가능하게 되는 이유는 집단 속에서는 익명성이 작용하며, 또한 집단의 응집력이 큰 영향을 미치기 때문이다. 예를 들어, 천성적으로 부끄러움을 잘 타고 수줍은 사람이 많은 사람들이 모여 있는 야구장이나 시위현장에서는 남의 눈치를 보지 않고 소리를 크게 지르거나 감정을 마음껏 발산하는 경우를 볼 수 있다. 또한 학생운동에 열심인 학생은 민주주의 투쟁을 위해 혼자서는 상상할 수 없었던 행동을 여러 시위 학생들 앞에서 과감히 할 수 있다.

둘째, 사회적 태만 현상은 혼자서 일을 할 경우와 비교해서 여럿이 함께 일을 할 경우, 일을 하고자 하는 동기나 노력이 줄어드는 현상을 말한다. 사람들은 여럿이 같이 일을 하게 되면 작업에 대한 책임감이나 동기부여가 감소하는 경우가 많다. 사회적 태만 현상은 몰개인화와 마찬가지로 집단 속에서 개인의 책임감이 없어지는 것을 전제로 한다. 사회적 태만이 만연하면 사람들은 명백히 도움을 주어야 할 상황에서도 다른 사람이 도움을 줄 것으로 기대하여 행동을 하지 않는다.

설득상황에 몰개인화와 사회적 태만 현상을 적용시켜 보면 한국의 상황에서 흥미로운 현상을 발견할 수 있다. 예를 들어, 효도관광으로 여행을 떠난 노인들에게 건강 관련 식품을 소개한다며 물건을 구매하도록 설득하는 상황을 생각해 보자. 이 경우, 몰개인화되어 있는 노인들에게 건강식품이라는 귀에 쏙 들어오는 단어를 제시하고 공동구매를 하면 할인을 해 준다고 설득하면 여러 명이 구매를 하도록 유도하기 쉬우므로 상품판매자는 성공을 거두기 쉬울 것이다. 그러나 이는 커다란 윤리적 문제를 불러일으킨다.

2.4. 전달자의 임무와 증명의 사용

사람들은 경우에 따라 종종 전달자 혹은 설득자 역할을 할 수 있다. 설득자로서 메시지를 준비할 때 가장 먼저 해야 할 일은 수용자 혹은 피설득자가 누구인가를 아는 것이다. 그 다음 해야 할 것은 메시지를 어떻게 작성하는가이다. 이는 다른 말로 어떤 증명방식을 사용할 것인가이며, 어떤 방식으로 수용자를 설득시키는가 와 관련되어 있다.

1. 수용자에 대한 이해

수용자에 대한 지식을 얻기 위해 전달자가 취할 가장 좋은 방법 중의 하나는 수용자들을 설득할 때 수용자들의 의견을 주의 깊게 듣는 것이다. 예를 들어, 교수는 수시로 어떤 교수법을 사용할 때 가장 효과적이었는가에 대해 학생들로부터 직접 반응을 얻을 필요가 있다. 어떤 학생은 강의 주제와 관련된 예를 들어주는 것이 가장 효과적이라고 대답할 것이고, 어떤 학생은 인쇄물이나 컴퓨터를 이용한 프리젠테이션과 DVD나 비디오테이프와 같은 시청각자료를 이용하는 것이 가장 효과적이라고 대답할 것이다. 교육도 새로운 지식을 제공하여 미래의 행동에 영향을 미치는 하나의 설득과정이라고 가정한다면, 학생들의 관심과 지적 욕구를 충족시켜줄 수 있는 교수법을 개발하는 것이 효과적인 강의 진행을 위해서 필수적이라고 할 수 있다. 즉 수용자에 대한 이해를 위해서는 인구통계학적(demographics) 자료를 잘 활용해야 하고 수용자의 요구를 충분히 반영하는 것이 필요하다.

1) 인구통계학적 자료의 활용

인구통계학적 자료는 특히 수용자의 규모가 클 경우 유용하게 쓰일 수 있다. 인구통계학적 자료에 따라 연구대상으로 삼는 사람들을 각각 선호하는 것과 혐오하는 것, 습관, 가치 등과 같은 공유된 특성으로 묶을 수 있다. 예를 들어, 수용자들이 어떤 잡지를 구독하는가에 따라 어떤 메시지를 어떻게 전달해야 할 것인가가 결정된다. 시사주간지를 구독하는 사람들은 원예나 요리 관련 잡지를 구독하는 사람들보다 정치나 경제에 관심이 많다고 예측할 수 있다.

인구통계학적 자료에는 이 외에도 개인이 어떤 집단에 속해 있는가도 중요한 역할을 한다. 교회를 다니는가, 혹은 시민운동을 하는가, 혹은 취미활동 집단에 속해 있는가가 여기에 속한다. 자주 쓰이는 인구통계학적 요소들은 다음과 같다.

- 나이
- 연 수입
- 성별
- 교육 수준
- 종교
- 가족의 규모

- 지지 정당
- 직업

2) 수용자의 요구 결정

모든 수용자들은 어떤 형태이든 간에 공유된 경험을 가지고 있다. 예를 들면, 부모들은 자신들의 첫아이의 생일을 기억하며 자신들의 결혼기념일을 기억하고 있다. 수용자의 분석과정에서 연구자들은 연구대상자들이 각각 특정 주제나 목표와 관련하여 가지고 있는 주요한 경험들을 찾아내려고 노력한다. 예를 들어, 광고인들은 어떤 특정한 시기나 장소에 잘 통할 수 있는 메시지를 고안해 내려고 항상 노력한다.

슈워츠는 수용자들의 기호를 파악하기 위해 과제 지향적 접근방법을 고안하였는데, 주요 내용은 다음과 같다.

먼저, 전달자는 스스로에게 자신의 목표가 이것을 이해할 수 있는 수용자들의 능력과 합치되는지 물어야 한다. 예를 들어 공중보건 관계자가 금연 프로그램을 운영한다고 할 때, 그는 이를 수용자들이 이해하기 쉽게 만들어야 한다. 보기 쉽고 이해하기 쉬운 사진이나 그래프 등을 사용하는 것은 수용자의 주의를 끌 수 있는 좋은 방법이다. 또한 수용자들의 마음 상태와 분위기 등을 고려해야 하며, 그들이 남의 말을 잘 믿는가, 혹은 의심이 많은가 등에 대해서도 알아야 한다. 위와 같은 목표수용자에 대한 정보와 그들이 주제에 대해 느끼는 감정을 이해한 뒤에 메시지를 만들어야 성공적인 설득을 할 수 있다.

2. 전달자가 사용하는 증명의 종류

사람들은 특정한 메시지에 대해 충분히 공감하고 태도와 신념을 변화시키려는 결정을 하려고 할지라도, 자신의 태도를 변화시키기 위해서는 특정한 종류의 증명을 요구한다. 예를 들어, 즐겨 마시는 음료의 종류를 바꾸는 것과 같은 사소한 태도의 변화라고 할지라도, 소비자들은 새로운 음료의 장점을 증명할 만한 광고나 기사를 추구하는 경향이 있다. 증명의 형태에는 통계수치 제시, 담화와 일화, 증언의 사용, 시각적 증거, 비교와 대조 등이 있다.

1) 통계수치 제시

설득의 대상이 교육 수준이 높은 사람들이거나 과학적이고 이성적인 사고를 하는 사람들인 경우에는 단순히 말로 장점을 제시하는 것보다 숫자로 제시하는 통계수치가 다른 증명방식에 비해 효과가 훨씬 크다. 예를 들어, 절전형 가전제품을 구입하고자 하는 주부는 광고나 세일즈맨의 현란한 말에 현혹되지 않고 월간 전력사용량과 같은 통계수치를 알게 되면 보다 정확하고 후회하지 않는 선택을 할 수 있을 것이다. 또한 일반인들에게 안전벨트 사용을 권고하는 공중보건 캠페인을 만드는 제작자는 지난 1년간의 사고건수와 안전벨트를 착용하였을 때와 착용하지 않았을 때의 사망률을 비교 제시하면 보다 효과적인 설득커뮤니케이션을 할 수 있다.

통계수치의 사용에서 중요한 점은 가능한 일반인들이 이해하기 쉽게 통계수치를 간단하고 쉽게 만들어야 한다는 것이다. 통계학자도 아닌 사람들에게 복잡하고 이해하기 어려운 수치와 통계분석 결과를 제시하는 것은 소용없는 일이다.

2) 담화와 일화

증명의 형태로 담화와 일화도 매우 효과적으로 쓰일 수 있다. 사람들은 드라마나 소설, 농담과 같은 이야기 형태를 잘 기억하는 경향이 있다. 어린 시절에 읽거나 들었던 이야기가 성인이 되어서도 쉽게 잊히지 않는 경우가 있다. 특히 설득자들이 자주 사용하는 것은 가난하였던 사람이 특정한 노력을 해서 부자가 되는 일화이다. 이런 경우 많은 사람들의 주목을 끌 수 있고, 결과적으로 설득이 성공적으로 이루어질 수 있다.

3) 증언의 사용

물건을 구매하거나 선거에서 후보를 선택할 때, 경우에 따라서는 통계수치보다 자신이 신뢰하거나 전문성을 갖춘 사람들의 한마디가 더 중요할 수 있다. 소비자나 유권자를 설득하는 데 관심이 있는 광고인이나 정치인들은 수용자들에게 객관적인 자료나 증거를 제시해 주지 못하기 때문에, 일반인들은 법정의 증인과 같이 한 상품이나 사람에 대한 객관적인 증언을 원하는 경향이 있다. 치알디니는 이를 '사회적 증거'라고 불렀다. 예를 들어, 광고기법에서도 일견 제품과 직접적 관련이 없는 것처럼 보이는 외국의 전문가가 제품에 대해 긍정적인 언급을 하는 것이 증언의 사용이라고 할 수 있다.

4) 시각적 증거

"보는 것이 믿는 것(Seeing is believing)"이라는 서양의 속담이 있듯이 한국에도 "백문(百聞)이 불여일견(不如一見)"이라는 속담이 있다. 이는 동서양을 막론하고 말을 아무리 그럴듯하게 하더라도, 하나의 사진이나 그림이 설득에 보다 더 효과적일 수 있다는 의미이다. 시청각매체인 텔레비전 광고가 시각매체인 신문이나 청각매체인 라디오 광고에 비해 보다 효과적이라는 사실은 위의 속담을 증명해 주는 사례라고 할 수 있다. 예를 들어, 기아에 시달리는 아프리카의 어린이들을 돕기 위한 자선 캠페인을 벌이는 자원봉사자들은 사람들이 많이 지나다니는 거리에서 기아의 실상을 담은 대형사진을 걸어 놓거나 동영상을 상영함으로써 모금에 도움을 받을 수 있다. 시각적 증거는 다른 증거와 마찬가지로 쉽고 보기 좋게 만들어야 한다. 그러지 않으면 오히려 수용자들을 혼란스럽게 만들고, 결국 설득에 실패하게 된다.

그러나 사진이나 그림과 같은 시각적 증거는 잘 쓰면 약이지만 과도하게 사용하거나 잘못 사용하면 오히려 독이 될 수도 있다. 특히 오늘날과 같이 컴퓨터 그래픽의 발달로 사진의 조작이 매우 간편해진 환경에서, 이용된 사진이나 그림이 조작된 것으로 밝혀지면 명예훼손과 같은 법적 문제로까지 번질 수 있으므로 사진을 사용하는 데 신중을 기해야 한다.

5) 비교와 대조

사람들은 어떤 이슈나 대상에 대해 일방적인 서술문 형태로 제시된 것을 이해하는 데 어려움을 느낄 수 있다. 이러한 한계를 극복하기 위한 하나의 방법은 비교와 대조를 사용하는 것이다. 예를 들어, 사람들은 소형 자동차의 광고에 제시되어 있는 리터당 25km 주행이라는 수치만으로는 이 차가 얼마나 경제적인 자동차인지 알기 어렵다. 그보다는 동급 차량의 연비를 비교해 주는 정보가 보다 알찬 정보이다. 이 경우 널리 사용되는 것이 비교와 대조이다.

한국에서는 경쟁대상이 되는 제품의 정확한 상품명을 사용하는 비교광고가 오랫동안 금지되어 왔으나 최근에 와서 많이 완화되는 경향을 보이고 있다. 외국, 특히 미국의 경우에는 노골적으로 경쟁제품과의 비교를 통해 자사제품의 우월성을 과시하는 광고가 매우 보편화되어 있다. 앞에서 예를 든 자동차의 연비비교에서도 미국의 경우에는 잡지광고나 신문광고를 통해 자사의 자동차와 타사의 자동차의 실명을 적시하여 연비를 비교한 표를 제시하는 것이 관행처럼 되어 있다. 그러나 이러한 비교와 대조를 사용하는 방법은 윤리적인 문제를 가져올 수 있는데, 그 이유는 경쟁사나 제품에 대한 정보가 왜곡되고 불충분한 것이 대부분이기 때문이다.

2.5. 전달자의 일상적 전략

성공적인 설득자는 다양한 전략을 구사하여 자신의 의도를 관철시킨다. 수용자의 신념과 태도를 변화시키기 위해서는 상황에 따라 그에 맞는 전략을 사용해야 하는데, 일단 이런 전략에 빠져들면 수용자는 설득자의 의도대로 따를 가능성이 높다.

1. 발 들여놓기 전략

심리학자인 치알디니가 고안한 집 안에 '발 들여놓기(foot in the door)' 전략은 물건을 팔려는 외판원을 집 안에 들어오도록 하는 것에서 유래한 전략이다. 발 들여놓기 전략은 잠재적인 고객이나 지지자, 지원자, 신자들로 하여금 처음에는 사소한 응낙을 받는 것에서 시작하여, 결국에는 거절할 수 없는 커다란 부탁을 받아들이게 하는 것이다.

예를 들어, 자선단체들은 지나가는 행인에게 직접 부탁하거나 인터넷 등을 이용하여 어려운 사람을 돕기 위한 자선모금 운동을 편다. 처음에는 1000원을 기부할 것을 요구하는데, 많은 사람들은 그것이 얼마 안 되는 금액이므로 선뜻 요구에 응한다. 그리고 전화번호나 이메일 주소를 운동가에게 알려주기도 하는데, 운동가들은 한번 맺어진 인연을 계속 이어가려고 한다. 위의 경우는 불우이웃을 돕는 자선

행위이므로 사회적으로 좋은 일이지만, 상업적인 목적으로 이 전략을 사용할 경우는 이야기가 달라진다.

인터넷을 이용하는 모든 사람들은 이메일을 통해 원하지 않는 제품의 광고를 매일같이 받게 된다. 특히 조심해야 하는 것은, 경품을 제공한다는 미끼를 주며 설문에 응할 것을 요구하는 경우이다. 이 경우, 일단 응답을 하였으므로 응답자의 이메일 주소를 비롯한 신상정보가 설득자에게 넘어가는 것은 물론, 추후에도 성가신 메일이나 전화가 이어질 가능성이 높다. 일단 문 안에 발을 들여놓는다는 것은 수용자가 설득자의 의도에 90% 이상 따른다는 것을 의미한다.

발 들여놓기 전략은 유능한 세일즈맨들이 자주 사용한다. 예를 들어, 살 집을 얻으려는 사람에게 부동산중개인은 처음에는 자신이 보여 줄 수 있는 집 중 가장 허름하고 낡은 집을 보여 준다. 그 경우, 대부분의 고객은 다른 집을 보여 달라고 한다. 일단 고객이 발을 들여놓은 것을 안 중개인은 가격은 비슷하지만 처음 집보다 훨씬 깨끗하고 번듯한 집을 소개한다. 고객은 처음 집과 비교하여 두 번째 집이 훨씬 나으므로 그 집을 계약할 확률이 매우 높아진다.

2. 예-예 전략

요령 있는 전달자는 핵심적인 요구사항은 마지막까지 남겨놓은 채 중요하지 않은 요구사항에 대해 표적수용자나 집단으로부터 긍정적인 대답을 하도록 유도한다. 결국 나중에는 자신이 이미 허락한 사소한 내용 때문에 비용이 많이 들거나 중요한 요청에 응할 수밖에 없다. 이를 '예-예(yes-yes)' 전략이라고 한다.

예를 들면, 한 주부가 전화를 받았는데 상대방은 새로운 방충 소독 서비스에 대해 소개를 한다고 대화를 시작한다. 아이를 키우므로 집 소독에 대해 관심이 있던 그 주부는 결국 설득자의 전략에 넘어가고 만다. 우선 설득자는 몇 가지 사항을 확인한다. 집에 아이를 키우는지, 집을 깨끗하고 건강하게 하고 싶은지, 천식이나 기타 질환을 막기 원하는지 등의 질문을 한다. 그런 질문에 대해 대부분의 주부들은 '예'라고 대답할 것이다. 비교적 오랜 시간의 질문에 대해 긍정적 대답을 한 주부는 결국 그 회사의 소독 서비스를 받으라는 요구에 응낙을 하고 만다. 따라서 집 소독에 관심이 있더라도 보다 믿을 만하고 저렴한 비용으로 서비스를 제공하는 회사를 찾기 위해서는 인터넷 검색 등을 통해 적극적으로 정보를 수집해야 할 것이다.

3. 만약이 아닌 어떤 것을 묻는 전략

사람들은 여러 개의 선택 중에서 선택을 하는 것보다는 두 개의 대안 중에서 선택하는 것을 훨씬 쉽게 여긴다. 이것이 '만약이 아닌 어떤 것을 묻는(asking not if but which)' 전략이다. 예를 들어, 사람들은 여러 개 중에서 선택하는 것은 힘들어하지만 두 개 중에서 선택을 하라고 하면 쉽게 대답한다. 점심시간에 중국음식점에 가서 동료들에게 무엇을 먹을지 물으면 선택에 고민을 하는 사람들에게 "자장면 아니면 우동?"이라고 물으면 훨씬 쉽게 대답할 것이다. 그러나 이 전략도 다른 전략과 마찬가지로 질문을 조작하기 쉽기 때문에 윤리적인 문제를 불러일으킬 가능성이 높다.

4. 질문을 위한 질문 전략

유능한 설득자들이 자주 쓰는 전략의 하나는 수용자에게 질문을 해서 요구에 반응하도록 하는 것이다. 이를 '질문을 위한 질문(question for a question)' 전략이라고 한다. 예를 들어, 특정한 상품이나 서비스를 판매하고자 하는 설득자들은 종종 잠재고객에게 "어떤 제품을 사용하십니까?" 혹은 "어떻게 그런 생각을 하시게 되었습니까?"와 같은 질문을 한다. 이 경우 설득자의 질문에 대답을 하면 설득전략에 넘어가는 것이다. 왜냐하면 설득자의 질문은 수용자에 대한 정보를 직접 설득자에게 주는 것이며, 또한 설득자가 생각할 시간을 주기 때문이다. 이러한 노회한 설득자에게 넘어가지 않는 방법은 속이 들여다보이는 질문에 대해 솔직한 대답을 하지 않고 오히려 설득자에게 질문을 하는 것이다. 그러면 설득자는 수용자가 만만치 않은 상대임을 알고 노골적인 설득의도를 드러내지 못할 것이다.

5. 부분적 공약 전략

'부분적 공약(partial commitment)' 전략은 '발 들여놓기 전략'과 유사한 전략으로 유능한 세일즈맨들이 자주 사용하는 방식이다. 예를 들어, 당신이 노트북 컴퓨터를 구매하고자 전자제품 매장을 찾았다고 가정해 보자. 매장의 점원은 환한 미소와 함께 마음 놓고 구경하라고 말하고, 원하시는 모델이 있으면 직접 사용해 보라고 권한다. 이때 그 점원의 호의에 응하여 노트북을 살펴보면 일단 부분적 공약이라는 전략에 빠져들게 된다. 모든 구매자들이 그런 것은 아니지만, 많은 사람들은 가격이 비슷하다면 한번 사용해 보거나 접촉해 본 제품을 구매할 확률이 높다. 또한 잠재고객들을 자동차 등을 경품으로 내건 응모행사에 참여하게 하는 것도 부분적 공약 전략을 사용한 것이다. 왜냐하면 경품 추첨을 위해 해당 회사에 이름과 주소, 이메일 등의 정보를 제공하는 것은 부분적으로 잠재고객으로 등록하는 것으로 인식되기 때문이다.

6. 많이 요구해서 적게 타협하는 전략

이 전략은 '발 들여놓기 전략'이나 '부분적 공약 전략'과 거의 같다. '많이 요구해서 적게 타협하는(asking for more so they settle for less)' 전략은 가격을 매길 때, 원래 팔고자 하는 가격보다 높게 매기는 것에서 쉬운 예를 찾을 수 있다. 원래 가격은 1만 원인데 상인이 1만 5000원을 불렀을 때, 그 물건을 사고 싶은 손님은 가격을 깎아 줄 것을 요구한다. 손님의 요구에 상인은 마지못해 가격을 깎아 주는 척한다. 손님은 자신이 처음부터 속았다는 생각을 하지 못하고 1만 원이라는 원래의 가격에 기쁜 마음으로 물건을 구매한다.

이 전략은 특히 백화점이나 편의점, 자동차판매점 등에서 행하는 정기 세일에서 자주 발견할 수 있다. 신문광고 등을 통해 소비자들은 끊임없이 특정 제품이 파격적으로 할인된 가격에 판매된다는 소식을 접한다. 심지어 반액 세일이라는 문구도 할인점 광고물에서 자주 발견된다. 그러나 이러한 전략은 물론 소비자를 위한 것이 아니라 보다 많은 판매를 위한 고도의 전략에 기인한 것이다. 특히 신제품이 출시되면서 가치를 많이 잃게 된 이월 모델을 특별 할인가격에 판매한다는 광고는 흔히 쓰이는 전략이다.

7. 심기 전략

'심기(planting)' 전략은 수용자의 실험기억에 연결시키기 위해 오감을 사용한 것을 의미한다. 이 전략은 마치 나무를 땅에 심는 것과 같이 사상이나 기억을 수용자의 머릿속에 주입시키는 것에서 유래하였다. 이 전략은 표적집단이나 사람이 제품이나 아이디어, 후보를 어떻게 인식하였는가를 기억하도록 하는 데 초점을 둔다. 이러한 종류의 기억은 페티와 캐시오포의 정교화가능성 모델의 주변적 정보처리 과정과 유사하다. 예를 들어, 특정한 피자 회사는 자신들의 피자가 매우 뜨겁고, 매운 맛이 나며, 피자 도우가 매우 두껍고 바삭바삭하다는 광고물을 내보낸다. 또한 자신들의 피자 소스가 진한 토마토색이 나며 채소도 신선한 색을 띤다고 홍보한다. 이 경우 촉각, 미각, 시각, 후각 등 다양한 감각을 이용한 것이므로 한 가지 감각을 이용한 것보다 훨씬 소비자의 눈길을 끌 수 있다. 수용자의 다양한 감각을 이용한 호소는 매우 효과적이며 다양한 종류의 설득커뮤니케이션에 광범위하게 사용된다.

8. IOU 전략

영어로 '빚을 지다' 라는 표현은 "I owe you" 이다. 이를 약칭으로 IOU라고 표현하는데, IOU 전략은 바로 빚을 지면 불편해지는 사람의 심리를 이용한 전략이다. 이를 치알디니는 상호성 법칙이라고 지칭하고 『설득의 심리학』에서 자세하게 정리하였다. 상호성의 법칙은 최근에 생긴 것이 아니라 인류의 역사를 가로질러 수만 년 동안 존속되고 있는 인간의 심리에 근거한 것이다. 리키는 상호성의 법칙을 "인간이 인간을 아름답게 하는 가장 중요한 원천" 이라고 규정하였는데, 인간이 공동생활을 하며 가진 음식들을 서로 공유하는 의무의 완수를 통해 공존할 수 있다고 보았다. 치알디니는 상호성의 법칙이 단지 개인 간의 선물 제공 등과 같은 개인적 단위에서만 일어나는 것이 아니라 국가 간의 관계에서도 작용한다고 보았다.

1985년에 아프리카의 극빈국 가운데 하나인 에티오피아는 파탄지경의 경제상황과 수년간의 가뭄, 지속적인 내전으로 인해 수많은 사람들이 죽어 가는 처참한 상태에 빠져 있었다. 이런 상황에서 아메리카 대륙의 대국 중의 하나인 멕시코가 에티오피아에 구호금을 보냈다면 별 뉴스가 되지 않았을 것이다. 그러나 놀랍게도 에티오피아는 그해에 멕시코시티에서 발생한 지진의 희생자들에게 5000달러의 구호자금을 보내기로 결정하였다. 5000달러라는 자금은 큰돈이 아니지만, 에티오피아와 같은 극빈국에게는 큰돈이었다. 그 이유는 무엇이었을까?

그 이유는 에티오피아가 1935년에 이탈리아의 침략을 받았을 때 멕시코가 원조를 보내 준 것에 대한 고마움의 표시였다. 한 개인도 아닌 나라가, 그것도 50년 전에 일어났던 일에 대해, 어려운 상황에도 불구하고 도움을 주었다는 내용은 많은 것을 설명해 준다. 사람은 남의 도움을 받았을 경우 그것을 잊지 않고 갚으려는 심리를 가지고 있다. 물론 반대의 경우 즉 원한을 품었을 때 그것을 잊는 것도 매우 어려운 일이다. 따라서 성공적인 설득자들은 조그만 호의라도 베풀어서 수용자들의 호의를 얻은 후, 그것을 바탕으로 보다 큰 이익을 얻으려고 노력한다. 상호성의 법칙은 사람이 빚을 지거나 도움을 받았을 경우, 이를 회피하고자 하는 경향에 근거한 것으로, 균형이론과도 밀접한 관련을 가지고 있다.

2.6. 설득커뮤니케이션과 전달자 관련 연구

설득커뮤니케이션 과정에서 중요한 요소 중 하나인 전달자를 주제로 하여 이루어진 연구는 많다. 오늘날과 같은 인터넷 사회에서 온라인상의 전달자의 속성을 탐구하는 것은 매우 의미 있는 일일 것이다. 다음은 국내에서 이루어진 설득커뮤니케이션의 전달자 관련 연구들이다.

이준웅 등(2007)은 인터넷 토론 공간에서 누가 영향력을 행사하는가, 다시 말해 어떤 사람들이 주요한 설득자로 인식되는가에 연구의 초점을 맞추고 탐구를 하였다. 연구자들은 인터넷 토론 공간에서 자신의 글을 통해 다른 이용자들의 주목을 유도하고 그들의 긍정적인 반응을 얻는 데 성공한 토론자들을 '온라인 의견지도자' 혹은 '인터넷 의견지도자' 리고 규정히고 그들의 사회정치적 배경과 개인적 특징을 탐구하였다. 기존의 연구는 의견지도자의 영향력의 관점에서 타당하게 분류한 경우가 많지 않다고 지적한 후, 이 연구는 온라인 토론 공간에서 '타인에 미치는 영향력'을 직접 측정해서 이를 기준으로 삼아 의견지도자를 판별해 내었다.

이 연구에서는 인터넷 게시물의 주목도와 설득력을 기준으로 6542명의 인터넷 토론자들을 각각 온라인 '의견지도자', '관심유발자', '조용한 설득자', '온라인 일반 토론 공중'의 네 집단으로 구분하여 각 집단의 인구 사회적 배경, 개인적 속성, 매체 이용 성향, 정치적 특성 등을 정리, 비교하였다. 네 집단 중에서 온라인

의견지도자 집단은 다른 집단들에 비해 교육 수준이 높고, 의사소통능력이 뛰어났으며, 정치에 대한 지식과 정치참여 의지가 높은 것으로 나타났다. 온라인 의견지도자들은 다른 집단에 비해 상대적으로 논변의 솜씨나 질이 뛰어났지만, 토론의 매너까지 좋은 것은 아니었다. 연구자들은 이 연구의 결과를 근거로 매스미디어 효과의 2단계 유통이론에서 개발되었던 의견지도자 개념이 인터넷을 이용한 사회적 상호작용에도 적용될 수 있음을 밝혔다.

이 연구는 1940년대의 초창기 매스미디어 효과연구에서 고안되었던 의견지도자(opinion leader) 개념을 21세기의 인터넷 시대에 적용하여 실증적으로 탐구하였다는 의의를 가진다. 주로 정치영역에서 사용되는 의견지도자 개념은 한국과 같이 인터넷이 널리 보급되고 솔직하고 논쟁적인 의견이 온라인상에서 시시각각 벌어지는 나라에서는 특히 유용성을 가진다. 실제로 온라인상에서는 누리꾼 혹은 논객이라고 불리는 주요한 의견개진자 혹은 의견지도자들이 존재한다. 이들은 사회적 이슈가 발생하였을 때, 보다 활발하게 의견을 개진하며 높은 접속률을 기록하기도 한다. 그러나 이들의 의견은 아무리 많은 사고를 기울였다고 하더라도 주관적인 편견과 사견이 개입될 수밖에 없으며, 대면 토론이 아닌 인터넷 토론은 경우에 따라 인신공격이나 사적인 감정의 표출로 이어질 수 있다는 점에서 부작용도 따른다.

김미애(2001)는 노년층 광고모델에 대한 광고실무자의 지각을 연구하였다. 의학의 발달과 생활습관의 변화, 건강에 대한 지속적인 관심의 증대 등으로 인해 노인 인구는 전 세계적으로 급증하고 있다. 이제는 60대 청춘이라는 말이 현실이 되었을 정도로 생물학적인 연령보다는 신체연령이 더욱 중시되고 있고, 나이 든 것이 더 이상 흠이 되지 않는 사회가 된 것이다. 이에 따라 광고에서도 노인층을 모델로 이용한 광고가 이전에 비해 증가하게 되었다.

이 연구는 이러한 배경을 바탕으로, 인구비율의 증가에도 불구하고 노년층이 광고모델로 등장하는 예가 드문 것을 선행연구들의 결과를 토대로 비판하고, 그 원인을 파악하기 위해 이루어졌다. 이 연구는 노년층을 광고모델로서 사용하는 것에 대해 광고실무자들이 어떻게 생각하는지를 살펴보기 위해 17개 광고대행사에 근무하는 93명의 광고실무자를 대상으로 다음과 같은 사항을 조사하였다.

첫째, 노년층 모델이 달성할 수 있는 커뮤니케이션 목표, 둘째, 노년층 시장에 도달하기 위해 노년층 모델을 사용해야 하는 것이 적당하다고 여겨지는 제품 및 서비스의 유형, 셋째, 노년층 모델이 노년층 수용자에게 미치는 사회화 효과를 포함하여 광고에 등장하는 노년층에 대한 일반적인 견해 등을 설문조사 방법을 통해 분석하였다.

　연구결과, 광고실무자들은 노년층 광고모델이 커뮤니케이션 목표를 달성하는 데 도움을 주지 못한다는 것을 인식하고 있었다. 한 가지 흥미 있는 발견은, 광고실무자들은 광고가 노년층의 소비행동에 중요한 영향을 끼친다고 생각함에도 불구하고, 노년층을 표적수용자로 삼는 제품이라고 할지라도 그 광고의 모델로 노년층을 추천하지 않았다는 사실이다.

　이러한 결과는 인지부조화 현상과도 직접 연관된다. 실제로는 노년층을 대상으로 하는 제품에 당연히 노년층 모델을 사용해야 함에도 불구하고, 광고의 효과를 생각해 나이 든 광고모델을 사용하는 것을 자제한다는 것은 심리적으로 불편함을 느끼게 만든다. 이때 광고실무자들은 광고의 효과를 고려하여 아무래도 상대적으로 젊은 광고모델을 사용하는 것이 효과적이라는 결정을 하게 된다. 이러한 부조화를 완화시키기 위해서는 모델의 다양한 연령이 광고 효과에 어떤 영향을 미치는가에 대한 보다 정교화된 실증적 연구가 수행되어야 할 것이다.

　박종민 등(2003)은 주요한 설득커뮤니케이션 전달자인 PR 실무자들의 속성은 어떤 것이 있는가에 관심을 가지고 연구를 수행하였다. 이 연구는 협상자로서 PR 실무자의 협상자질을 구성하는 요인을 분석하고, PR 실무자들의 인구학적 속성과 조직 내 업무형태 및 역할에 따라 그들의 협상자질이 어떻게 다른가를 탐구하였다.

　분석결과, 한국의 PR 실무자들은 전반적으로 업무 수행에 있어 가장 기본적이고 중요한 자질인 업무에 대한 의지, 성실성, 책임감 등에 대해서는 자신감이 있었으나, 협상에 대한 교육과 훈련, 경험은 부족하다고 인식하고 있었다. 이와 더불어, PR 실무자들의 협상자질에 대한 요인분석 결과에서는 관계성, 커뮤니케이션 능력, 책임감, 사고력과 자신감, 인상, 협상경험, 지적 능력 등의 일곱 가지 협상자질 요인이 발견되었다.

　한국의 PR 실무자들은 외국의 실무자들에 비해 기본적인 자질이나 능력, 지적 배경 등에서는 높은 수준을 가지고 있으나 실무경험이나 실제 협상 등은 부족한 것이 사실이다. 따라서 이를 보완하기 위해서는 실무자 스스로 경험을 많이 쌓고 다양한 직업훈련을 해야 할 것이다.

¤ 연습문제

1 전달자효과와 관련된 요소 중 신뢰성과 관련이 <u>없는</u> 것은?

　① 신용　　　　② 호감　　　　③ 전문성　　　　④ 역동성

2 메시지 전달에 영향을 미치는 요소 중 자세, 눈 맞춤, 제스처 등을 지칭하는 용어
는?

　① 비언어커뮤니케이션　　　　　② 언어커뮤니케이션
　③ 스피치커뮤니케이션　　　　　④ 매개커뮤니케이션

 정답 1 ② 2 ①

¤ 연구과제

1 전달자효과와 관련된 요인들의 사례를 찾아 논하시오.

2 동조에 영향을 미치는 요소들을 제시하고 전달자와의 관계를 정리하시오.

3 전달자가 사용하는 증명의 종류를 사용한 광고를 찾아 정리하시오.

4 전달자의 일상적 전략을 치알디니의 『설득의 심리학』을 참조하여 정리하시오.

제 3 장

3

설득커뮤니케이션과 메시지

개요

설득커뮤니케이션 과정에서 전달자로부터 시작된 메시지는 수용자에게 도달하면서 수용과정에 들어간다. 이러한 과정에서 내용을 의미하는 메시지의 중요성이 매우 크다는 것은 재론할 필요가 없다. 메시지는 내용이나 기호, 처리 등으로 상세히 분류되지만 관심의 중심이 되는 것은 내용 자체이다. 이 장에서는 전달자가 같더라도 수용자의 태도에 다른 영향을 미치는 메시지 요인과 메시지의 작성 및 배열방식에 대해 고찰하고 소구방식에 대해서도 살펴본다.

학습목표

- 수용자의 태도에 영향을 미치는 메시지 요인을 이해할 수 있다.
- 메시지의 작성 및 배열이 수용자의 태도변화에 미치는 영향을 이해할 수 있다.
- 메시지의 소구방식을 이해할 수 있다.
- 비언어적 메시지의 특성과 설득의 관계를 이해할 수 있다.

주요용어

반복효과, 노출효과, 병렬구조, 인지적 구두쇠, 독이성

플레시 카운트, 정보과잉, 일면적 메시지, 양면적 메시지, 순서효과

수면자효과, 위협적 소구방식, 근접학, 시간학

3.1. 설득커뮤니케이션 과정과 메시지

설득커뮤니케이션 과정에서 전달자의 손을 떠난 메시지는 수용자에게 도달하여 해석과 수용과정을 거치게 된다. 실제로 전달할 내용이 없는 커뮤니케이션 과정이라는 것은 아무런 의미가 없다. 이러한 전달내용을 메시지 혹은 내용(content)이라고 한다. 그러나 수용자의 입장에서 볼 때 전달자가 전달한 메시지를 모두 이해하고 받아들이는 것은 물론 아니다. 기껏해야 전달자가 보낸 메시지의 일부분만을 이해하고 받아들일 뿐이다. 전달자가 보낸 메시지의 내용을 상당부분 이해하기 위해서는 수용자들의 지적 혹은 심미적 수준이 전달자의 수준과 같거나 비슷해야 한다. 만일 전달자의 메시지가 대학원생 이상이 이해할 수 있는 내용을 담고 있는 데 비해 수용자는 중학생일 경우 메시지가 어떻게 이해될 것인가를 상상해 보라.

메시지를 더 상세하게 분류하면 메시지의 내용, 메시지 기호, 메시지 처리 등으로 구분할 수 있지만, 가장 중심적인 분류는 메시지의 내용에 관한 것이다. 예를 들어, 한 보험설계사가 보험에 관심이 없는 잠재고객을 상대로 자신이 속한 보험회사의 상품을 소개하기 위해서는 다양한 방식으로 메시지를 만들어야 한다. 먼저 보험설계사가 제시해야 하는 메시지는 왜 생명보험이 필요한가에 대한 알기 쉬운 설명을 포함해야 할 것이다. 미래의 위험에 대비하는 데 관심을 두지 않고 있는 잠재고객의 주의를 끌기 위해 보험설계사는 잠재고객과 비슷한 나이나 직업, 성향을 갖춘 사람들의 사례를 제시하면서 보험의 필요성을 역설할 것이다. 이를 위해서는 과장 없이 사실적인 내용의 메시지에 경우에 따라 감정을 약간 담는 것이 효과적일 것이다. 일단 잠재고객의 관심을 끌었다는 전제하에 두 번째 단계로 보험설계사는 통계수치나 그래프 등을 이용한 객관적인 데이터를 담은 메시지를 제시해야 할 것이다. 자사의 상품이 타사의 상품에 비해 우월한 점, 보상처리가 광범위한 점 등에 대해 솔직하고도 정확한 자료를 제시하는 것이 과장된 자료를 제시하는 것보다 바람직하다.

위의 예에서 보듯이, 설득커뮤니케이션의 메시지는 전달자나 매체의 역할과 함께 수용자의 태도변화에 상당한 영향을 끼치게 된다. 동일한 전달자가 같은 매체를 사용하더라도 어떤 메시지를 사용하였는가에 따라 수용자들에게 미치는 영향은 아주 달라진다. 이 장에서는 태도변화와 관련된 메시지 요인, 메시지의 작성 및 배열, 소구방식에 따른 분류, 비언어적 메시지 등에 대해 살펴볼 것이다.

3.2. 태도변화에 영향을 미치는 메시지 요인

설득커뮤니케이션의 가장 중요한 목적 중의 하나는 수용자의 태도를 변화시키는 것이다. 앞 절에서 살펴보았듯이 동일한 조건에서도 어떤 메시지를 사용하는가에 따라 수용자의 태도가 변할 수도 있고 전혀 변하지 않을 수도 있다. 메시지는 다른 요인들과 마찬가지로, 혹은 경우에 따라서 가장 중요하게 태도변화에 영향을 미친다. 다시 말해 메시지가 어떻게 작성되었는가, 혹은 어떻게 배열되어 있는가에 따라서 설득과정의 결과에 커다란 차이를 보일 수 있다. 설득커뮤니케이션에서 효과와 직접적으로 관련된 메시지 요소는 논점의 짜임새, 반복효과, 메시지의 외형, 기존 태도와 메시지 내용의 괴리 등 다음과 같은 네 가지로 정리될 수 있다.

1. 논점의 짜임새

전달되는 메시지가 강력하면 메시지가 약한 경우에 비해 설득효과가 높을 것으로 기대한다. 예를 들어, 사회변화를 원하는 사회운동가들의 주장이 구체적이고 확실한 목표를 담고 있는 경우가 제시하는 목표가 막연하고 너무 광범위한 경우에 비해 시민들의 호응을 더 많이 받을 수 있다. 그러나 강력하고 소구력 있는 메시지가 언제나 효과가 큰 것은 아니다. 그러한 메시지라도 수용자가 관심을 보이고 귀를 기울일 때에만 설득력이 높아진다. 한 연구에 따르면, 빈틈없이 논리가 짜여진 경우에는 "무엇무엇에 대해 어떠한 변화를 일으키겠는가?"와 같은 수사적 질문을 사용하는 것이 설득에 효과적이다. 이러한 논점의 짜임새는 특히 교육 수준이 높은 수용자들을 대상으로 메시지를 작성할 때 유의해야 할 사항이다. 엉성하고 주제가 불투명한 메시지는 수용자들의 주목을 끄는 데 전혀 효과가 없다.

2. 반복효과

　메시지를 반복해서 제시하면 수용자의 태도를 변화시키는 데 효과적일 것인가, 혹은 수용자가 지루함을 느끼게 되는 역효과를 가져올 것인가? 이 질문은 설득커뮤니케이션의 효과에 특히 관심을 보이는 광고업계나 PR업계 사람들이 자주 가지는 의문점이다. 이 질문에 답하기 위해 많은 연구자들이 반복효과에 대한 연구를 지속적으로 수행해 왔다.

　일단 메시지에 자주 접하게 되면 수용자들은 그 메시지에 대해 어느 정도 익숙해지게 된다는 입장이 있다. 이를 노출효과(exposure effect)라고 한다. 일단 노출효과가 생기면 수용자들은 당분간 그 메시지에 대해 친숙하고 긍정적인 태도를 보이지만 이 효과는 오래 지속되지는 않는다. 메시지가 반복되면 어느 시기까지는 인지도와 친숙도가 증가하지만, 어느 수준을 넘어서면 지루함을 불러일으키고 경우에 따라서는 반발심을 초래하기도 한다. 이를 그래프로 측정하면 역 U자형 곡선을 그리게 된다. 따라서 메시지 구성이 어떻게 되어 있는가가 노출효과를 오랫동안 지속시킬 것인가 그렇지 않은가를 결정하는 중요한 요소로 작용한다.

3. 메시지의 외형

　메시지의 수용자들은 경우에 따라 메시지 내용 자체에 전혀 관심을 기울이지 않거나 메시지 내용을 해독할 능력을 갖추지 못하는 수가 있다. 일련의 연구결과에 따르면, 이러한 경우 메시지의 내용이 강력한가의 여부는 중요한 요소가 되지 않고 겉으로 드러나는 피상적인 외형이 중요한 역할을 하게 된다. 예를 들어 메시지의 길이, 배열 상태, 그림이나 사진의 사용 등이 이에 해당된다. 페티와 캐시오포는 메시지의 논점이 피험자의 관심사가 아닐 경우에는 메시지의 길이가 길고 양이 많을 것이 태도변화에 더 효과적이라고 주장한다. 이는 사람들이 다른 사람을 잘 알지 못할 경우 그 사람의 외모와 복장을 보고 얼마나 믿을 만한 사람인가를 평가하는 것과 같은 이치이다. 이를 광고의 예로 들어 보면, 제품에 대한 소개를 장황하게 하고 방대한 분량으로 지면을 채우면 소비자들의 주목을 끌고 태도를 변화시키는 데에도 효과적이라는 것이다. 그러나 한편으로 분량이 많거나 지루한 내용을 담고 있는 광고물은 소비자들의 주목을 끌지 못하며 오히려 소비자들을 다른 지면이나 광고에 주목하게 한다는 견해도 있다.

4. 기존 태도와 메시지 내용의 괴리

메시지를 전달하는 사람들이 심각하게 고려해야 할 중요한 사항 중의 하나는 수용자가 지닌 기존의 태도이다. 예를 들어, 술을 즐기는 애주가들은 술을 많이 마실 경우 건강에 심각한 악영향을 줄 수 있다는 메시지를 받게 되면 그들이 가진 기존의 태도와 매우 큰 괴리감을 느낄 수 있다. 이러한 경우에 술이 긴장을 해소하고 스트레스를 푸는 데 좋은 영향을 끼친다고 믿는 애주가의 기존 태도를 바꾸는 것은 매우 힘들다. 그러나 동일한 메시지를 간(肝) 전문가인 의대 교수가 술을 많이 마시면 간이 손상되고 여러 가지 건강상의 문제가 생길 수 있다는 연구사례를 실증적으로 제시하면, 아무리 애주가라도 이 메시지를 쉽게 무시하기는 힘들 것이다.

반면에, 위와 같이 주어지는 메시지가 자신의 태도와 큰 차이가 날 경우에는 대조효과가 발생하여 전달자를 무시하거나 메시지를 왜곡시키며, 또한 메시지를 무조건 거부하는 태도변화 이외의 다른 반응을 보이게 된다. 따라서 메시지를 제작하는 사람은 수용자의 기존 태도와 괴리감이 있는 메시지를 작성할 때에는 특히 신중해야 하며, 권위 있고 신망 있는 전달자를 사용한다든지 하는 가시적인 노력을 보여야 한다.

3.3. 메시지의 작성 및 배열

앞 절에서 살펴보았듯이 여러 가지 메시지 요인은 수용자의 태도에 상이한 영향을 미칠 수 있다. 한편 보다 실용적인 측면에서 메시지를 어떻게 작성하고 배열하는 것이 효과적인가 하는 논의가 있다. 이는 광고나 PR, 건강 캠페인을 직접 제작하는 실무자들에게 매우 유용할 것이다.

1. 메시지 문구 작성 방법

라슨은 메시지의 문구를 작성할 때 수용자들의 주의를 끌고 호감을 얻기 위해서 사용해야 할 방법으로 다음과 같은 일곱 가지를 들고 있다.

1) 다양한 단어의 선택

오늘날과 같이 새로운 단어들이 매일같이 등장하는 시대에는 수용자들이 쉽게 이해할 수 있는 단어나 용어들을 사용하는 것이 필수적이다. 기성세대와 달리 언어를 여러 가지 의미로 사용하는 젊은 층을 대상으로 한 메시지의 경우는 더욱 그렇다.

광고에서 사용하는 용어는 자주 신조어를 만들어 내기도 한다. 설득메시지의 중요성이 더욱 커지면서, 적절한 단어와 어휘 선택은 설득메시지 제작에 반드시 필요하다. 젊은 세대의 경우 새로운 단어와 은어를 기성세대에 비해 훨씬 많이 사용하므로 이들을 겨냥한 메시지에는 이를 포함해야 할 것이다.

2) 적절한 어구의 사용

여기서 적절한 어구란 메시지에 다양한 은유와 직유 혹은 두운법 등을 사용하는 것을 의미한다. 예를 들어, 각 문장의 앞 단어에 같은 모음이나 자음을 사용함으로써 수용자들이 그 메시지를 이해하고 기억하기 쉽게 만들 수 있다. 광고에서 직유법이나 은유법을 사용한 예는 이미 19세기에서도 찾을 수 있다. 설득메시지를 만드는 사람들의 가장 큰 목표는 수용자들이 오랫동안 기억하는 메시지를 만드는 것이다. 많은 광고 중에서도 오랜 세월이 지나도 잊혀지지 않는 문구들이 있다. 그런 광고는 일단 수용자의 주목을 끌고 기억을 오래가게 만들었다는 점에서 성공사례라고 할 수 있다.

3) 생생함

생생한 메시지를 사용해야 한다는 것은 수용자에게 보다 소구력 있는 강렬한 형용사를 첨가하는 것이 효과적이라는 뜻이다. 예를 들어, '정열적인' 이라는 단순한 형용사를 사용하는 것보다는 '장미꽃처럼 정열적인' 이라는 문구를 사용하면 보다 강렬하고 확실한 메시지를 전달할 수 있다. 또한 텔레비전이나 라디오 광고처럼 청각을 이용하는 광고에서는 시원한 느낌을 주기 위해 물소리나 목 넘김 소리 같은 생생한 메시지를 자주 사용한다. 상업적인 목표를 지닌 광고메시지와는 달리, 친건강 메시지를 위주로 하는 건강커뮤니케이션에서도 설득효과를 높이기 위해 보다 생생하고 실감나는 내용 위주로 메시지를 제작하는 경우가 많다. 흡연의 해악을 경고하기 위한 건강커뮤니케이션에서는 흡연으로 인해 목에 구멍이 생기거나 시커멓게 변한 폐의 사진을 보여 줌으로써 설득효과를 극대화시키려고 한다.

4) 간결함

생생함과는 성격이 약간 다른 의미로 설득메시지는 간결할수록 좋다. 사람들은 인지적인 노력을 기울이는 데 많은 노력과 시간을 들이고 싶어하지 않는다. 이를 인지적 구두쇠(cognitive miser)라고 하는데, 이러한 경향은 결국 기존의 태도나 기준에 따라 선택을 하거나 행동을 하도록 한다. 설득메시지를 수용자들이 이해하기 쉽게 간단하게 전달하면, 수용자들이 긴 문장을 해석하느라고 많은 시간과 노력을 허비할 필요가 없다. 간결함이 중요하지만, 그렇다고 주요한 내용을 생략하거나 너무 가볍게 만든 메시지는 역효과를 가져올 수도 있다.

5) 병렬구조

병렬구조를 사용하는 것은 비슷하거나 똑같은 단어나 문장을 병렬시켜 사용하는 것을 의미한다. 예를 들면, 한 정치인이 "나는 여러분에게 ~와 같은 것을 약속하였으므로 이를 분명히 지키겠습니다."와 같은 문장구조 속에 자신이 선거공약으로 내세운 내용을 배치시키는 것을 들 수 있다. 이 경우 유권자들은 그 정치인의 공약을 더욱 믿을 만한 것으로 생각할 수 있다. 또한 기업 이미지 광고 등에 기업이 그동안 이룩한 업적 등을 동일한 구조하에 나열할 수도 있다.

6) 상상의 사용

상상을 이용한 설득메시지는 특히 과자나 청량음료, 맥주와 같은 기호품 광고에서 많이 사용된다. 예를 들어, 한 맥주광고는 이 맥주를 마시면 마치 물속에 들어간 것과 같은 시원함을 느낄 수 있다는 메시지를 전달한다. 물론 물속에 들어간다는 느낌은 단순히 상상 속에 이루어지는 것이며, 그러한 메시지를 사용함으로써 감각을 대신 느끼게 해 주는 효과가 있는 것이다. 상상을 사용한 설득메시지는 오늘날 자주 사용되고 있다.

7) 유머 사용

다른 요소와 마찬가지로 유머를 적당하게 사용하면 설득커뮤니케이션에서 많은 성공을 거둘 수 있다. 유능한 설득메시지 전달자는 대개 수용자들의 주의를 끌기 위해서 적절한 유머를 사용할 줄 안다. 그러나 유머도 상황에 맞게 적절하게 사용해야지 너무 과도하게 사용하거나 동떨어진 맥락에서 사용하면 오히려 역효과를 가져올 수 있다. 설득커뮤니케이션에 자주 참여하는 전달자는 적절하게 익살스러운 내용을 보충하기 위해 상황에 맞는 유머가 담긴 이야기를 목록으로 만들어 필요할 경우 사용하는 것이 좋다.

2. 메시지의 내용 및 형식

라슨의 견해와 유사하게 멀린과 존슨 역시 설득커뮤니케이션 과정에 영향을 미치는 메시지를 내용과 형식의 두 가지로 나누어 정리하였다. 내용과 형식은 일견 비슷해 보이는 개념이지만 엄밀히 말하면 구분되는 개념이다. 내용은 설득메시지의 구성요소를 의미하며 세 가지의 하부 항목을 가지고 있다. 형식은 메시지를 정렬하고 배열하는 것을 의미하며 네 가지의 하부 항목을 가지고 있다.

1) 내용

내용은 실제로 설득메시지의 구성요소를 지칭하는 개념이다. 광고에 사용하는 카피가 바로 내용이라고 할 수 있으며, 광고제작진의 입장에서는 수용자들에게 쉽게 인지되며 오래 기억되는 내용을 사용해야 효과적인 카피를 만들었다고 할 수 있다. 내용과 관련된 하부 항목으로는 독이성(讀易性, readability)과 기술적 정보, 정보의 양 등이 있다.

(1) 독이성

설득커뮤니케이션의 내용은 수용자들이 읽기 쉽거나 이해하기 쉬운 것일수록 기억하기 쉽다. 따라서 내용을 구성할 때 가장 중요하게 생각하는 요소 중 하나가 얼마나 쉽게 읽을 수 있는가를 판단하는 독이성이다. 자극 상황에서 독이성을 측정하려는 초기의 시도 중의 하나는 플레시가 개발한 플레시 카운트(Flesch count)이다. 이 척도는 문서화된 커뮤니케이션의 독이성에 따라 점수화하여 만화와 같은 읽기 쉬운 종류에는 100점을 부여하고, 이해하기 어려운 과학문헌은 0점을 부여하여 계량화한 것을 말한다. 플레시 카운트에서 높은 점수가 나온 글은 일단 많은 수의 수용자들에게 쉽게 읽혀진다고 볼 수 있다.

(2) 기술적 정보

메시지의 내용과 관련하여 고려해야 하는 두 번째 항목은 메시지에서의 기술적 혹은 양적 정보에 대한 것이다. 앤더슨과 졸슨은 대부분의 수용자들은 제품광고에 기술적 용어가 너무 많으면 그 상품이 오래가지 못하고 작동하기 어려우며 가격이 비쌀 것으로 여기는 경향이 있다고 보았다. 그러나 이러한 기술적 정보는 이미 그 상품에 대해 전문가와 맞먹을 정도의 지식을 가지고 있는 수용자에게는 긍정적인 효과를 가져다준다. 예를 들어, 컴퓨터에 대해 잘 알고 있는 소비자들은 컴퓨터 광고에서 중앙처리장치 속도나 램(RAM), 하드디스크 용량 등과 같은 전문적인 용어에 대해 많은 관심을 가지는 반면, 그러한 지식이 부족한 소비자들에게 복잡한 정보를 제공하는 것은 오히려 역효과를 불러올 수 있다.

(3) 정보의 양

여기에서 말하는 정보의 양이란 수량화할 수 있고 검증할 수 있는 객관적인 정보의 양을 의미한다. 레스닉과 스턴은 정보의 유형을 열네 개로 구분하는 분류체계를 고안해 내었는데, 그 내역은 가격, 성능, 이용 가능성, 품질, 특별제공, 보증, 구성요소, 신상품, 취향, 영양, 안전, 포장, 독립연구, 회사연구 등이다. 한편 정보의 양이 많아지면 어느 정도까지는 설득에 긍정적인 효과를 가져오지만, 너무 많을 경우에는 오히려 역효과를 낼 수 있다. 이를 정보과잉(information overload) 현상이라고 하는데, 이것은 재코비 등이 이미 20여 년 전에 고안한 개념이다. 사람들은 다량의 정보를 얻게 되면 이를 효과적으로 처리하기가 어렵거나 불가능하며, 이런 경우 결과적으로 좌절감을 느끼게 된다. 따라서 정보의 양을 어느 정도로 할 것인가는 광고메시지를 만드는 데 있어 신중하게 고려해야 할 사항이다.

2) 형식

메시지의 내용과 달리 메시지의 형식은 메시지를 어떻게 정렬시키고 배열하는가에 대한 논의라고 할 수 있다. 동일한 메시지라도 이를 어떻게 제시하는가에 따라 설득효과는 크게 달라질 수 있다. 예를 들어, 동일한 메시지를 제시하면서 하나는 부정적인 측면을 제시하고, 다른 하나는 긍정적인 측면만을 제시할 수 있다. 그 결과 설득효과는 전혀 달라질 수 있다. 메시지의 형식은 일면적 메시지와 양면적 메시지, 순서효과, 소스의 신뢰도, 수면자효과 등의 네 가지로 정리할 수 있다.

(1) 일면적 메시지와 양면적 메시지

형식과 관련하여 먼저 생각해야 할 사항은 일면적 메시지를 사용할 것인가 혹은 양면적 메시지를 사용할 것인가에 대한 것이다. 일면적 메시지란 하나의 이슈나 제품, 후보에 대해 긍정적이고 호의적인 측면만을 제시하는 것을 가리킨다. 반대로 양면적 메시지란, 한 이슈에 대해 긍정적이고 호의적인 측면을 제시하는 동시에 단점이나 부족한 점도 같이 제시하는 것이다. 호블랜드 등의 연구에 따르면 일면적 메시지는 수용자가 이미 특정한 관점에 호의적이거나 제시되는 메시지가 유일한 것일 경우에 효과적이다. 반면 양면적 메시지는 수용자가 주어진 관점에 대해 비호의적이거나 반대되는 주장에 노출될 가능성이 클 경우에 효과적이다.

수용자의 사회경제적 배경과 관련하여 보면, 교육 수준이나 경제적 수준이 낮은 사람들에게는 일면적 메시지가 효과적인 반면, 교육 수준이나 사회경제적 지위가 높은 사람들에게는 양면적 메시지가 더 효과적이라는 연구결과가 있다. 그러나 이는 특정 상황에서 이루어지는 연구의 결과일 뿐 모든 경우에 다 같은 결과가 나오는 것은 아니다.

(2) 순서효과

순서효과(order effect)란, 같은 메시지라도 앞부분에 배치하는가 뒷부분에 배치하는가에 따라 설득의 효과가 달라진다는 것을 가리키는 용어이다. 한 연구에 따르면, 정보를 메시지의 앞부분이나 뒷부분에 배치하는 것이 중간에 배치하는 것보다 효과적이었다.

호블랜드는 설득에서 순서효과를 검증하기 위해 일련의 연구를 수행하였다. 그의 연구결과에 따르면, 설득에서 가장 효과적인 순서가 무엇인가를 결정해 주는 단순한 원칙은 발견할 수 없었다. 그러나 특정한 상황에서는 처음에 제시되는 정보가 나중에 제시되는 것보다 설득에 보다 효과적이었다. 예를 들어, 수용자들에게 유익한 정보를 처음에 배치하는 것이 해로운 정보를 앞에 제시하는 것보다 더 효과적인 것으로 드러났다. 이와 비슷하게 한 사람의 입장을 지지하는 정보를 반박하는 정보보다 앞에 제시하는 것이 그 반대의 순서보다 더 효과적이라는 연구결과도 있다.

(3) 소스의 신뢰도

언론계에서는 취재원으로 통용되는 소스(source)란 언론계에서 자주 쓰이는 용어로, 기자가 기사 작성 시 정보를 주는 인물이나 기관을 가리킨다. 광고와 같은 설득커뮤니케이션에서도 소스라는 용어는 자주 쓰이는데, 소스란 주로 메시지를 전달해 주는 사람이나 기관, 혹은 메시지가 사실임을 검증해 주는 연구소나 대학, 기업 등을 지칭한다. 소스의 신뢰도와 관련하여 소스는 통상 광고모델과 같은 한 개인일 경우가 많은데, 수용자들은 보통 매력적이고 신뢰감을 주는 사람이나 전문가, 자신들과 비슷한 사람이 메시지를 전달할 경우 호감을 느낀다. 한국의 광고에서도 최근 기업의 대표나 의사, 변호사 같은 전문직 종사자들을 모델로 자주 기용하고 있는 것을 볼 수 있는데, 이는 소스의 신뢰도를 이용하여 설득력을 높이려는 시도의 좋은 예라고 할 수 있다.

신뢰도가 높은 소스가 설득에 보다 효과적이라는 가정은 두 가지로 설명할 수 있다. 첫째, 신뢰도가 높은 소스는 그들 자체로 높은 설득력을 가지고 있다. 둘째, 믿을 만한 소스는 수용자들의 주의를 메시지에 집중시키는 데 매우 효과적이다. 그러나 이 두 가지 설명이 확고하게 검증된 것은 아니다.

(4) 수면자효과

이는 소스의 신뢰도와 반대되는 개념이다. 수면자효과란 신뢰도가 낮은 소스로부터 얻은 커뮤니케이션의 설득효과가 시간이 지남에 따라 증가하는 현상을 가리킨다. 켈만과 호블랜드는 동일한 설득커뮤니케이션 메시지를 각각 유명한 판사(신뢰도 높음)와 마약 소지 혐의 기소자(신뢰도 낮음)가 전달한 상황에서 어떤 메시지가 더 설득력이 높은가를 알아보는 실험을 하였다. 실험 초기에는 소스의 신뢰도에서 측정되었던 것과 마찬가지로 신뢰도가 높은 소스가 보다 설득력이 높은 것으로 밝혀졌지만, 이 결과는 시간이 지남에 따라 변화하였다. 3주 후에 측정을 해 본 결과, 신뢰도가 높은 소스로부터 메시지를 받은 피험자들의 신념은 답보상태인 반면, 신뢰도가 낮은 소스로부터 메시지를 받은 피험자들의 신념은 증가하였다. 이는 소스가 누구인가에 대한 기억이 사라지면 메시지 자체가 어느 정도의 설득효과를 가지고 스스로 작용한다는 것으로 설명된다.

3.4. 메시지의 소구방식에 따른 분류

설득커뮤니케이션의 메시지는 위에서 살펴본 바와 같은 다양한 요인, 내용 및 형식 등으로 구분할 수 있다. 한편 같은 메시지라도 경우에 따라서는 유머를 사용하여 가볍고 즐겁게 제공하는 것이 효과적인 반면, 금연이나 교통사고 방지 캠페인과 같은 공중보건과 관련된 설득메시지의 경우에는 위협적인 메시지를 제공하는 것이 훨씬 효과적이다. 이를 소구방식(way of appeal)이라고 한다. 소구방식은 커뮤니케이션 전달자가 수용자에게 메시지를 전달할 때 사용하는 방식을 의미하는데, 이는 소구대상이 누구인가, 메시지의 내용이 무엇인가, 전달자는 누구인가와 같은 상황에 따라 변화하게 된다.

소구방식에는 여러 가지가 있으나 여기서는 대표적인 소구방식인 감성적 소구방식과 이성적 소구방식, 위협적 소구방식에 대해 다룬다.

1. 감성적 소구와 이성적 소구

감성적 소구와 이성적 소구는 아리스토텔레스의 『수사학』에서 나온 개념인 파토스와 로고스와 직접 관련되어 있다. 감성적 소구란 파토스적 소구라고 불리며 감정이나 욕구, 욕망 등을 사용한 소구방식으로 널리 알려져 있다. 이는 특히 화장품이나 식료품 광고에서 자주 사용되는 소구방식으로, 논리적 이성보다는 감정적이고 본능적인 감정에 호소해서 호기심을 불러일으키고 구매행동에까지 이르게 하는 방식이다.

한편 이성적 소구는 감성적 소구와는 달리 이성적이고 논리적인 방식으로 전달자가 메시지를 전하는 것을 의미한다. 이를 위해 전달자는 통계적이고 논리적인 데이터를 많이 확보하고 이를 논리적으로 풀어 나가야 한다.

두 종류의 소구방식 중 어떤 것이 효과적인가에 대한 논의는 경우에 따라 달라진다는 것이 정답일 것이다. 메시지의 전달내용, 전달자의 속성, 수용자의 속성 등의 다양한 속성에 따라 어떤 방식의 메시지를 사용할 것인가에 대한 충분한 논의가 있어야 한다. 대체적으로 감성적 소구는 이미지나 분위기를 강조하는 화장품 같은 제품의 광고에, 이성적 소구는 심사숙고가 필요한 고가의 자동차나 컴퓨터와 같은 제품의 광고에 효과적인 것으로 인식되어 있다.

2. 위협적 소구방식

위협적 메시지를 사용하는 것은 금연이나 마약퇴치 등을 목적으로 하는 설득커뮤니케이션인 건강커뮤니케이션에서 많이 사용된다. 이를 정치적으로 이용하는 경우는 적군이나 정치적 불안의 위험을 강조하여 정권유지에 이용하는 일부 독재국가들에서 발견할 수 있다. 위협적 소구방식은 긴장이나 위험을 감소시키고자 하는 인간의 심리를 이용한 소구방식으로, 오랜 역사를 가지고 있다.

한편 어느 정도의 위협적 메시지가 효과적인가에 대한 연구도 확실한 결론이 나지 않고 있다. 그러나 대체로 위협적 메시지는 역 U자형 곡선을 형성하여 초반에는 설득효과가 높아지지만, 어느 지점에 이르면 오히려 너무 큰 위협적 메시지는 설득효과가 떨어진다는 연구결과가 널리 받아들여지고 있다.

3.5. 비언어적 메시지와 설득

　설득과정에서 언어적 메시지만 쓰이는 것은 아니다. 특히 직접 만나거나 텔레비전이나 동영상을 통해 설득을 하려는 사람들은 언어적 메시지 이외에 비언어적 메시지에도 많은 신경을 써야 한다. 경우에 따라서는 언어적 메시지보다 비언어적 메시지가 훨씬 강력한 영향을 끼치기도 한다. 예를 들어, 말로는 매우 친절하고 예의 바르게 부탁을 하면서도 몸동작이나 눈의 움직임 등에서 신뢰를 주지 못한다면 설득이 성공하기는 힘들 것이다.

　커뮤니케이션 학자인 버군과 던바, 시그린은 다른 사람을 설득시키는 데 사용되는 비언어적 소구를 세 가지 집단으로 분류하였다. 첫 번째는 매력, 유사성, 친밀도, 신뢰에 대한 소구이고, 두 번째는 지배와 권력의 과시이며, 세 번째는 기대 신호와 기대 위반이다. 첫 번째 집단인 매력과 유사성은 오랜 세월 동안 강력한 설득의 무기로 사용되었다. 많은 사람들이 인상이 좋고 매력이 있는 사람의 말은 그렇지 않은 사람의 말보다 더 잘 믿고 설득당하는 경향이 있다. 마찬가지로, 자신과 비슷한 점이 많은 사람들의 말은 자신과 다른 사람이라고 믿는 사람들의 말보다 더 잘 듣는 경향이 있다.

　여기에서는 오반과 레더스가 제시한 비언어커뮤니케이션의 유형에 대해 살펴보기로 한다. 각각의 항목은 다음과 같다.

1. 얼굴표정과 눈 움직임

　레더스는 얼굴이 가장 중요한 비언어적 정보의 원천이라고 보았다. 사람의 얼굴표정은 대개 속이기가 힘들다. 포커 페이스(poker face)라는 말처럼 아무런 감정의 변화가 없는 사람도 있지만 많은 사람들이 좋아하고 싫어하는 감정을 말하지 않더라도 표현하게 된다. 얼굴표정은 설득과정에서 미묘한 느낌의 차이와 함께 커다란 차이를 가져올 수 있다. 설득자가 설득을 하면서 계속 눈을 깜박인다거나 곁눈질을 하면 수용자들은 그의 말을 잘 믿지 않을 것이다.

　레더스는 또한 사람의 눈은 여섯 가지 기능을 수행한다고 하였다. 첫째, 눈은 주의의 기능을 한다. 이는 서로 눈을 쳐다봄으로써 시작된다. 둘째, 눈은 조절의 기능을 한다. 대화를 하는 도중에 상대방의 눈을 보는 것은 다음 사람이 말하라는 의미이다. 셋째, 눈은 권력 기능을 수행한다. 많은 신도를 끌어 모으는 신흥종교의 지도자들은 대개 강렬하고 자신감에 가득 찬 눈빛을 가지고 있다. 넷째, 눈은 긍정적이거나 부정적인 감정을 드러내는 감정표현 기능을 가진다. 사람들은 상대방이 어떤 감정을 가지고 있는가를 그의 눈을 통해 알 수 있다. 당연히 깊은 애정을 띤 눈과 분노와 원한이 서린 눈은 확연한 차이가 난다. 다섯째, 눈은 자신감에 차 있거나 기가 죽었다는 것을 암시해 주는 인상형성의 기능을 한다. 여섯째, 눈은 설득의 기능을 한다. 동서양을 막론하고 총명하고 맑은 눈을 가진 사람은 흐리멍덩한 눈을 가진 사람에 비해 상대방에게 훨씬 좋은 인상을 준다. 상대방을 설득시키려는 사람이 말을 하는 도중에 눈동자를 돌리거나 자꾸 눈을 깜박인다면 설득에 성공하기 힘들 것이다.

2. 신체커뮤니케이션

흔히 보디랭귀지라고 불리는 것이다. 여기에는 동작학(kinesics) 혹은 신체의 움직임이 포함되는데, 흔히 몸동작은 동양사회보다는 서양사회에서 많이 사용된다. 성공적인 설득자들은 대개 수용자를 압도하거나 감응시키는 자세를 가지고 있다. 그들은 여유가 있으면서도 항상 주의를 기울이고 있으며, 역동적인 몸동작과 함께 상대방의 눈을 항상 똑바로 쳐다보는 경향이 있다. 성공적이지 못한 설득자들은 이러한 성향을 갖지 못한 사람들이다.

다양한 종류의 몸동작은 문화와 전통, 세대에 따라 큰 차이를 보인다. 경우에 따라, 한 문화나 나라에서는 호의적인 몸동작이 다른 문화에서는 매우 외설스럽거나 불경스러운 것이 될 수 있다. 또한 한 문화 안에서도 젊은 세대가 보여 주는 몸짓은 노인 세대가 전혀 이해할 수 없는 것이 많다.

3. 근접학

근접학(proxemics)이란 사람들이 어떻게 신체적 공간을 활용하는가에 대한 접근법이다. 예를 들어 사람들은 친한 사람과는 가급적 거리를 가깝게 하려고 하는 반면, 좋아하지 않는 사람과는 거리를 두고 싶어한다. 엘리베이터와 같이 밀폐된 공간에 모르는 사람과 함께 타게 되면, 대부분의 사람들은 상대방을 쳐다보지 않고 가능한 한 거리를 두려고 한다. 많은 사람들이 이용하는 지하철에서도 마찬가지이다.

홀은 근접학을 발전시켜 네 종류의 거리로 구분하였다. 가장 공식적인 거리는 공적인 거리이며, 흔히 강연자와 청중의 거리가 이에 해당한다. 사회적 거리는 취업면접이나 회의 상황에서 두는 거리를 의미한다. 개인적 혹은 비공식적 거리는 상호 관심사를 친구와 의논할 때 두는 거리이며, 연인이나 친한 친구와는 친밀한 거리를 유지한다.

4. 신체적 외양

동서고금을 막론하고 미남이나 미녀들은 관심의 대상이 되고 대개 호감을 얻는다. 물론 미인박명(美人薄命)이라는 말이 있듯이 미인들이 모두 행복한 삶을 사는 것은 아니다. 그러나 외모가 출중하다는 것은 설득과정에서 분명 긍정적인 효과가 있다. 그런 이유로 많은 회사들이 인물이 좋고 키가 큰 신입사원들을 고객을 직접 대하는 업무에 배치하고 있다.

외모 외에도 얼마나 비만한가와 근육을 얼마나 가지고 있는가 등도 설득자가 직접 말하지 않더라도 수용자들이 받을 수 있는 메시지이다. 또한 어떤 옷을 입었는가, 혹은 장신구를 얼마나 사용하고 있는가의 여부도 설득에 영향을 미칠 수 있다. 미국의 한 광고회사에서는 회사에 평상복 차림으로 나오는 직원을 해고한 사례도 있다. 물론 이는 매우 극단적인 사례이다.

5. 소품

삶에 필수적인 것만을 먹고 보유하는 동물들과는 달리 사람들은 생을 유지하는데 필수적이지는 않지만 장식이나 기호를 위해 소품을 이용한다. 이러한 소품들은 설득커뮤니케이션에서 상당한 영향을 행사한다. 청중을 대상으로 하는 강연이나 텔레비전 강연에서 연설자 주변의 소품들은 상당히 중요한 역할을 한다. 예를 들어, 강연자 위에 붙인 현수막이나 정치광고에 나온 정치인의 양복에 꽂은 심장병 어린이 돕기 배지 등은 직접 말하는 메시지 외에 많은 것을 전해 준다.

6. 목소리

목소리도 주요한 비언어적 메시지이다. 레더스는 목소리의 중요성과 관련하여 목소리의 크기, 소리의 높이, 목소리의 질, 발음의 명확성, 억양, 침묵의 사용 등이 그와 관련된 요인이라고 보았다. 예를 들어, 시종 단조로운 목소리로 강의를 하거나 설득을 시도하는 사람들은 성공적인 설득을 하기 힘들다. 그렇다고 너무 크게 말하거나 공격적으로 발표하는 것이 항상 효과적인 것도 아니다. 성공적인 설득자들은 메시지의 내용을 정확한 발음으로 자신감 있게 제시한다. 냅은 사람들이 목소리 단서로부터 상당히 정확하게 일정한 특성들을 구별해 낼 수 있다는 것을 밝혀냈다. 그러한 특성에는 남성적인 것과 여성적인 것의 구별, 나이, 열정과 냉담, 적극성과 나태함, 매력과 매력 없음 등이 속한다.

7. 촉각커뮤니케이션

다른 비언어적 메시지와 마찬가지로 다른 사람의 몸을 가볍게 건드리거나 손을 잡는 행위도 중요한 의미를 내포한다. 아기가 태어나면 엄마가 끊임없이 안아 주고 사랑을 표현하는 것과 마찬가지로, 나이가 들어서도 친한 사람과는 모르는 사람에 비해 많은 신체적 접촉을 하게 된다. 따라서 접촉은 친근함의 표시라고 할 수 있다.

설득커뮤니케이션에서 접촉은 특히 감정이입이나 따뜻함, 위안을 주는 데 많은 도움을 준다. 말기 암 환자에게는 의사나 간호사가 쾌유를 바라면서 손을 잡아 주며 격려의 말을 전하는 것이 어떤 다른 처치나 약물이 줄 수 없는 커다란 도움을 줄 수 있다.

그러나 다른 비언어적 메시지와 마찬가지로 촉각커뮤니케이션도 적절하게 사용해야 한다. 성공적인 설득자는 대면상황에서 적절하게 상대방과 접촉하지만, 그것이 과하거나 상대방을 불쾌하게 만들면 오히려 역효과를 주게 된다. 상대방이 이성일 경우 지나친 신체접촉은 성희롱으로까지 이어질 수 있으므로 주의를 해야한다.

8. 시간학

사람들은 자신이 소중히 여기거나 중요한 것을 하는 데 우선적으로 시간을 배려하지만, 싫어하거나 어쩔 수 없이 해야 하는 경우에는 미루거나 회피하려고 한다. 시간학(chronemics)은 사람들의 시간의 활용과 관련된 분야이다. 예를 들어, 여러 사람이 모여 회의를 한다고 가정해 보자. 그 회의의 주최자는 당연히 다른 사람들보다 일찍 회의장에 나와 회의준비를 할 것이다. 대부분의 사람들은 예정된 회의시간보다 조금 일찍 나오거나 정시에 나올 것이다. 그러나 몇몇 사람은 회의에 늦을 것이고, 어떤 사람은 매우 늦게 나올 것이다. 이 경우, 회의에 늦는 사람들은 회의안건에 대해 관심이 없거나 큰 관여를 하지 않는 것으로 간주될 것이다. 이 사례에서 보듯이, 시간의 활용은 매우 중요한 비언어적 메시지를 제공한다.

또한 시간의 사용은 권위를 상징한다. 보통 사람들은 관공서 직원이나 의사, 경찰 등을 만날 때 어느 정도 기다려야 한다는 것을 당연하게 여긴다. 시간을 엄수하는 것은 원래 서구사회에서 시작되었고, 19세기와 20세기의 제국주의 시대를 거치면서 아시아나 아프리카 등 비서구사회에 널리 정착되었다. 한국의 경우에도 코리언타임이라는 조어가 생겼을 정도로 시간관념이 별로 없었다.

3.6. 설득커뮤니케이션과 메시지 관련 연구

김병희(2007)는 설득커뮤니케이션의 대표적인 영역인 광고에서 헤드라인을 어떻게 분류할 것인가에 대해 탐구하였다. 그는 그동안 제시되었던 광고 헤드라인의 유형이 기존 연구자의 경험이나 직관에 근거한 단순한 분류였다는 것을 주목하고, 이를 보완하기 위해 한국의 광고인들이 인식하는 헤드라인의 유형을 실증적으로 규명하였다.

연구결과, 광고인들이 인식하는 광고 헤드라인의 유형은 설명형, 혜택형, 실증형, 경고형, 유머형, 정서형, 뉴스형, 호기심형, 제안형 등의 아홉 가지로 나타났다. 연구를 더욱 심화시켜 창작집단과 전략기획집단이라는 광고인의 업무영역에 따라 헤드라인에 대한 인식의 차이를 비교한 결과 정서형, 뉴스형, 호기심형에서는 집단 간에 통계적으로 유의미한 차이가 있었으나 나머지 유형에서는 차이가 없었다. 이 연구는 광고학 연구자들에게는 향후 광고메시지 연구에 필요한 이론적 근거를 제공하고, 광고업계의 카피라이터에게는 광고 카피 창작을 위한 가이드라인을 제공해 줄 수 있을 것이다.

이 연구는 광고 헤드라인의 유형을 실증적으로 규명하여 아홉 개의 유형으로 분류하였다는 점에 의의가 있다. 이전의 광고 헤드라인에 대한 연구가 주로 연구자의 직관이나 경험에 의존하였다는 점을 감안하면, 보다 효과적이고 과학적인 광고 헤드라인을 고안하기 위해서는 경험적이고 실증적인 연구가 필요하다고 본다. 따라서 이 연구는 보다 효과적이고 수용자의 공감을 얻을 수 있는 광고메시지를 만들 수 있도록 도와주는 역할을 할 수 있을 것이다.

탁진영 등(2002)은 제품관여도, 메시지의 측면성, 인지욕구를 중심으로 비교광고의 조정변인이 설득효과에 미치는 영향에 대해 연구하였다. 비교광고의 효과에 대한 기존의 연구들은 효과계층 연구에 기초하여 이루어졌지만, 이의 대안으로 비교광고의 효과를 매개하는 조정변인들을 고려한 연구가 많이 등장하였다.

비교광고의 설득효과를 매개하는 조정변인은 크게 메시지 특성, 제품 특성, 수용자 특성, 매체 특성, 회사 특성 등의 다섯 가지로 정리된다. 이 연구는 수용자 특성과 제품 특성을 고려한 비교광고의 효과적인 메시지 제시 유형을 탐색하는 것을 목적으로 하였다. 이를 위해 메시지 특성으로 메시지 측면성, 수용자 특성으로는 인지욕구, 제품특성으로는 제품관여도를 선택하였다.

연구결과, 비교광고의 설득효과는 저관여 상황보다는 고관여 상황의 집단과 인지욕구가 낮은 수용자보다는 인지욕구가 높은 수용자 집단, 일면적 소구보다는 양면적 소구에 노출된 집단에서 보다 높게 나타났다.

이 연구의 의의는 설득메시지의 효과를 실제 메시지의 수용자인 메시지의 수용자 특성을 고려하여 탐구하였다는 데 있다. 실제로 비교광고는 자동차나 주택과 같이 높은 수준의 관여가 필요한 집단과 인지욕구가 큰 집단, 장점과 단점을 함께 제시하는 양면 메시지에 노출된 집단에서 효과가 크게 나타났다. 결론적으로, 음료수나 기타 저가의 제품을 광고하는 데 비교광고를 사용하는 것은 많은 시간과 비용의 낭비라는 것이 반증되었다.

박재진 등(2007)은 이념성향에 따른 정치 광고의 메시지 프레이밍 효과를 탐구하였다. 프레이밍(framing)이란 언론학에서 주로 쓰이는 개념으로, 언론에서 특정한 한 이슈나 측면을 지속적으로 강조하면 수용자들에게도 주요한 개념으로 인식된다는 것을 의미한다. 이 연구는 이러한 프레이밍 개념을 염두에 두고 유권자의 이념성향에 따른 메시지 프레이밍 효과를 알아보기 위해, 이념성향과 메시지 성향의 적합성이 높을 때 메시지의 설득력이 보다 높을 것이라는 가설을 설정하였다.

보다 구체적으로, 진보성향의 사람들은 현실문제에 대한 비판을 통해 추구하고자 하는 목표 및 정책을 제시하는 메시지에 보다 설득이 잘되는 반면, 보수성향의 사람들은 현실문제에 대한 비판 없이 추구하고자 하는 목표 및 정책만을 제시하는 메시지에 대해 보다 설득이 잘된다고 가정하였다.

연구결과, 이념성향에 따른 메시지 프레이밍 효과가 부분적으로 있는 것으로 밝혀졌다. 다시 말해, 진보성향의 사람들에게는 현실 비판이 있는 메시지가 보다 설득적이었던 반면에, 보수성향의 사람들에게는 메시지에 따른 설득적 차이가 거의 없는 것으로 나타났다. 비슷한 맥락에서, 현실문제에 대한 비판 없이 구성된 메시지는 보수성향의 사람들에게 보다 설득력이 있는 것으로 나타났다.

이 연구는 주요한 미디어 이론인 프레이밍 효과를 실증적으로 탐구하였다는 데 의의가 있다. 미디어 프레이밍이 실제로 정치광고의 메시지 제시 형태에 따라 달라진다는 것은 의미하는 바가 크다. 메시지의 제시 형태가 이를 수용하는 수용자의 기존 성향에 따라 달라진다는 것은 추후의 정치광고 메시지 제작자에게 좋은 교훈을 줄 것이다.

최명일(2007)은 최근 증가하고 있는 에이즈 감염의 심각성을 인식하고 이를 예방하기 위한 캠페인 효과를 탐구하였다. 이 연구에서는 공포소구와 메시지 측면성의 차원에서 효과적인 에이즈 예방 메시지의 유형을 탐구하고자 하였다.

우선 공포소구의 차원에서 위협수준에 따라 콘돔 사용 태도와 사용 의도에는 유의미한 차이가 없었다. 위협적 메시지는 콘돔 사용 태도와 사용 의도에 직접적인 영향을 미치기보다는 메시지 처리를 동기화하는 차원에서 이해해야 하였다. 메시지의 측면성 차원에서의 결과는 반박적인 양면 메시지가 콘돔 사용 태도와 사용 의도에 가장 효과적인 메시지 유형인 것으로 나타났다. 이는 기존 연구들의 결과와 일치하는 것인데, 에이즈 예방이나 안전벨트 착용과 같은 친건강 공공 캠페인에서는 반박적인 양면 메시지가 한 측면만을 제시하는 일면 메시지에 비해 효과가 크다는 것을 보여 준다.

또한 위협 수준과 메시지 측면성 차원에서는 높은 위협과 반박적 양면 메시지를 사용한 경우에 가장 효과가 있는 것으로 나타났다. 이에 따르면, 위협소구 메시지의 가장 큰 문제점인 이슈 훼손과 지각된 조작, 방어적 회피 등의 비의도적 효과를 예방하기 위해서는 반박적인 양면 메시지를 적절히 사용하는 것이 보다 설득효과를 높일 수 있을 것이다.

이 연구는 에이즈 예방이라는 캠페인을 만드는 데 어떠한 메시지 유형을 사용하는 것이 효과적일 것인가라는 탐구주제를 실증적으로 밝혔다는 데 의의가 있다. 이와 유사한 연구들은 주로 금연 혹은 금주 메시지의 유형과 수용자의 태도변화 사이의 관계를 밝히는 것이다. 금연 메시지와 같은 건강 캠페인 메시지는 대부분 건강의 위협에 대해 경고하는 위협소구를 주로 사용하는데, 위협소구가 언제나 효과적인 것은 아니다. 항상 대상 수용자의 인구학적 속성을 잘 파악하고 그에 따른 적절한 메시지를 제작하는 것이 성공적인 설득커뮤니케이션을 위한 지름길이다.

¤ 연습문제

1 설득커뮤니케이션과 메시지에 대한 논의 중 가장 중심이 되는 것은?

　① 메시지 기호　　② 메시지 내용　　③ 메시지 처리　　④ 메시지 외형

2 금연 프로그램 등 보건커뮤니케이션 분야에서 많이 쓰이는 메시지 소구방식은?

　① 감성적 소구　　② 위협적 소구　　③ 이성적 소구　　④ 논리적 소구

정답　**1** ②　**2** ②

¤ 연구과제

1 태도변화에 영향을 미치는 메시지 요인을 구분하고 각각의 특성을 제시하시오.

2 하나의 제품을 선정하여 일면적 메시지가 효과적일지 양면적 메시지가 효과적일지 논하시오.

3 위협 메시지의 효과에 대해 정리하고 그 효과를 논하시오.

4 비언어적 메시지의 종류와 특성을 정리하고 그 효과를 논하시오.

제 4 장

설득커뮤니케이션과 매체

개요

설득커뮤니케이션에서 자주 사용되는 매체라는 용어는 미디어나 채널이라는 개념과 거의 동일하게 사용된다. 전달자로부터 준비된 메시지가 수용자에게 도달하기까지 이를 운반해 주는 역할을 수행하는 매체는 단순히 운반체 역할만 하는 것은 아니다. 경우에 따라서 어떤 매체를 사용하는가에 따라 메시지의 의미가 많이 달라지기도 한다. 이 장에서는 설득과정에서 매체의 중요성에 대해 고찰하고 각 매체의 속성에 대해서도 살펴본다.

학습목표

- 설득커뮤니케이션에서 매체의 의미에 대해 이해한다.
- 각 매체와 설득커뮤니케이션의 관계를 이해한다.
- 맥루언의 매체관을 쿨미디어와 핫미디어를 중심으로 이해한다.
- 이용과 충족이론과 설득과의 관계를 이해한다.

주요용어

네트워크, 배너광고, VOD, 공명모델, 언어적 대본, 청각적 대본
시각적 대본, 핫미디어, 쿨미디어, 지구촌, 이용과 충족, 공중의제
게이트키핑, 사운드바이트

4.1. 설득커뮤니케이션과 매체의 의미

　설득커뮤니케이션 과정에서 사용되는 매체(media)라는 개념은 흔히 미디어나 채널이라는 용어와 중복되어 사용된다. 매체란 전달자가 만든 메시지가 수용자에게 도달하기 전에, 마치 배나 자동차, 비행기가 화물이나 사람을 실어다 주듯이 운반해 주는 역할을 수행하는 것이다. 한마디로 음식물이나 물건의 용기 혹은 운반체 역할을 하는 것이다.

　그러나 매체는 가치중립적(value-free)이지 않다. 동일한 메시지도 상이한 매체를 통해 전달되는 경우에 수용자들이 느끼는 의미는 크게 달라질 수 있다. 경우에 따라서 매체는 메시지 자체보다 더 중요한 의미를 가질 수 있다. 예를 들어, 차를 탔을 때 반드시 안전벨트를 매야 한다는 메시지를 인쇄매체인 신문과 전파매체인 텔레비전에서 동시에 전달한다고 가정해 보자. 신문의 경우에는 인쇄매체의 특성상 비교적 차분하게 글로 안전벨트 착용의 필요성과 안전벨트를 매지 않았을 경우의 심각한 결과를 표현하거나 기껏해야 관련 사진을 게재할 수 있다. 반면 텔레비전의 경우는 시청각을 모두 이용할 수 있다는 장점을 살려 마네킹을 이용한 실제 주행실험을 촬영하여 안전벨트를 매지 않은 마네킹이 어떤 결과를 맞게 되는가를 훨씬 생생하고 실감나게 전달할 수 있다. 실제 메시지 내용은 거의 동일하다고 하더라도 두 매체를 이용한 설득커뮤니케이션의 효과가 달라질 것은 당연하다.

　위와 같이 어떤 경우에는 매체 자체가 메시지로서의 기능을 한다고 할 수 있다. 이러한 현상을 오래전에 파악한 캐나다의 미디어학자 맥루언은 일찍이 "매체가 메시지이다(Media are messages)."라는 유명한 말을 남기기도 하였다. 그렇다면 흔히 메시지를 전달해 주는 운송수단이나 운반체라는 의미로 인식되는 매체라는 개념을 어떻게 보다 정교화시킬 수 있는가? 차배근 등은 이를 크게 세 가지로 구분하여 다음과 같이 정리하고 있다.

　첫 번째 개념은 메시지 용기로서의 매체를 탐구하는 것인데, 이때 매체는 메시지를 실어서 수용자에게 전달하는 수단을 의미한다. 이 개념은 이제는 올드미디어라고 불리는 신문, 잡지, 라디오, 텔레비전 등의 역할을 가정하면 이해가 쉽다. 이러한 매체들은 오늘날 뉴미디어라고 불리는 컴퓨터와 인터넷 등에 의해 대체되거나 통합되고 있다. 한편 오늘날 설득메시지를 전달하는 수단으로는 위에서 제시한

올드미디어와 뉴미디어 외의 것들이 상당부분 사용된다. 예를 들면, 미식축구 경기에서 비행선 같은 모양을 하고 경기장의 전체 화면을 시청자들에게 제공해 주는 거대한 비행기구 역시 멀리서도 눈에 잘 보이도록 기구 표면에 특정 회사 제품이나 회사명을 적어 놓는데, 이 경우 비행기구 자체가 분명히 하나의 광고매체라고 할 수 있다. 또한 고속도로변에 높이 서 있는 간판광고(billboard)도 광고메시지를 전달해 준다는 의미에서 분명히 하나의 매체이다. 따라서 메시지를 전달한다는 의미에서 볼 때, 매체란 반드시 기존의 매스미디어나 뉴미디어만을 지칭하는 것이 아니라 보다 큰 의미의 운반체를 의미한다.

두 번째 개념은 메시지 운반체로서의 매체를 고찰하는 것으로, 이는 주로 공학적 관점에서 음파나 전파, 광파 등 물리적인 신호를 분석하는 것을 의미한다. 예를 들어, 텔레비전 방송을 하기 위해서는 카메라로 찍은 영상메시지를 전파에 실어 공중파를 통하거나 위성 혹은 인터넷을 이용하여 수용자에게 전달해야 한다. 그러나 이 두 번째 개념은 통신공학에서 주로 다루는 접근방식이다.

세 번째 개념은 메시지의 유통경로로서의 매체를 의미하는데, 이 입장에서는 메시지가 전달자로부터 수용자에게 전달되는 통로 혹은 흐름을 강조한다. 이러한 통로로서 매체를 이해하면 매체는 주로 채널이나 네트워크, 회로(circuit) 등으로 대치되어 사용된다. 이러한 개념으로 매체를 이해하면 2단계 유통이론과 같이 메시지가 1차적으로 매스미디어로부터 의견지도자로, 그리고 2차적으로 의견지도자로부터 수용자로 흘러간다는 유통에 관심을 둔 연구가 나올 수 있다.

4.2. 매체의 발전과 설득커뮤니케이션

1. 구전커뮤니케이션

인류의 역사에서 최초의 커뮤니케이션이자 아직까지도 중요한 커뮤니케이션 수단은 말로 하는 구전커뮤니케이션이다. 유인원들은 동물 울음과 같은 소리로 의사소통을 하였고, 이후 상징을 이용한 말을 사용하면서 점차 세련된 커뮤니케이션이 이루어지게 되었다. 말을 하게 됨으로써 사람들은 사회적 동물임을 확인하게 되고 공동선(共同善)을 위해 함께 노력하게 되었다.

상징을 사용하지 못하던 이전 시기와 달리 말을 통해 한 세대가 다음 세대에게 부족의 역사와 전통을 전수할 수 있게 되었고, 이것은 대개 신화나 전설의 형태로 이루어졌다. 구전커뮤니케이션의 발달은 많은 사람들이 공유할 수 있도록 정보의 조직화를 가능하게 만들었다. 전통사회에서 구전의 전통이 얼마나 컸는지는 한국 사회에서의 관습과 전설의 전수가 어른들의 이야기를 통해 이어져 왔다는 것으로도 입증이 된다. 지금도 전통적인 민담이나 고유문화는 노인들의 구전으로 이어지고 있다.

오늘날에도 구전커뮤니케이션은 중요한 설득의 수단으로 존재하고 있다. 물론 이전 시대만큼은 아니지만, 말로 직접 설득을 시도하는 것은 인터넷 시대인 오늘날에도 커다란 영향력을 행사한다. 또한 직업에 따라 말로 하는 커뮤니케이션이 가장 중요한 설득수단인 경우도 많다.

2. 문자커뮤니케이션

커뮤니케이션의 발전사에서 두 번째로 중요한 혁신은 음성학적 문자의 발명이다. 이는 사람의 말에 맞추어 만든 문자라고 할 수 있는데, 표음문자라고 불린다. 문자의 발명은 인류의 역사에서 다른 것과 비교할 수 없을 정도로 커다란 영향을 끼쳤는데, 문자를 통해 인류는 비로소 지식을 수집하고 저장할 수 있게 되었다. 또한 문자를 통해 복잡한 법체계를 고안하고 토지의 소유권을 허용하였으며, 그 결과 권력의 집중화가 이루어지게 되었다. 지식은 곧 권력이 되었고, 그것은 서양에서는 왕이나 봉건영주, 동양에서는 사대부 등 문자언어를 지배하는 계층만이 소유하고 유지할 수 있었다. 반면 문자해독력이 없는 일반 대중은 토지를 소유하거나 권력에 가까운 곳으로 접근하는 것이 원천적으로 봉쇄되었다.

옹은 구전언어는 시간적으로 편향적인 반면, 문자언어는 공간적으로 편향적이고 시간의 제약에서 벗어난다고 정리하였다. 문자를 통해 지식과 권력이 공고해지고 다음 세대에 전수되었다는 것은 앞에서 지적한 바와 같이 사회 전반에 걸쳐 급격한 변화를 초래하였다.

3. 인쇄커뮤니케이션

인쇄매체(print media)에 대한 기존의 정의는 여러 사람이 이용할 수 있도록 종이에 인쇄된 서적이나 잡지, 신문 등을 의미하는 것이었다. 인쇄술의 발달과 대량인쇄의 보편화는 즉각 지식의 독점화가 무너지는 계기가 되었다. 이전까지 권력층이나 소수의 지식층에만 유통되었던 성경이나 불경, 고전들을 대량으로 인쇄하는 것이 가능해짐과 동시에 많은 사람들이 읽을 수 있게 된 것이다. 두말할 필요 없이, 인쇄술의 발달과 대량인쇄의 도입이 사회에 가장 큰 혜택을 준 것은 문맹률의 감소였다.

20세기 말 이래 21세기에 걸쳐 계속 일어나고 있는 새로운 커뮤니케이션 기술의 발달로 인해, 기존의 종이에 인쇄한 인쇄물만을 인쇄매체에 포함시키는 것이 어려워졌을 정도로 인쇄매체는 급격한 변화를 보이고 있다. 대표적인 인쇄매체인 서적이나 신문도 오늘날에는 e-북이나 온라인 신문의 형태로 제작되면서 종이가 아닌 컴퓨터 화면 위에서 수용자들이 글이나 그림을 읽거나 보게 되었다. 설득커뮤니케이션과 관련하여 인쇄매체도 이제는 더 이상 딱딱한 글이나 사진만을 제공해서는 수용자를 설득하기가 쉽지 않기 때문에 동영상이나 컬러화면 등을 포함한 새로운 매체형식을 이용한 메시지를 개발하도록 요구받고 있다. 아래에서는 여러 인쇄매체 중에서도 속보성이나 대중성에서 가장 앞서 있는 신문을 위주로 그 특징과 발전 경향을 살펴볼 것이다.

신문의 가장 큰 특징은 매일 발행되는 발간형식에 기인한 정기성(定期性)이라고 할 수 있다. 일단 발행되면 그 다음 날에나 새로운 소식을 찍어 전달할 수 있었던 신문매체는 컴퓨터와 인터넷의 발전으로 인해 획기적인 변화와 발전을 하게 되었다. 다시 말해 시시각각으로 업데이트가 가능해진 신문제작 환경의 발전으로 인해 신문사의 입장에서도 이전의 라디오나 텔레비전에서나 가능하였던 속보성과 현장성, 즉시성을 가진 뉴스를 제공할 수 있게 된 것이다. 또한 멀티미디어를 이용한 동영상의 제작도 가능해져서 이전에는 제공이 불가능하였던 생생한 장면도 수용자에게 전달할 수 있게 되었다. 이와 같은 신문의 발전과 변화는 설득커뮤니케이션의 대표격인 광고에서도 마찬가지로 나타났다. 상호작용성이 강화된 배너광고(banner advertising)가 대표적인 예라고 할 수 있다. 그러나 오늘날의 웹 광고는 한 번 클릭하면 빠져나오기 힘들도록 교묘하게 만들어져 네티즌들이 많은 불평을 하기도 한다.

4. 전파커뮤니케이션

전파매체(electronic media)란 전달자의 메시지를 공중파나 위성신호와 같은 전파를 이용하여 수신자에게 보내는 매체를 의미한다. 최초의 전파매체는 1844년에 발명된 전보이며, 이후 전화와 라디오, 텔레비전이 발명되었다. 전보가 발명되기 전에 미국에서 가장 보편적으로 쓰였던 문서전달 방식은 파발마를 이용한 것이었다. 광활한 미국 대륙의 동쪽 끝에서 서쪽 끝까지 문서를 전달하는 데 무려 열흘이 걸린 반면, 전보를 이용한 문서전달에는 단 몇 분이면 족하였다. 당연히 그 당시 전보는 상상할 수도 없던 기술의 혁신이었다.

오늘날에는 영향력을 많이 상실하였지만 오랫동안 대표적인 전파매체로 군림해 온 것은 라디오와 텔레비전이다. 물론 최근에는 휴대전화, 위성방송, DMB 등의 발달로 전파매체가 매우 다양해졌지만, 아직도 라디오와 텔레비전은 위치를 굳건히 하고 있다. 전파매체는 인쇄매체와는 비교할 수 없는 속보성과 현장성을 가지고 있으므로 사건 보도나 운동경기 중계와 같은 장르에서 커다란 장점을 가지고 있다. 그러나 전파매체를 둘러싼 환경도 컴퓨터와 인터넷의 발전에 의해 커다란 도전을 받고 있으며, 그에 발맞추어 적응하려 많은 노력을 하고 있다.

스트로바와 라로스는 설득커뮤니케이션 매체로서 라디오의 장점으로 수용자의 선택성, 즉시성, 융통성, 이동성 등을 들고 있고, 단점으로는 내용의 파편성과 청취의 가변성, 청각에만 의존함으로써 오는 감각입력의 한계성 등을 지적하였다. 한편, 텔레비전의 장점으로는 대량의 수용자에게 전달할 수 있다는 점, 강력한 영향력, 반복 가능성, 융통성 등을 들고 있고, 단점으로는 피상적인 메시지, 극도의 상업성, 선별성의 부족, 고단가 등을 들고 있다. 그러나 이와 같은 텔레비전의 특성은 공중파 텔레비전에 근거를 둔 것이므로 오늘날 널리 보급된 케이블 TV나 위성방송에는 적용되지 않는다. 예를 들어, 케이블 TV는 표적수용자가 미리 정해져 있으므로 특정한 연령대나 취미를 가진 계층을 목표로 하는 설득메시지가 큰 효과를 볼 수 있다. 즉 주요 시청자층이 10대인 뮤직비디오 채널에서 가족의 화목이나 노후안정을 위한 보험광고 등은 큰 효과를 보기 힘들 것이다.

5. 인터넷과 설득커뮤니케이션

오늘날은 인터넷의 시대라고 불린다. 인터넷은 단지 기존 매체들에게만 영향을 끼치지 않고 인간의 전반적인 생활양식에도 커다란 변화를 불러일으키고 있다. 예를 들어, 인터넷의 발전과 상용화는 기존의 서비스업계에 지각변동이라고 불릴 만한 커다란 변화를 가져왔다. 정보와 데이터베이스를 인터넷상에서 이용할 수 있게 됨으로써 사람들은 이제 더 이상 은행이나 여행사, 백화점, 서점에 직접 가지 않고도 은행업무나 비행기표 예약, 다양한 상품을 쇼핑할 수 있게 되었으며, 대부분의 행정적인 일도 집에서 처리할 수 있게 되었다.

컴퓨터라는 매체의 발달은 기존의 인쇄매체와 전파매체에 커다란 영향을 끼쳤는데, 설득커뮤니케이션과 관련된 영역에도 많은 영향을 주었다. 신문광고 시장에서의 가장 커다란 변화는 인터넷신문에서의 상호작용성이 높은 배너광고와 구인광고(classified advertising)의 등장이다. 인터넷상에서 신문을 읽고 웹사이트에 게재된 상품을 발견함으로써 이제 수용자들은 관심 있고 구매하고자 하는 상품광고에 클릭만 한 번 하면 구매할 수 있게 되었다. 더구나 이전에는 상상하기 힘들었던 상호작용성의 증가로 인해 필요하면 언제라도 질문을 할 수 있고 즉시 응답을 받을 수 있다. 예를 들어 사람을 구하거나 일자리를 구할 때와 중고품을 판매하고자 할 때, 이제는 직접 홈페이지에 접속하여 정보를 주고받을 수 있으므로, 관심이 있는 잠재구매자들은 인터넷상에서 직업정보나 상품에 대한 정보를 상세히 접할 수 있으며, 이에 대한 의견이나 질문을 할 수도 있다.

전파매체인 텔레비전의 경우도 인터넷의 등장으로 VOD(video on demand) 서비스를 제공하기 시작하였는데, 이는 보고 싶은 프로그램을 직접 시청하지 못한 시청자들이 다시 시청할 수 있는 장치로 널리 활용되고 있다. 광고주들은 이러한 서비스에 발맞추어 재빠르게 동영상광고나 배너광고를 삽입하여 수용자들의 눈을 끌려고 노력하고 있다.

인터넷은 설득과 관련하여 다음과 같은 특징을 가지고 있다.

첫째, 인터넷은 정보의 통제를 재분배시켰다. 예를 들어, 이전에는 자동차를 사거나 팔고자 할 때는 자동차 매매업소를 통해야만 하였다. 자동차중개인 혹은 판매원은 업소에 고용된 사람들이므로 당연히 많은 수수료를 포함시켜 자동차를 소비자에게 팔았다. 그러나 인터넷의 등장과 대중화에 힘입어 자동차 매매업소를 찾을 필요가 없게 되었다. 인터넷상의 자동차매매 사이트에 직접 접속하여 사거나 팔고자 하는 자동차를 선택하고 등록하면 또 다른 실수요자가 접촉해서 자동차를 사고팔게 된다. 이 경우 실수요자들은 중개인을 거치지 않으므로 불필요한 수수료를 지불하지 않고 거래를 할 수 있게 된다. 이와 마찬가지로 인터넷의 대중화로 인해 항공사나 호텔업계도 여행사를 통하지 않고 직접 고객으로부터 예약을 받아 여행상품을 판매하고 있다. 따라서 이전에는 같은 가격으로 저가의 호텔을 이용할 수밖에 없었던 여행객들이 이제는 고급호텔을 이용할 수 있게 되었다.

둘째, 인터넷은 시공간의 장벽을 붕괴시켰다. 이전에는 시간대가 다르거나 다른 지역이나 나라에 사는 사람들과의 거래는 불가능하거나 거의 이루어지지 않았다. 그러나 인터넷의 보급과 상용화에 따라 다른 나라에 사는 사람들과도 클릭 한 번으로 물건을 직거래할 수 있게 되었다. 대표적인 인터넷 거래 사이트인 이베이(e-Bay)의 경우는 이미 국가 간 장벽이 없어진 지 오래이다.

셋째, 인터넷은 노인이나 장애인과 같이 거동이 힘들거나 무거운 것을 옮기는 데 어려움을 겪는 사람들에게 매우 유용할 수 있다. 물론 노인들이 인터넷을 사용하는 것이 상대적으로 젊은 층에 비해 쉽지는 않지만, 간단한 기능만 익히면 인터넷 주문을 통해 식료품이나 일상생활용품을 집까지 배달하여 받을 수 있다. 또한 이전에는 찾기 어려웠던 특대 사이즈 옷이나 신발 등도 인터넷 검색으로 쉽게 찾을 수 있다.

그러나 인터넷이 유익한 점만 제공하는 것은 아니다. 모든 것에 빛과 그림자가 있듯이, 인터넷도 다양한 문제점을 야기한다. 인터넷은 다른 매체에 비해 익명성과 고립성이 강하므로 자신이 아닌 타인으로 가장하는 것이 아주 쉽다. 따라서 인터넷을 이용한 사기가 성행하고 사행심을 조장하는 경우가 많다. 특히 문제가 되는 것은 어린이나 청소년을 대상으로 한 사기나 음란물을 제공하는 경우이다. 또한 인터넷을 이용한 설득은 개인정보를 쉽게 노출시킴으로써 사생활을 크게 침해할 수 있다.

4.3. 슈워츠의 매체관

슈워츠는 세제나 베이비파우더와 같은 가정용품의 광고에서부터 대통령 선거참

모에 이르기까지 다양한 범위의 소스들을 조사하여 설득과정에서 매체의 기능에 대해 정리하였다. 그는 설득과정에서 매체가 사용되는 방식을 설명하기 위해 매체 사용에 관한 공명(共鳴)모델(consonance model)을 고안하고 설명하였다.

공명모델은 메시지를 수용자에게 주입하는 것보다는 수용자로부터 이끌어 내는 것이 보다 효과적이라는 입장에서 출발한다. 다시 말해 이 모델은 수용자들이 메시지를 수용할 때 그들의 기억 속에 저장해 놓은 일련의 경험과 기억에 의존한다는 가정에 입각해 있다. 이 모델은 원래 라디오를 대상으로 연구되었는데, 여러 가지 다양한 소리가 어떻게 수용자의 반응을 이끌어 내는가에 관심을 두었다. 예를 들어, 베이비파우더 광고에서 광고인들은 실제로 우는 아기의 소리를 라디오 메시지로 사용함으로써 성공적인 광고를 만들 수 있었다. 아기의 울음소리는 실제의 경험과 함께 작용하여 부모나 예비부모의 감정을 사로잡을 수 있기 때문이다.

슈워츠는 설득과정에서 매체의 사용과 관련하여 세 가지 대본을 사용하는 것이 중요하다고 지적하고 이를 언어적·청각적·시각적 대본으로 구분하였다.

1. 언어적 대본

오늘날 광고에서 가장 찾기 힘든 것은 아마도 언어적 대본일 것이다. 아리스토텔레스의 『수사학』 중 파토스에 해당하는 감정적이고 자극적인 대부분의 대본과 달리, 로고스에 해당하는 언어적 대본은 논리적이고 담화적인 내용을 주로 담고 있다. 언어적 대본은 과거 라디오가 주요한 매체였을 때에는 논리적으로 메시지를 전달해 주는 역할을 담당하였으나, 오늘날에는 심지어 라디오에서도 언어적 대본보다는 청각을 자극하는 시끄러운 음악이나 간결하고 감각적인 메시지를 사용하고 있다. 인쇄매체의 경우는 본질상 전파매체에 비해 논리적이고 이성적인 언어적 메시지를 사용해 왔으나, 오늘날은 미국의 『유에스에이 투데이』나 한국의 대부분 신문들의 1면의 구성에서 보듯이, 전파매체와 같은 자극적이고 선정적인 내용으로 가득 찬 메시지를 내보내고 있다.

2. 청각적 대본

라디오나 텔레비전 혹은 인터넷 광고에서 흔히 사용되고 있는 광고대본으로 청각적 대본이 있다. 예를 들어, 한여름에 주로 방송되는 맥주광고는 흔히 맥주거품이 잔 가득히 넘치는 소리가 포함되는 것이 대부분이다. 특히 맥주를 따르거나 시원한 맥주가 목을 타고 넘어가는 소리를 과장되게 표현함으로써 갈증을 느끼는 소비자들이 광고를 보거나 듣고 맥주를 구입하도록 유인한다. 마찬가지로 콜라나 사이다와 같은 청량음료 광고에서도 시각적인 메시지 외에 청각적인 메시지를 자주 사용한다. 한편 음료수나 맥주와 같은 음료 외의 다른 상품 광고에서도 음악이나 여러 음향효과들이 광고효과를 높이는 데 매우 중요하게 작용한다.

3. 시각적 대본

주로 잡지나 신문의 광고에서 주로 쓰이는 단서는 시각적 대본을 이용한 것이다. 오늘날 텔레비전이나 인터넷을 이용한 광고에서도 청각적 단서 외에 시각적 단서가 매우 중요한 역할을 한다. 수용자의 주목을 끄는 광고는 일단 시각적으로 커다란 자극을 주거나 일상적이지 않은 단서를 주는 것이 대부분이다. 한편 카메라의 앵글을 다르게 잡으면 같은 대상물이라도 수용자들에게 주는 이미지는 전혀 다를 수 있다. 사진기자나 카메라맨들이 한 인물을 훌륭하고 인기 있는 사람으로 만들 수도 있고, 혐오스럽고 인기 없는 인물로 만들 수 있다는 것은 이미 잘 알려진 사실이다. 클로즈업(close-up)이나 줌인(zoom-in)과 같은 카메라 샷을 사용함으로써 상품광고나 정치광고를 글이나 말 대신 시각적 단서만으로 수용자들을 감동시킬 수 있다.

시각적 대본에는 위와 같이 명백한 단서들만 있는 것은 아니다. 경우에 따라서는 소도구, 장신구, 미술작품, 의상과 같이 금방 눈에 띄지 않는 소품들이 중요한 시각적 대본으로 사용되기도 한다. 어떤 광고에서는 주인공으로 유명인을 쓰지 않는 반면 소지품, 예를 들어 신용카드, 사진, 최신 전자제품 등을 배치하여 주인공이 매우 세련되고도 감성적인 사람임을 강조하기도 한다. 소품은 특히 이미지를 중시하는 정치광고에서 많이 사용되는데, 예를 들면 한 연로한 정치인이 시대에 뒤떨어지지 않았다는 것을 유권자들에게 알리기 위해 컴퓨터 앞에 앉아 있거나, 서민적인 이미지를 주기 위해 등산복 차림으로 지하철을 타는 사진 등을 사용하기도 한다. 선거철만 되면 유명 정치인들이 시장에서 상인들과 악수를 하고 시장음식을 먹는 것은 거의 일상적인 일이 되었다.

설득커뮤니케이션과 매체에 관한 논의에서 슈워츠는 실제로 묘사되는 광고의 이미지가 진실인가 아닌가는 그렇게 중요하지 않다고 본다. 중요한 것은 신문이건 잡지이건 라디오이건 텔레비전이건 다양한 채널에서 묘사되는 인물이나 그들의 생활방식이 목표대상이 되는 수용자들과 얼마나 비슷한가에 있다. 다시 말해 미디어에서 묘사되는 상황이나 인물이 얼마나 수용자들과 공명할 수 있는가가 중요하다.

4.4. 맥루언의 매체관

맥루언은 매체 혹은 미디어에 대해 독특한 견해를 제시하였다. 그는 사람들이 미디어를 두 가지 방식으로 이해한다고 보았다. 첫 번째 견해는 모든 미디어는 우리의 감각 혹은 신체의 일부 중 하나의 연장이라는 것이다. 두 번째 견해는 미디어는 사람들이 세상에 대해 생각하는 방식의 변화를 가져온다는 것인데, 최근의 예를 들면 인터넷을 사용함으로써 사람들은 시간과 공간의 구애를 받지 않고 전 세계의 누구와도 한 마을 사람처럼 가깝게 지닐 수 있게 되었다.

커뮤니케이션 미디어의 발달사를 살펴보면, 새로운 미디어의 개발과 함께 뉴스나 광고의 전달방식에 많은 변화가 일어났고, 사람들의 문화 향유 양식에도 많은 변화가 이루어졌다. 라디오의 경우 이전의 인쇄매체에서는 상상할 수 없을 정도로 빠른 뉴스를 전달할 수 있었고, 드라마나 토크쇼를 통해 새로운 형태의 문화를 만들어 내었다.

텔레비전 역시 라디오보다 더욱 광범위하게 사람들의 생활양식에 변화를 주었는데, 특히 대중문화에 미친 영향은 이전의 매체들과 비교할 수 없을 정도로 강력하다. 일반인들이 정보를 얻는 뉴스에서도 텔레비전은 이전의 인쇄매체와는 전혀 다른 방식으로 뉴스 가치가 있는 기사를 기사화하였는데, 텔레비전 뉴스에서 신속성이나 현장성, 선정성 등이 오래전에 중요한 기사 가치로 자리 잡았다. 텔레비전은 또한 시청습관을 형성함으로써 일반인의 생활리듬과 사고방식에도 커다란 영

향을 미쳤다. 예를 들어, 시트콤과 심야 토크쇼와 같은 프로그램이 인기를 끌면서
취침시간이 늦어지고 삶의 가치관이 변하게 되었다.

오늘날 컴퓨터는 이전의 텔레비전이 끼친 생활방식의 변화에 맞먹거나 더욱 강
력한 변화를 주도하고 있다. 이전의 사회에서 계층을 구분하는 기준이었던 문자해
독력이 현대에는 컴퓨터에 대한 지식으로 대체되고 있다. '컴맹', '넷맹' 이라는
신조어들은 오늘날 주요한 생활수단으로 자리 잡은 컴퓨터의 영향력을 간접적으
로 제시해 준다. 컴퓨터로 대변되는 오늘날의 뉴미디어는 생활을 풍요롭고 편리하
게 만들어 준다는 장점을 가지는 반면에, 공동체로부터 고립된 개인을 양산하고
익명성을 이용하여 사이버 범죄에도 이용될 수 있다는 문제점도 가지고 있다.

맥루언은 메시지를 전달하는 미디어를 자체의 형태나 충실도에 따라 크게 두 가
지로 구분하고 있다. 어떤 미디어는 완전하고 충실도가 높은 형태로 메시지를 전
달하므로 수용자의 입장에서는 신호를 정리하여 완전한 메시지를 만드는 데 많은
노력을 기울일 필요가 없다. 다시 말해 이러한 미디어를 이용하는 데에는 수용자
의 참여가 높을 필요가 없다. 반면에, 어떤 미디어는 불완전하고 충실도가 낮은 형
태로 메시지가 전달되므로 수용자들은 메시지를 해독하고 이해하는 데 많은 노력,
즉 참여가 필요하다. 같은 메시지라고 할지라도 어떤 미디어를 통해 전달되는가에
따라 전혀 다른 메시지가 될 수 있다는 것이 맥루언의 생각이다.

위에서 제시한 충실도가 높고 완전한 메시지 신호를 보내는 미디어를 핫미디어
(hot media), 충실도가 낮고 불완전한 메시지 신호를 보내는 미디어를 쿨미디어(cool
media)라고 한다. 핫미디어와 쿨미디어의 특성을 살펴보면 다음 〈표 4-1〉과 같다.

1. 핫미디어

핫미디어란 높은 충실도를 가지고 있고 확실히 정의되어 있어 수용자들이 수용
하기 수월한 미디어를 가리킨다. 핫미디어의 이미지는 잘 제시되어 있고 기록되어
있다. 수용자들은 이를 해석하고 이해하기 위해 중추신경계를 통해 정보처리를 할
필요가 없다. 똑같은 오디오 매체라도 1920년대에 녹음된 축음기판과 오늘날 디지
털 방식으로 녹음된 콤팩트디스크(CD) 사이에는 많은 차이가 많다. 오늘날의 콤팩
트디스크는 매우 정밀하고 충실도가 높게 녹음되어 있으므로 핫미디어라고 할 수
있다. 핫미디어의 다른 예로는 서적, 사진, 영화 등이 있다.

<표 4-1> 핫미디어와 쿨미디어

매체	정보의 원천	정의도	참여도	유형
TV	광점(光點)	낮음	높음	쿨
서적	완전한 글자	높음	낮음	핫
만화	종이 점	낮음	높음	쿨
사진	필름상 이미지	높음	낮음	핫
전화	저성능 음파	낮음	높음	쿨
영화	필름상 동영상	높음	낮음	핫
전보	점과 선	낮음	높음	쿨
디지털오디오	고성능 음파	높음	낮음	핫
PC와 인터넷	광점	낮음	높음	쿨

2. 쿨미디어

쿨미디어는 핫미디어와 반대로 충실도가 낮고 확실히 정의되어 있지 않은 미디어이다. 수용자들은 쿨미디어가 전달하는 메시지를 해독하고 이해하기 위해 많은 노력을 기울여야 한다. 이러한 미디어에서 제공되는 메시지들은 쿨미디어로서의 특징을 가지고 있는데, 대체적으로 의미가 불분명하고 확실히 정의되어 있지 않다. 대표적인 쿨미디어는 텔레비전인데, 텔레비전에서 제공되는 정치인에 대한 메시지는 매우 피상적이고 주는 의미가 거의 없이 겉모습에만 치중하는 경향이 있다. 부어스틴은 이를 '이미지(image)'라고 표현하였다. 따라서 텔레비전에서 제공하는 메시지는 매우 거칠고 얄팍한 정보로 이루어져 있어 수용자들로 하여금 많은 해독과정을 필요로 하게 한다.

실제로 오늘날의 정치는 텔레비전 정치라고 할 만큼 대표적인 쿨미디어인 텔레비전이라는 매체의 영향력은 엄청나다. 미국의 전 대통령이었던 빌 클린턴은 자신의 젊음과 외모, 말솜씨와 같은 천부적인 자산을 이용하여 대통령을 두 차례나 역임하는 정치적 성공을 거두었다. 그러한 이유로 동서양을 막론하고 오늘날 정치계에서는 뛰어난 외모나 말솜씨를 갖춘 연예인이나 방송인들이 큰 인기를 끌고 있다.

텔레비전 광고도 쿨미디어의 특성을 잘 이용하고 있다고 할 수 있다. 오늘날의 텔레비전 광고는 전달하려는 메시지를 말이나 글로 표현하기보다는 분위기나 표정, 암시와 같은 불확실한 메시지를 사용하는 경향이 강하다. 정치광고와 마찬가지로 상업광고의 수용자들도 이러한 메시지를 해석하기 위해 많은 노력을 기울이게 되고, 자신이 기존에 가지고 있는 준거 틀에 입각하여 해석하게 된다. 자신이 좋아하는 음악이나 광고모델을 통해 제시되는 광고는 많은 말이 제시되지 않더라도 수용자들에게 많은 것을 제공한다. 이때 주로 사용하는 광고기법은 은유나 암시이다.

맥루언은 이미 40여 년 전에 인류사회가 핫미디어보다는 쿨미디어를 보다 많이 사용하며 살아갈 것으로 예측하였는데, 실제로 오늘날 그의 예측대로 텔레비전이나 인터넷과 같은 쿨미디어가 주도적인 미디어로 자리 잡고 있다. 오늘날 사람들이 많이 사용하는 휴대전화도 그의 기준에 따르면 쿨미디어이므로 그의 예언은 적중한 셈이다. 오늘날 많은 사람들이 사용하는 '지구촌(global village)'이라는 개념은, 맥루언이 예언한 바와 같이 쿨미디어의 발달로 인해 전 세계의 사람들이 한 마을 사람들처럼 밀접한 관계를 가지면서 살아가는 가상의 세계를 정리한 것이다.

4.5. 의제설정과 설득

매체가 설득에 많은 영향을 미친다는 것을 설명해 주는 이론은 여러 가지가 있지만, 특히 많은 시사점을 주는 것이 맥컴스와 쇼가 고안한 의제설정(agenda setting)이론이다. 이 이론에 따르면, 사람들이 토론하고 생각하며 걱정하는 이야깃거리인 공중의제(public agenda)는 매체에 의해 강력하게 형성되며 뉴스미디어가 공표하기로 선택한 것에 의해 결정된다. 또한 매스미디어는 사람들에게 무엇을 생각하라고 말해 주지는 않지만, 무엇에 대해 생각하라고 말해 준다. 한국의 예에서 보더라도, 한 신문이나 방송 혹은 인터넷 언론이 지속적으로 한 가지 주제를 집중적으로 보도하면, 수용자들은 자연스럽게 그 주제에 친숙해지고 다른 사람들과 그 주제를 가지고 이야기하게 된다. 따라서 미디어의 영향력은 엄청나다. 기자와 편집인 등 몇몇 언론인들의 기사 선택 과정 혹은 게이트키핑(gatekeeping)을 통해 수많은 사건들 가운데 단지 몇 가지 주제만이 선별되어 뉴스가 된다.

그렇다면 언론인들은 게이트키핑을 할 때 어떤 기준을 가지고 하는가? 메이로위츠는 언론인들이 자주 사용하는 하나의 기준으로 "가장 잘 받아들일 수 있는 내용"을 들었다. 그 내용은 많은 수용자들이 적극적으로 추구하는 내용이라기보다는 가장 적게 외면할 가능성이 있는 내용을 의미한다. 또한 같은 매체라고 할지라도 매체의 성향이 어떤가에 따라서도 어떤 주제가 뉴스가 될 것인가가 달라진다. 예를 들어, A라는 신문이 매우 보수적이고 친미적인 색채를 띤다면, 자연스럽게 보수적인 내용이 신문의 지면을 대부분 차지할 것이다. 또한 그 신문을 읽는 독자도 원래 보수적인 성향을 띠며, 그 신문을 구독하면서 기존의 태도가 더욱 강화된다. 이 경우 진보적인 성향을 띠는 독자는 집안 어른의 결정에 의해 A신문을 읽게 될 때, 심한 갈등을 느끼고 되어 다른 신문을 찾게 된다.

텔레비전 뉴스에서 어떤 기준에 따라 뉴스가 선별되는가에 대해서는 제이미슨의 연구가 시사점을 준다. 제이미슨에 따르면, 텔레비전 뉴스의 속성상 뉴스가 되는가 안 되는가 하는 기준은 20~30초짜리 사운드바이트(sound bite) 혹은 뉴스바이트가 있는가의 여부에 달려 있다. 사운드바이트란 뉴스의 전개과정과 직접 관련이 있는 사람의 간단한 논평을 녹음해 둔 것을 의미하는데, 정치인의 연설 등이 여기에 속한다. 메이로위츠도 현대인들은 복잡하고 상세한 뉴스보다 30초 이내의 사운드바이트를 선호하며, 이 사운드바이트는 수용자들을 채널에 고정시키는 미끼의 기능을 수행한다고 보았다.

한편 의제설정은 매체로부터 수용자에게로만 이루어지는 것은 아니다. 의제설정은 미디어 간에도 이루어진다. 예를 들어, 속보성이 떨어지는 신문은 갑작스런 사고나 재난이 발생하면 보도의 주도권을 텔레비전이나 인터넷 언론에 빼앗길 수밖에 없다. 따라서 신문은 다음 날 지면에서 텔레비전 뉴스가 보도한 내용을 보다 심층 취재하여 보충적인 기사를 제공해야 한다. 또한 같은 매체 안에서도 주도적인 언론사의 의제를 다른 언론사들이 따르는 경향이 있다. 미국의 경우 『뉴욕타임스』는 신문 위의 신문이라고 불리는데, 그 이유는 『뉴욕타임스』가 보도한 내용은 바로 전국의 다른 신문의 내용이 되기 때문이다.

4.6. 설득커뮤니케이션과 매체 관련 연구

설득커뮤니케이션에서 매체의 중요성은 이미 오래전부터 인식되었다. 같은 전달자, 같은 메시지를 사용하더라도 사용하는 매체에 따라 수용자에게 미치는 영향은 전혀 달라질 수 있다. 이러한 사실 때문에 맥루언은 매체 자체가 메시지라고까지 말하기에 이르렀다.

정성호(2003)는 오늘날 대통령선거 과정에서 당락에 지대한 영향을 미치는 텔레비전 토론이 유권자의 인지변화에 끼치는 영향을 탐구하였다. 미디어 시대라고 부르는 오늘날, 유권자들은 이전과 같이 직접 주변 학교 운동장에 나가 후보자의 연설을 듣지 않고 텔레비전 토론을 보거나 정치광고를 통해 후보에 대한 태도를 형성해 나간다. 이 연구는 텔레비전 토론이 정치정보 흐름의 중요한 매개 수단이라고 가정하고 16대 대통령선거 과정에서 텔레비전 합동토론이 유권자의 지식에 어떤 변화를 가져왔으며 또한 어떤 영향을 미치는가에 초점을 맞추었다.

연구결과, 텔레비전 토론에 나타난 후보자 인물평가의 개인적 자질 속성은 텔레비전 토론이 진행되면서 점차 증가하였으며, 텔레비전 토론에서 제기된 이슈에 대한 평가도 토론에서 중요한 쟁점으로 부각된 이슈의 인식이 높게 나타났다. 또한 토론에서 나타난 인물의 개인적 자질 속성과 토론에서 인식한 인지변화들은 인지적 차원보다는 감정적 차원이 더 많은 영향을 미치고 있으며, 호감도와 선호도 간의 인과성도 매우 높은 것으로 나타났다.

결론적으로, 이 연구에 따르면 텔레비전 토론은 유권자의 인지변화에 매우 큰 영향을 미치는 수단이라는 것이 드러났으며, 유권자의 태도형성에도 직접적인 영향을 미치는 것으로 나타났다. 이러한 결과에서 유추해 볼 때, 최근의 정치에서 가장 중요한 기준은 텔레비전 화면 앞에서 누가 더 멋지게 보이고 말을 더 잘하는가이다. 물론 소속 정당이나 정책, 과거 경력 등도 매우 중요한 요소이지만, 과거에 텔레비전 카메라 앞에 얼마나 노출되었는가 하는 것은 이미지 관리에 매우 긍정적인 효과를 가져다준다. 그러한 이유 때문에 전·현직 아나운서들이 정계에 입문하고 있고 당선도 잘되고 있다.

김재휘 등(2004)은 오늘날 주요한 광고 형식으로 등장한 드라마에서의 제품 배치(PPL : products in placement) 효과를 실증적으로 측정하였다. 이는 간접광고라고도 불리는데, 드라마 시작 전의 광고가 아닌 드라마 중간에 제품을 등장시켜 시청자들의 주목을 끌고 태도변화에까지 이르게 하는 것이다. 실제로 드라마에서 주인공이 특정한 제품을 사용하거나 배경으로 등장하면 오히려 실제 광고보다 주목률이 높고 구매도 늘어난다는 연구가 있다. 이 연구에서는 회상이나 재인과 같은 명시적인 기억을 측정하지 않고 암묵적 기억을 측정하여 텔레비전 드라마에서의 간접광고인 PPL의 효과를 측정하고자 하였다.

이 연구는 예비실험과 두 개의 본실험으로 이루어졌는데, 예비실험에서는 명시적인 기억 수준에서 PPL의 효과를 측정하였고, 실험 1에서는 암묵적 기억의 측정 방식으로 주로 사용되는 문장완성검사를 통해 PPL 효과를 측정하였다. 실험 2에서는 점화효과이론을 응용하여 텔레비전 드라마가 끝난 후 제공되는 프로그램 광고의 기억측정을 통해 PPL의 효과를 간접적으로 측정하였다. 실험집단의 구성원은 모두 대학생이었으며, PPL이 있는 드라마를 시청한 집단은 실험집단으로, PPL이 없는 드라마를 시청한 집단은 통제집단으로 각각 구분하여 비교하였다.

연구결과, 실험 1에서는 문장완성검사에서 실험집단이 통제집단에 비해 PPL 브랜드와 관련된 문장완성 수행점수가 높게 나왔다. 실험 2의 결과에서도 12편의 프로그램 광고 중에서, 텔레비전 드라마에서 PPL로 제시되지 않은 브랜드의 광고에 비해 텔레비전 드라마에서 PPL로 제시된 광고의 회상이 보다 높았으며, 실험집단과 통제집단은 PPL로 제시된 광고물의 회상 및 기억에서 유의미한 차이를 보였다.

이 연구의 의의는 그동안 지속적으로 제기되었던 텔레비전 드라마 속 광고인 PPL의 광고효과를 실험방법으로 측정하였다는 데 있다. 간단히 말하자면, PPL 광고효과는 분명히 존재한다는 것이다. 새로운 광고기법으로서 PPL은 분명 주목받고 있고, 최근에는 PPL이 없는 드라마나 영화가 없을 정도로 보편화된 것이 사실이다. 그러나 PPL은 분명 윤리적인 문제를 가지고 있다. 예술의 영역에 속하는 영화나 드라마 속에서 특정 회사의 특정 제품을 예술인인 배우나 탤런트가 노골적으로 사용하는 것은 예술과 상업의 구분이 완전히 없어지는 것을 의미한다. 또한 수용자의 입장에서도 자신이 좋아하는 연예인이 간접적으로 광고하는 제품에 대해 자연스럽게 좋은 태도를 가지게 되는데, 이는 올바른 제품 선택을 하는 데 지장을 줄 수 있다.

이철영 등(2006)은 새로운 설득커뮤니케이션 매체라고 할 수 있는 인터넷 광고, 그중에서도 인터넷사이트에 수시로 떠다니는 웹사이트 플로팅 광고(floating advertising)가 수용자의 태도에 미치는 영향을 연구하였다. 보다 구체적으로 이 연구는 플로팅 광고에 대한 소비자의 전반적인 태도를 탐구하고 인터넷사이트 유형과 제품관여도에 따라 플로팅 광고에 대한 소비자의 태도에 어떤 차이가 있는가를 조사하였다. 이를 위해 20대에서 40대에 이르는 실험대상자에게 세 개의 인터넷사이트 유형과 2개의 제품관여도에 따라 제작된 6개의 실험광고물을 보여 주고 그 반응을 설문지에 응답하도록 하는 온라인 실험연구를 수행하였다.

연구결과, 응답자들은 플로팅 광고에 대해 사이트 유형과 제품관여도에 상관없이 대체적으로 부정적인 반응을 보였다. 다시 말해 플로팅 광고는 화려한 표현기술과 다양한 표출형태를 이용하여 네티즌의 주의를 끌거나 브랜드 인지도를 높이는 데는 효과적이었으나, 네티즌의 태도에 미치는 영향은 미약한 것으로 나타났다.

인터넷의 상용화로 현대인들은 하루의 많은 시간을 인터넷에 접속하고 있다. 그러나 자신이 원하는 정보를 얻기 위한 사이트에 들어가면서도 끊임없이 떠돌아다니는 플로팅 광고에 노출된다. 이러한 광고는 대부분의 네티즌에게는 불필요하고 짜증나는 제품이나 서비스에 대한 것이다. 그래서 많은 네티즌이 이런 광고를 무시하거나 삭제해 버린다. 따라서 이런 광고를 제작하는 실무자 입장에서는 플로팅 광고에 대한 소비자의 호감을 높일 수 있는 방안을 모색해야 할 것이다.

¤ 연습문제

1 매체와 관련된 논의에서 미디어학계에서 가장 중점을 두고 연구하는 개념은?
   ① 메시지 운반체로서의 매체　　　② 메시지 유통경로로서의 매체
   ③ 메시지 용기로서의 매체　　　　④ 메시지 회로로서의 매체

2 메시지를 수용자에게 주입하는 것보다 수용자로부터 이끌어 내는 것이 낫다고 주장하는 모델은?
   ① 공명모델　　② 정교화 모델　　③ 학습모델　　④ 강화모델

3 다음 중 언론사의 기사 선택과정을 의미하는 용어는?
   ① 의제설정　　② 게이트키핑　　③ 하우스키핑　　④ 이용과 충족

정답　1 ③　2 ①　3 ②

¤ 연구과제

1 설득커뮤니케이션에서 매체의 역할과 발전 경향을 논하시오.

2 슈워츠의 매체관을 소개하고, 이를 설득커뮤니케이션과 관련지어 정리하시오.

3 맥루언의 매체관을 소개하고, 어떤 매체가 각종 설득커뮤니케이션에 효과적인지를 논하시오.

4 매체의 의제설정 기능에 대해 설명하고, 그 영향에 대해 논하시오.

5

설득커뮤니케이션과 수용자

개요

설득커뮤니케이션 과정에서 전달자의 맞은편에 위치하고 있는 수용자는 전달자나 메시지, 매체에 못지않게, 경우에 따라서는 보다 중요한 역할을 수행한다. 20세기 초반의 탄환이론에서는 수동적이고 무비판적인 수용자관이 주류를 이루었으나 최근에 들어서는 수용자의 능동성이 강조되고 있다. 이 장에서는 능동적인 수용자관을 가지고 설득과정에서 수용자와 관련된 요소들과 태도의 의미, 수용자의 동기와 각성 등에 대해 살펴본다.

학습목표

- 설득과정에서 수용자의 중요성을 이해한다.
- 설득과정에서 수용자와 관련된 요소들을 이해한다.
- 태도의 의미와 기능, 측정방법을 이해한다.
- 수용자의 동기와 각성을 이해한다.

주요용어

유기체, 선유경향, 준거집단, 사회경제적 계층, 서스톤 척도
리커트 척도, 의미 분별 척도, 거트만 척도, 전기피부반응 측정
동공반응 측정, 안면근전도 측정, 자기관여, 자존심, 면역효과
인지효과, 인지욕구, 동기, 공포각성

5.1. 설득커뮤니케이션에서 수용자의 중요성

설득커뮤니케이션 과정에서 수용자의 중요성은 다시 말할 필요가 없다. 아무리 훌륭한 전달자가 심사숙고하여 제작한 메시지를 이용 인구가 가장 많은 매체를 통해 전달하였다고 하더라도 설득과정의 마지막 단계에 있는 수용자가 이를 받아들이기를 거부한다면 설득효과를 기대할 수 없다. 수용자는 효과이론의 초기단계인 탄환이론이나 피하주사이론에서 제시하듯이, 강력한 자극을 무비판적이고 수동적으로 받기만 하는 소극적인 역할을 수행하는 것이 아니라, 스스로 생각할 수 있고 판단능력을 갖춘 능동적인 역할을 수행하는 유기체라고 보는 것이 오늘날의 입장이다. 이는 초기의 자극−반응(Stimulus−Response : S−R) 모델에서 벗어나 능동적인 유기체(organism) 개념을 도입한 S−O−R 모델에 기초하고 있다.

위에서 제시한 유기체 개념은 수용자의 다양한 기존 속성을 강조하는 개념이다. 이를 다른 용어로는 선유경향(predisposition)이라고 하는데, 이것은 심리적 선유경향과 사회·문화적 선유경향으로 나눌 수 있다. 다시 말해 수용자들이 단일한 메시지에도 다른 반응을 보인다는 현상에 대한 설명은 선유경향이라는 개념을 도입함으로써 이루어질 수 있다.

먼저 심리적 선유경향이란 개인들이 이미 가지고 있는 기존의 태도나 동기 혹은 욕구, 필요, 관심, 관여(involvement) 등을 가리킨다. 예를 들어, 특정한 기업에 대하여 부정적인 태도를 가지고 있는 수용자는 비록 자기가 좋아하는 모델이 전달자로 등장하여 그 회사제품을 텔레비전을 통해 광고하더라도, 쉽사리 그 제품에 대해 호감을 가지거나 구매를 하지 않는다. 마찬가지로 담배를 끊으려는 동기나 관심이 없는 흡연자에게 담배의 해악을 알리는 공익광고는 커다란 효과를 얻기 힘들다. 반면에 친구나 친척의 사망이나 자신이 따르는 사람의 권유 등으로 인해 확실한 금연의지를 갖게 된 흡연자에게 금연메시지는 커다란 효과를 발휘할 수 있다. 관여란 한 주제나 대상에 대해 스스로 관심을 가지고 중요성을 부여하는 것을 말하는데, 관여는 자동차나 컴퓨터와 같은 고가품을 구매하고자 할 때 더 많이 발생한다.

한편 미시적인 입장의 심리적 선유경향과 달리 거시적인 측면의 선유경향은 사회·문화적인 차원의 것이다. 경우에 따라서는 심리적 선유경향에 비해 사회·문화적 선유경향이 수용자의 태도에 더 큰 영향을 발휘하기도 한다. 특히 한국과 같이 가족이나 동료, 동문의 힘이 크게 영향을 미치는 사회에서는 사회·문화적 요인이 개인적 요인보다 중요하게 작용할 수 있다.

사회·문화적 요인에 속하는 것으로는 가족이나 친구, 직장동료와 같은 준거집단(reference group)과 직업이나 교육 수준, 소득 수준, 거주지역 등과 같은 사회경제적 계층(socio-economic class), 유교문화, 기독교문화, 이슬람문화 등으로 구분되는 문화권 등이 있다. 한 사람이 준거집단의 의견에 잘 따른다고 가정하면 그를 설득하기 위해서는 획일적으로 매스미디어를 이용하는 것보다 준거집단을 설득시킬 수 있는 다양한 방법을 모색하는 것이 보다 효과적이다. 또한 한 사람이 유교문화권에 속해 있을 경우에는, 아버지나 선생님과 같은 존경받는 연장자를 전달자로 모시는 것이 보다 효과적인 설득메시지가 될 것이다.

이 장에서는 설득커뮤니케이션 상황에서 수용자에 대한 이해를 위해 태도의 개념을 알아보고, 수용자에게 영향을 미치는 속성에 대해 살펴보며, 이를 위해 어떤 수용자들이 다른 수용자에 비해 설득메시지에 보다 주목을 잘하고 태도변화를 잘하는가에 대해 학습할 것이다.

5.2. 수용자와 태도

1. 태도의 이해

태도는 다양하게 정의할 수 있다. 가장 간단한 태도는 '무엇에 대해 좋아한다' 혹은 '어떤 사람에게 호감을 가지고 있다'와 같은 좋고 싫음에 대한 것이다. 설득의 궁극적 목표는 태도를 변화시키거나 기존의 태도를 유지 혹은 강화시키는 것이라고 할 수 있다. 따라서 수용자들이 가지고 있는 태도를 이해하는 것은 설득수용자를 이해하기 위해 반드시 필요한 것이다.

1) 태도의 정의

태도(attitude)라는 용어는 적합성을 뜻하는 라틴어의 'aptus'에서 유래하였다.

태도에 대한 관심과 탐구는 17세기부터 이루어졌는데, 그때부터 학자들은 인간의 행동이 선천적인 유전요소에 따라 이루어진다는 것에서 한 걸음 더 나아가 행동을 예측할 수 있는 요인으로 태도에 관심을 가졌다. 태도에 대한 연구는 심리학이 철학으로부터 분리하여 하나의 독립적인 학문으로 자리 잡기 시작한 19세기 말과 20세기 초에 접어들면서 비로소 본격화하기 시작하였다.

초창기 태도연구의 대표격인 올포트는 태도를 "개인이 외적 사물 및 상황에 대해 반응하는 데 영향을 주는 정신적인 상태"라고 정의하였다. 비교적 최근에 베팅하우스와 코디는 태도를 "사람들이 사물에 대해 느끼는 좋고 싫은 감정"이라고 정의하였으며, 피시바인과 에이젠은 "대상물에 대한 개인들의 모든 평가적 신념"이라고 인식하였다. 또한 벰은 "사물이나 사람, 이슈에 대해 가지는 일반적이거나 지속적인 긍정적·부정적 감정"이라고 태도를 정의하였다.

태도에 대한 이해를 하기 위해서는 다음과 같은 가정을 알아 두어야 한다.

첫째, 태도는 선천적인 것이 아니라 학습된 것이다. 태도는 성격이나 특성과 같이 선천적으로 타고나는 것이 아니라 살아가면서 후천적으로 얻게 된 것이다. 태도를 얻게 되는 통로는 부모나 친구의 영향, 사회환경, 직접경험 등 매우 다양하다.

둘째, 태도는 무엇인가에 반응하려는 선유경향을 의미한다. 이는 다시 말해 태도가 행동에 선행하는 가늠자의 역할을 한다는 것이며, 태도를 보면 그 사람의 행동을 예측할 수 있다는 뜻이다. 그러나 언제나 태도와 행동이 일치하는 것은 아니다. 오래전에 미국에서 행한 실험결과에 따르면, 사람들은 다른 사람들에게 말로는 인종차별을 하지 않는다고 말하면서도 실제 행동에서는 매우 인종차별적인 행동을 하였다. 구체적인 예로, 백인들이 흑인이나 동양인들에 대해 차별을 하지 않는다는 명시적인 태도를 보이면서도 실제 행동에서는 인종차별적인 행동을 하는 경우가 있다.

셋째, 태도는 특정한 사람, 사물에 대해 좋아하거나 싫어하는 감정을 나타낸다. 예를 들어, 한 사람이 그의 친구에게 "나는 프로야구 A구단을 좋아한다."라고 말하거나 "영화배우 B를 흠모한다."라고 밝히는 것은 그 사람의 태도를 밝히는 것이다. 또한 선거 때 특정 후보에 대한 지지를 밝히는 것은 자신의 태도를 공개적으로 밝히는 대표적인 행위이다.

넷째, 태도는 언제나 어떤 대상물을 향하고 있다. 특정한 대상이 없는 태도란 존재하지 않는다. 태도의 대상물은 사람이 될 수도 있고 정책이나 정당, 대학, 운동팀, 나라가 될 수도 있다. 정치인들은 사람들의 지지를 이끌어 내기 위해 언제나 자신에게 유리한 태도의 대상물을 만들어 내거나 연계시키려고 노력한다. 예를 들어, A라는 정치인은 성공한 정치인이었던 B라는 인물을 자신과 연계시키기 위해 복장이나 연설 형식까지도 모방하려고 한다.

2) 태도의 기능

기본적으로 태도는 개인 스스로가 자신을 방어하고 가치관을 표현하며 사회생활을 원활하게 만드는 기능을 한다. 기능(function)이란 무엇을 행하거나 존재하는 이유나 역할을 말해 주는 것인데, 태도의 기능을 안다는 것은 곧 왜 사람들이 태도를 가지는가에 대한 간접적 설명이 된다. 카츠는 태도의 기능을 네 가지로 분류하였다.

첫 번째 기능은 자아 방어적 기능이다. 사람들은 외부세계에 대한 불쾌한 사실로부터 스스로를 보호하기 위해 특정한 태도를 가진다. 예를 들어, 여성의 사회참여에 대해 불쾌하게 생각하는 남성은 전통적이고 남성우월적인 태도를 강화하고 유지하려는 경향이 있다.

두 번째 기능은 가치 표현적 기능이다. 사람들은 자신이 중요하게 여기는 가치나 이미지를 반영하는 태도를 취하는 경향이 있다. 예를 들어, 평소에 골프를 치지 않으며 골프에 대해 나쁜 이미지를 가지고 있는 사람은 자신의 가치를 강화시키기 위해 골프장을 건설하는 데 많은 환경오염이 일어나며 자신은 친환경적인 태도를 가지고 있다고 생각한다.

세 번째 기능은 지식적 기능이다. 태도는 우리가 매일 습득하고 접촉하는 정보나 사건들을 정리하고 이해하는 기능을 한다. 예를 들어, 지역균형발전에 대해 확고한 태도를 가진 사람은 한 지역에만 집중적으로 혜택을 주는 정부의 사업이나 발전계획에 대해 상당한 반감을 가지게 되고, 균형적 발전에 대한 정보를 선택하여 습득하게 된다.

네 번째 기능은 실용적 기능이다. 사람들은 대부분 보상을 최대화하고 처벌을 최소화하려는 경향을 가지는데, 이때 태도가 주요한 역할을 한다. 예를 들어, 한 회사에서 같은 직급에서 일하는 두 사람이 있다고 가정하자. A라는 사람은 자신이 하는 업무를 천직으로 생각하고 늘 긍정적인 마음을 가지고 최선을 다해 일을 수행하고 있다. 반면에 B라는 사람은 자신의 일이 자신의 능력에 비해 매우 수준이 낮고 보수가 적다고 여겨서 언제나 불만이 많고 다른 직업을 찾는 데 관심을 기울인다. 이 경우 A의 태도가 본인의 정신건강을 높이거나 회사의 생산성을 높일 것임은 자명하다. 따라서 오늘날의 좋은 직장은 단순히 보수만 많이 주는 곳이 아니라, 직원들이 자신의 일에 자부심을 가지고 만족감을 느낄 수 있는 곳이라는 연구결과도 있다.

2. 태도와 태도측정

수용자의 태도측정은 설득커뮤니케이션뿐 아니라 다양한 형태의 커뮤니케이션에서 중요하게 여겨진다. 왜냐하면 수용자의 태도를 변화시켰는가 아닌가는 태도의 측정을 통해 알 수 있기 때문이다. 태도의 측정방법에는 여러 가지가 있으나 직접 측정과 간접 측정으로 크게 구분할 수 있다. 직접 측정은 서베이 방식과 같이 응답자들이 직접 자신들의 태도나 의견 등을 기입한 것을 분석하는 것이고, 간접 측정은 피험자의 행동패턴이나 무의식적 반응 등을 측정하는 것을 의미한다.

1) 직접 측정

태도를 직접 측정하기 위해서는 대부분 숫자나 기호로 이루어진 척도(scale)를 사용해야 한다. 예를 들어, 특정한 대상에 대한 태도를 측정하기 위해 매우 싫어하는 경우에는 1점, 매우 좋아하는 경우에는 7점을 부여하게 하는 방법이 이에 해당한다. 정확한 측정을 위해서는 신뢰도와 타당도가 높고 사람들이 별문제 없이 사용할 수 있도록 만든 척도를 사용해야 한다. 직접 측정의 종류에는 다음과 같은 것들이 있다.

(1) 서스톤 척도

서스톤 척도(Thurstone scale)는 특정한 대상에 대해 가능한 많은 설명을 문장으로 만든 다음, 응답자들이 가장 많이 동의하는 문장을 찾아 이를 통해 태도를 해석하는 방법이다. 예를 들어, 연구자는 특정한 주제와 관련된 수십 개의 의견진술목록을 작성하여 연구대상이 되는 사람들에게 진술문들이 특정 주제에 대해 얼마나 호의적인지를 특정 수의 범주로 서열화해서 판단하게 한다. 이 작업이 끝나면 연구자는 응답자들의 점수의 평균값이나 중앙값을 기준으로 대상에 대해 가장 호감적인 의견으로부터 가장 비호의적인 의견까지 서열을 매길 수 있다. 이를 이용해서 대개 20개 이상으로 이루어진 설문지를 구성한다.

채택된 진술문에 대해 응답자들이 찬성 혹은 반대를 할 수 있도록 만들어진 설문지가 연구대상자들에게 제시된다. 응답자들의 응답은 평균값이나 중앙값으로 계산되어 전체 점수가 매겨진다.

그러나 서스톤 척도는 척도의 작성이 매우 복잡하고 계산도 쉽지 않다는 단점이 있다. 또한 시기가 지나면서 질문항목의 의미가 변하므로 수시로 변경을 해 주어야 한다.

(2) 리커트 척도

리커트 척도(Likert scale)는 사회과학 연구에서 가장 많이 사용되는 측정방법 중의 하나로, 합산평가방식이라고도 불린다. 리커트 척도는 응답의 범주들이 서열에 따라 매겨지며 다양한 항목이 상대적으로 가지는 강도를 결정할 수 있도록 질문을 구성한다.

이 척도의 가장 보편적인 예는 특정한 대상에 대해 긍정적이거나 부정적인 진술문을 작성하여 응답자로 하여금 5점 혹은 7점 척도 중 하나에 표시를 하게 하는 강제선택형 척도이다. 흔히 1점은 강한 반대를 의미하며, 5점이나 7점은 강한 찬성을 의미한다.

리커트 척도는 서스톤 척도에 비해 다음과 같은 장점을 가진다.

첫째, 측정할 태도와 명시적으로 관련이 없는 항목도 사용할 수 있다.

둘째, 척도를 구성하는 것이 용이하다.

셋째, 찬성과 반대만을 표시하는 서스톤 척도에 비해 신뢰도가 높다.

넷째, 한 항목에 대한 응답의 범위에 따라 보다 상세한 정보를 얻을 수 있다.

그러나 리커트 척도는 서열척도라는 한계가 있고, 개인점수의 총합은 그리 큰 의미를 주지 못한다는 단점이 있다.

(3) 의미 분별 척도

의미 분별 척도(semantic differential scale)는 사람들이 대상에 대해 가지는 태도를 평가성, 잠재성, 활동성의 세 가지 요소로 설명할 수 있다고 가정한다. 이 척도는 주로 소비자 조사에 널리 쓰인다. 이 척도의 가장 쉬운 예는, 특정한 제품(자동차나 음료)을 제시하고 두 가지 상이한 형용사군을 늘어놓고 자신이 느끼는 바를 체크하게 하는 것이다. 자동차 관련 의미 분별 척도로는 멋있다-구식이다, 경쾌하다-무겁다, 연비가 좋다-연비가 나쁘다 등과 같은 것을 들 수 있다. 응답자가 체크한 항목을 합산하거나 평균값을 구함으로써 특정 제품에 대한 소비자의 선호도를 알아낼 수 있다.

의미 분별 척도는 다음과 같은 유용성을 가진다.

첫째, 연구자가 측정하고자 하는 대상과 관련된 차원들을 잘 알고 있을 경우에 적절하다.

둘째, 다차원적 개념을 측정하는 데 유용하다.

셋째, 긍정과 부정의 형용사를 번갈아 배치하여 응답자가 임의대로 응답하는 것을 막을 수 있다.

(4) 거트만 척도

거트만 척도(Guttman scale)는 수용 가능한 영역을 누적적으로 측정하는 방법이다. 예를 들어, "외국인을 집에 초청할 수 있다."라는 진술문에 동의하면, 이를 더 발전시켜 "자녀가 외국인과 결혼해도 상관없다."와 같은 진술문을 제시하여 동의 여부를 묻는다. 거트만 척도는 한 항목에 동의한 사람은 그 항목보다 약한 항목에도 동의할 것이라는 가정에 근거하여 진술문을 작성한다. 다시 말해 많은 사람들이 동의할 수 있는 진술문에서 시작하여 소수의 사람들만이 동의할 수 있는 진술문을 일직선상에 순서대로 배열함으로써 개인의 태도를 측정하고자 한다. 따라서 특정 진술문에 동의한 사람은 동의하지 않은 응답자에 비해 높은 점수를 받게 되고, 합산한 점수는 우호-비우호적인 태도 사이에 놓이게 된다.

그러나 거트만 척도는 복잡한 대상의 태도를 측정하거나 대상의 행위를 예측하기 힘들다는 단점이 있다.

2) 간접 측정

간접 측정은 개인의 태도를 측정할 때 상대적으로 작은 차이를 찾아내는 데 직접 측정보다 유용하게 쓰일 수 있다. 직접 측정은 응답자의 직접 반응을 이끌어 내는 점에서는 장점이 있지만, 실제로 응답자의 태도를 직접 나타내는가 하는 타당도의 문제가 있기 때문에 비판을 받는다. 간접 측정은 면접이나 서베이 등의 방법이 아닌 다음과 같은 방법을 사용한다.

(1) 위장된 자기보고

이 방법은 연구자가 응답자에게 자신에 대한 구술 보고를 하도록 요구하는데, 중요한 것은 응답자가 그것이 자신의 태도를 측정하는 것인지 모르게 하는 것이다. 예를 들어, 한 정당에 대한 태도를 알아보기 위해 응답자에게 그 정당의 대표 사진을 보여 준 후 자유롭게 이야기하도록 한다. 이를 심리학 용어로 투사(投射, projection)라고 하는데, 개인의 주관을 객관화시키고 투영한다는 의미이다.

(2) 태도의 행동적 지표

이 방법은 사람들이 자신이 좋아하는 사람에게는 해가 되는 행위를 하지 않으며, 좋아하지 않는 사람에게는 득이 되는 행위를 하지 않는 심리를 이용한 것이다. 실제로, 사람들은 자신이 평소에 좋아하는 단체로부터 잘못 배달된 소포는 기꺼이 반송하지만, 평소에 싫어하던 단체로부터 받은 소포는 빨리 반송하지 않고 버리거나 방치한다는 연구결과도 있다.

(3) 태도의 생리적 측정

태도를 생리적으로 측정한다는 것은 피부반응이나 동공 측정 등을 통해 신체적인 반응을 측정하는 것을 의미한다. 대표적인 방법은 다음과 같이 세 가지가 있다.

첫째, 전기피부반응 측정(Galvanic Skin Response : GSR)이다. 이는 특정 자극에 대한 피부의 전기적 반응을 측정하기 위한 것으로, 대개 손바닥에 전선을 부착하고 흐르는 전류를 측정한다.

둘째, 동공반응 측정으로, 말 그대로 동공의 확대나 수축을 측정하는 방법이다. 대부분의 사람들은 자신이 좋아하거나 관심을 가지는 자극을 보면 동공이 확대되는 반면, 싫어하거나 흥미가 없는 자극을 보면 동공이 수축된다. 아무런 말도 못하는 아기도 미인이 나오는 광고를 보여 주면 동공이 확대되고 큰 관심을 보인다는 연구결과도 있다. 따라서 수용자의 태도를 측정하는 데 동공반응 측정은 많은 도움이 된다.

셋째, 안면근전도 측정으로, 얼굴 근육의 수축현상을 측정하는 방법이다. 보통 사람들은 슬프거나 싫어하는 감정을 느낄 때보다는 기쁘거나 즐거운 생각을 할 때 억제근과 관골근의 전기적 활동이 보다 활발해진다.

5.3. 설득과정에서 수용자와 관련된 요소들

앞 절에서 살펴본 바와 같이 수용자들은 결코 단순하고 수동적인 존재가 아니다. 어떤 사람은 특정한 인물이나 메시지에 대해 원래 호감을 가지고 있어서 쉽게 설득되는 반면, 어떤 사람은 반감을 가지고 있어서 설득메시지가 역효과를 가져올 수 있다. 또한 어떤 사람은 평소에 특정 상품에 대해 관심이 많아서 많은 정보를 추구하고 있는 반면, 어떤 사람은 그 상품에 대해 전혀 관심이 없는 경우도 있다. 한편 태도의 측면에서 고찰해 볼 때, 어떤 사람은 광고나 그 외의 제품 소개에 대해 알고자 하는 욕구가 매우 높은 반면, 또 어떤 사람은 최소한의 정보만을 얻고자 한다.

이와 같이 수용자들은 다양한 수의 사람들만큼이나 다양한 속성을 가지고 있다. 설득과정에서 수용자의 수용 여부에 영향을 미치는 요소로는 자아관여, 자존심, 면역효과, 인지욕구 등이 있다.

1. 자아관여

자아관여(ego involvement)는 태도변화 과정에서 전달자와 메시지, 수용자 부분에서 모두 이용될 수 있는 개념이지만, 주로 수용자의 능동성을 강조한다는 입장에서 볼 때는 수용자와 관련하여 논의하는 것이 적절할 것이다. 셰리프와 캔트릴은 이미 1940년대에 자아와 밀접하게 뒤엉켜 있는 태도는 변화시키기가 매우 어렵다고 지적하였다. 그들은 태도가 국가나 종교, 인종, 사회계급 등과 같은 중요한 준거집단과 연계되어 있는 경우에는 자아관여가 발생할 확률이 매우 높다고 보았다. 자아관여의 종류에는 공약, 논점관여, 반응관여 등이 있다.

1) 공약

자아관여의 중요한 측면 중의 하나는 하나의 논점에 대해 수용자가 본래 가지고 있던 태도에 대한 공약(commitment)이다. 설득메시지를 받아들이지 않는 것은 대부분 공약의 크기에 의존하고 있다. 공약은 크게 네 가지 출처로부터 도출된다.

첫째, 공약은 사람들의 태도에 기초하여 행동을 할 경우 증가한다. 예를 들어, 새로 노트북 컴퓨터를 구입한 사람은 구입하기 전보다 그 제품이 매우 성능이 좋은 컴퓨터라는 믿음을 더욱 굳건히 한다.

둘째, 공약은 하나의 태도에 대해 공적인 입장을 취할 경우 증가하는 경향이 있다. 예를 들어, 특정 입장에 대해 자신의 태도를 친구나 동료들에게 표명한 경우 이를 변화시키기가 매우 어렵다.

셋째, 한 논점에 대한 태도를 자발적으로 형성한 경우에는 강요받은 경우에 비해 공약의 느낌을 더욱 크게 받는다. 예를 들어, 자발적으로 학과를 선택한 대학생들은 점수에 맞추거나 부모의 강요에 의해 학과를 선택한 학생들에 비해 자신의 학과에 대한 부정적인 견해에도 덜 흔들리는 입장을 취한다.

넷째, 태도의 대상과 직접적인 접촉을 경험함으로써 공약이 형성된다. 예를 들어, 특정한 광고메시지에 직접 노출되었던 사람들은 그 광고에 대한 악의적인 메시지를 받더라도 흔들림이 적다.

최초의 태도에 대한 공약은 심한 태도변화가 일어나는 곳에서 발생하는 불일치의 양을 변화시킨다. 최초의 태도에 많은 공약을 주면 줄수록 태도변화를 대신하는 소스를 거부하는 데서 발생하는 불일치는 감소한다. 다시 말해 특정한 태도에 주는 공약이 강하면 이와 상반되는 설득커뮤니케이션을 접하더라도 변화할 가능성이 줄어든다.

2) 논점관여

논점관여(issue involvement)는 한 논점이 개인에게 중요한 결과를 가져다줄 때 발생한다. 이 개념은 페티와 캐시오포가 개발하였던 정교화가능성 모델에서 핵심적으로 쓰이는 개념이다. 논점관여를 통해 사람들은 특정한 논점과 그와 연관된 주장에 대해 주의 깊게 관심을 기울인다. 결과적으로 사람들은 한 가지 논점에 관여하게 되면 약한 주장보다는 강한 주장에 보다 설득당하기 쉽다. 예를 들면, 주택 전세 계약이 거의 만기되는 세입자의 입장에서는 내년 전세값이 급등할 것이라는 신문보도를 매우 큰 관심을 가지고 꼼꼼히 살펴보게 될 것이다. 그러나 이미 집을 마련한 사람들은 같은 보도에 대하여 커다란 관심이나 주의를 기울이지 않을 것이다.

3) 반응관여

어떤 한 사람이 이전의 태도에 공약을 하지 않거나 논점이 개인적으로 큰 연관이 없는 경우에도 그의 태도반응은 중요성을 가지게 되는데, 그 이유는 공적인 조사를 받고 사회적인 승인이나 불승인을 받기 때문이다. 이러한 자아관여를 반응관여(response involvement)라고 한다. 반응관여를 중시하는 사람들은 주장의 내용에 치중하기보다는 다른 사람들의 승인 여부에 보다 관심이 있다. 예를 들어, 반응관여에 높은 점수를 주는 사람들은 타인에게 보이는 자아표현에 주로 관심을 두며 실제 주장의 강도에 대해서는 큰 관여를 하지 않는다. 이는 동조 혹은 집단의 규범에 보다 큰 비중을 두는 것을 의미한다.

2. 자존심

설득커뮤니케이션 과정에서 수용자에게 영향을 끼치는 요인 중 하나인 자존심도 무시할 수 없는 요소이다. 흔히 자존심이 강한 사람들은 태도에 대해 확실한 입장을 가지고 있어서 그와 반대되는 입장으로 태도를 변화시키기 힘들다고 말한다. 그러나 반대로 자존심이 낮은 사람들이라고 해서 반드시 설득효과가 높은 것은 아니다. 자존심이 낮은 사람들은 대체로 자신의 입지를 방어하려는 경향이 높아서 설득이 쉽지 않다.

맥과이어는 수용자의 자존심과 설득효과 간의 관계를 규명하려는 실험을 수행하였다. 그 결과에 따르면 두 가지 변인 사이에는 역 U자형 곡선이 형성되었다. 이를 설명하면 다음과 같다. 하나의 논점에 대하여 자존심이 높은 사람들은 외부의 설득시도에 대해 큰 반발을 보이므로 설득효과가 적고, 반면에 자존심이 낮은 사람들은 불안해 하거나 주의집중을 하기 힘들어서 결과적으로 설득효과가 낮다. 따라서 자존심의 정도가 중간인 사람들에게 설득효과가 가장 크다는 결론을 이끌어냈다. 이러한 맥과이어의 실험은 일반인들이 기존에 가지고 있던 생각을 과학적으로 증명해 주었다는 데 의의가 있다.

3. 접종이론

부모들은 자신들의 아이들이 태어난 지 얼마 안 된 시기부터 예방접종을 시킨다. 예방접종은 전염병 균을 미리 어린이의 몸속에 주사하여 스스로 면역력을 키우는 데 그 목적이 있다. 즉 예방접종을 하는 주된 이유는 면역효과를 키우기 위해서이다.

원래 의학에서 사용되는 접종이론은 설득커뮤니케이션 과정에도 적용할 수 있다. 자신이 지닌 태도와 다르거나 싫어하는 설득메시지에 접하였을 경우 이를 거부하고자 한다면 반대되는 태도에 대해 미리 알고 있는 것이 매우 유리하다. 이를 맥과이어는 '접종이론(inoculation theory)'이라고 지칭하고 이를 증명하기 위한 실험을 하였다. 한 집단의 사람들에게는 자신들에게 유리한 메시지만을 제공하고 다른 집단의 사람들에게는 자신들을 공격하는 메시지와 이에 반박하는 메시지를 제공하였다. 이 두 집단 중 공격적인 메시지에 대해 두 번째 집단이 훨씬 저항을 잘하였다.

접종이론을 설득커뮤니케이션에 적용해 보면 다음과 같은 예를 들 수 있다. 특정한 정당에 대해 확고한 지지를 보내는 유권자들은 미리 그 정당의 약점과 그 대응책에 대한 정보를 가지고 있기 때문에 그 정당을 비판하거나 의견이 다른 정당 지도자의 설득메시지에 대해 충분히 저항할 수 있다.

4. 인지욕구

설득메시지에 대한 수용자의 반응은 인지욕구라는 또 다른 요소를 도입함으로써 설명될 수 있다. 예를 들어, 어떤 사람들은 생각하거나 기억하고 상상하기를 좋아하는 반면, 어떤 사람들은 생각하는 것 자체를 싫어한다. 캐시오포는 이를 보다 정교화하여 인지욕구가 높은 사람들은 낮은 사람들에 비해 설득메시지를 논점 위주로 처리하려는 경향이 강하고 또한 적극적으로 논지를 생각한다고 보았다. 그리고 인지욕구가 높은 사람들은 설득의 주제와 관련된 내용의 회상도 더 잘하였다. 이를 광고에 적용시켰을 때도 비슷한 결과가 나왔는데, 김완석(2000)의 연구에 따르면 인지욕구가 강한 사람들은 물건을 구입하기 전에 사전탐색을 많이 하고 상품 선택에도 시간을 많이 소비한다.

5.4. 수용자와 동기의 각성

설득커뮤니케이션 과정에서 수용자의 역할에 대한 논의에서는 수용자의 동기 (motive) 혹은 각성(arousal)에 대한 이해가 필요하다. 동기나 각성은 설득메시지에 대해 수용자들이 이를 받아들일 것인가 거부할 것인가를 결정하는 데 매우 중요한 요소에 속한다. 왜냐하면 같은 메시지라 하더라도 이를 받아들일 수용자가 얼마나 깨어 있는가에 따라 받아들여질 수도 있고 거부될 수도 있기 때문이다.

실제로 동기의 각성은 가장 많이 쓰이는 선전(propaganda) 기법 중의 하나이다. 예를 들어, 국민들을 동원하여 국가를 전시(戰時)체제로 만들기 원하는 정권은 매스미디어를 이용하여 적의 위협을 강조하고 임전태세를 갖추도록 수용자들을 각성시킨다. 한국의 경우도 과거 군사정권이 정권유지를 위해 안보를 최우선 과제로 삼아 전 국민을 수시로 전시상태로 몰아간 경험이 있다.

각성을 이용하여 수용자의 태도를 변화시키는 방법은 공격성 각성과 공포각성의 두 가지로 구분된다.

1. 공격성 각성

학습이론에 따르면 동기각성이 태도변화를 일으키는 경우는 오직 메시지 수용이 각성상태를 감소시킬 때이다. 공격성 각성은 커뮤니케이션이 공격적인 입장을 촉진시킬 경우에만 태도변화를 일으킬 수 있다. 와이스와 파인의 연구에 따르면,

공격성을 많이 느끼도록 자극된 피험자들은 처벌적인 커뮤니케이션을 잘 수용한 반면, 편안한 상태에 있는 피험자들은 비폭력적인 수단을 선호하는 경향을 보였다. 이 결과를 다시 정리하면, 개인적으로 좌절감을 많이 느끼고 공격적인 상태에 있는 사람들은 군사적 행동이나 엄한 처벌방식, 소외계층에 대한 가혹한 처분 등을 담은 설득메시지에 보다 영향받기 쉽다. 따라서 한 사람이나 국민의 각성상태가 어떠한가에 따라 공격적인 메시지가 받아들여지는 정도가 달라진다.

2. 공포각성

공포의 사용이 설득메시지의 효과에 어떤 영향을 끼치는가는 오래전부터 사회심리학자들의 주요 관심사였다. 메시지의 경우에는 공포 혹은 위협적 소구가 어떤 효과를 보이는가가 주요 연구과제였다면, 수용자와 관련된 연구는 수용자들이 어떤 수준의 공포각성 상태에 있는가가 관심사였다. 공포를 이용한 설득커뮤니케이션은 상품광고보다는 주로 금연이나 예방접종, 치아건강 등 건강증진을 위한 건강커뮤니케이션 분야에서 많은 연구가 이루어져 왔다.

수용자의 공포각성과 설득커뮤니케이션과의 관계에 대한 주요 연구 중의 하나는 댑스와 르벤탈이 수행한 연구이다. 이 연구는 대학생들을 세 집단으로 구분하였는데, 우선 제1집단 학생들에게는 파상풍의 위험성에 대해 매우 무시무시하고 공포를 조성하는 메시지를 주면서 예방접종의 필요성을 강조하였다. 그리고 제2집단 학생들에게는 이보다 정도가 덜 심한 메시지를 제공하였고, 제3집단은 통제집단이므로 위협메시지를 거의 주지 않았다. 그 후에 학교 보건소의 도움으로 실제로 예방접종을 얼마나 하였는가를 조사해 보았더니 예상대로 제1, 2, 3집단 순으로 접종받을 의사와 실제 접종의 순서가 매겨졌다. 댑스 등은 이 결과를 토대로 공포각성이 태도와 행동변화에 효과가 있다는 결론을 지었다.

공포각성이나 태도변화와 관련한 논의는 재니스가 지적하였듯이 어느 정도까지는 공포각성이 태도변화에 효과적이나 그 지점을 넘어서면 역효과를 가져온다고 정리된다. 예를 들어, 금연을 목표로 하는 건강커뮤니케이션 메시지는 적당한 수준의 공포감을 조성하는 것은 흡연자들이 담배를 끊도록 하는 데 효과적이지만, 지나치게 위협적인 메시지를 사용하면 흡연자들이 아예 메시지 수용 자체를 거부하게 만들 수 있다. 그러나 어느 정도가 적당한 수준의 공포인지에 대해서는 아직 논의가 분분하다.

5.5. 설득커뮤니케이션과 수용자 관련 연구

설득커뮤니케이션의 가장 중요한 측면은 수용자의 태도를 변화시키는 것이다. 따라서 많은 연구들이 다른 영역을 탐구하면서도 수용자의 태도를 추가로 연구하여 의의를 찾으려고 노력한다.

박창희(2003)는 최근 주요한 텔레비전 프로그램 유형으로 자리 잡은 홈쇼핑 프로그램이 수용자들의 소비문화에 어떤 영향을 미쳤는가를 탐구하였다. 보다 구체적으로 이 연구는 홈쇼핑 프로그램이 기존의 광고형태와 다르게 광고텍스트로서 기호체계를 어떻게 이용하였으며, 이러한 기호체계가 사회·문화적 맥락과 어떤 연관성이 있는지, 더 나아가 홈쇼핑 광고가 수용자들에게는 어떻게 받아들여지는지를 연구하였다. 이를 위해 케이블 TV의 다섯 개 홈쇼핑 채널의 일주일간 편성을 분석하였고, 어떤 광고텍스트를 이용하는지를 조사하였다. 마지막으로 수용자 조사를 위해 케이블 TV홈쇼핑 채널을 시청한 소비자들을 대상으로 심층인터뷰를 실시하였다.

연구결과, 홈쇼핑 프로그램은 소비자들에게 심리적으로 욕망을 충족시키는 수단을 제공할 뿐 아니라 문화적으로 상품에 대한 지위나 가치들의 상징을 재현하였다. 또한 소비자들은 그런 지위나 가치를 즐기는 상징적인 기호들을 소비하는 것으로 나타났다.

이 연구의 의의는 소비 욕망의 분출구 역할을 하는 홈쇼핑 채널의 광고 프로그램을 양적·질적으로 분석하여 소비자의 심리를 파악하였다는 데 있다. 소비자들은 홈쇼핑 채널을 통해 자신들이 구매하지 못하는 상품이나 서비스를 대리 충족하고 있는데, 특히 사치품이나 고가 제품의 경우는 그런 경향이 농후하다. 그러나 소비자들이 그런 프로그램을 시청함으로써 자신이 마치 상위층에 속한 것으로 착각하게 되는 것은 홈쇼핑 채널의 역기능이라고 할 수 있다.

우형진(2007)은 주요한 설득매체인 텔레비전의 뉴스 프로그램이 시청자의 건강 증진 의지에 어떤 영향을 미치는가를 탐구하였다. 실제로 텔레비전 뉴스를 많이 시청하는 사람들은 건강정보에 대해 많이 알게 되고, 그에 따라 건강에 대한 관심과 관련 태도도 변화시키게 된다. 이 연구는 텔레비전 시청자의 뉴스 시청이 질병에 대한 공포와 질병 대처 지식에 어떤 영향을 미치고, 시청자의 심리적 보호동기와 어떤 조합을 거쳐 건강증진 의지에 영향을 미치는지를 알아내는 것이 목적이었다. 이와 관련된 선행연구들에 따르면, 텔레비전 뉴스는 질병에 대한 다양한 정보를 제공하지만 대부분 비전문적이고 선정적이기 때문에 시청자들은 불안감을 느끼게 된다. 외부 자극을 받아들이는 개인의 심리기제는 외부로부터 전달되는 질병에 대한 위협 자극을 조절하는 보호동기가 작동하여 이에 대한 심리적 대처를 하는 것으로 알려졌다.

이 연구는 대학생들을 대상으로 설문조사를 하였는데, 연구결과 텔레비전 뉴스 시청은 시청자의 질병공포와 질병대처 지식에 유의미한 관계가 있는 것으로 나타났고, 질병공포와 질병대처 지식은 심리적 보호동기에 영향을 미치는 것으로 나타났다.

이 연구의 의의는 건강에 대한 태도를 바꾸어 주는 건강커뮤니케이션의 일종인 텔레비전 뉴스가 실제 수용자의 질병에 대한 지식에 어떤 영향을 주는가를 실증적으로 고찰하였다는 데 있다. 텔레비전 뉴스의 속성상 간략하고 선정적이며 자극적인 내용이 주로 방영될 수밖에 없지만, 그럼에도 불구하고 매일 뉴스를 접하는 시청자들은 그렇지 않은 시청자들에 비해 건강에 많은 관심을 기울이며 질병에 대처하는 방법도 더 잘 알게 된다.

부경희(2006)는 광고와 사설이 혼합된 형식을 의미하는 잡지 애드버토리얼(advertorial)과 행동 설득효과를 탐구하였다. 다시 말해 잡지의 애드버토리얼이 소비자의 브랜드 기억이나 태도, 브랜드의 구매행동에 미치는 설득효과를 측정한 것이다. 특히 주요 관심사는 이러한 설득효과가 소비자의 잡지 관여도에 따라 다른 영향을 받는가와 실제 사후 행동 설득효과에까지 영향을 미치는가이다.

20대에서 40대의 여성들을 대상으로 한 연구결과, 이들은 잡지 열독 후 잡지에 대한 관여도가 높을수록 잡지에 나타난 메시지와 비주얼, 브랜드를 더 잘 기억하였고, 기사에 나타난 방법과 스타일들을 보다 많이 따르려 하였으며, 주변에 이런 기사내용을 알리려고 하는 의도가 높게 나타났다. 따라서 이들은 설득의 목표인 태도변화가 이루어진 것으로 나타났다. 그러나 위와 같은 고관여 집단이 저관여 집단에 비해 사후 구매까지 많이 하는 것은 아니었다. 흥미롭게도 잡지 열독 후 구매행동은 오히려 저관여 집단에서 높게 나타났는데, 고관여 집단은 잡지의 열독 동기가 실제 구매보다는 구전욕구나 정보추구 욕구에 집중되어 있음을 알 수 있다.

이 연구의 의의는 고관여 집단과 저관여 집단 간의 차이가 실제 구매행동에서 두드러지게 나타났다는 점을 밝힌 것이다. 특정 제품에 대해 매우 잘 알고 이러한 정보를 다른 사람에게 전달하기까지 하는 사람들이 실제 구매까지 하지는 않는다는 사실은 심리적 이중성을 보여 주는 사례라고도 할 수 있다. 오히려 많은 고민을 하지 않고 정보가 부족함에도 불구하고 실제 구매를 하는 사람이 있다는 것은 관심과 실제 행동 간의 괴리를 보여 주는 좋은 예라고 할 수 있다.

김재휘 등(2006)은 수용자들이 구매를 결정한 후에 발생하는 인지부조화와 구매 후의 정보 탐색 행동을 밝히는 연구를 수행하였다. 제1장에서 살펴보았듯이, 인지부조화란 한 사람의 심리 내부에 두 가지의 상충적인 태도가 있어 심리적 불안정을 가져오는 상태를 의미한다. 사람들은 자주 구매나 투표 이후에 후회를 하거나 되돌리고 싶어한다. 이 연구는 구매 결정 이후에 발생하는 인지부조화의 크기와 구매 후의 정보 탐색 행동과의 관련성을 탐구하고자 하였다. 구체적으로 구매 결정 후에 발생되는 인지부조화와 구매의 심사숙고의 정도, 구매 전의 정보 탐색 행동이 구매 후의 정보 탐색 행동에 어떤 영향을 미치는가를 탐구하였다.

이 연구는 다른 연구와 같이 대학생을 대상으로 최근 구매한 제품에 대한 의사결정 과정과 정보 탐색 행동에 대해 질문하는 방법을 선택하였는데, 결과는 다음과 같이 나왔다. 구매 후 인지부조화가 클수록 정보 탐색 행동이 많았으며, 구매 전에 정보 탐색을 많이 한 사람일수록, 또한 심사숙고를 많이 한 사람일수록 구매 후에 정보 탐색을 많이 하는 것으로 나타났다. 구매 전의 정보 탐색 정도와 인지부조화 정도는 상호작용을 하는 것으로 나타났는데, 다시 말해 구매 전에 정보 탐색을 많이 하는 사람은 인지부조화의 정도에 상관없이 구매 후 정보 탐색을 많이 하였다.

이 연구는 인지부조화이론과 구매 후의 정보 탐색에 대한 관계를 실증적으로 분석하였다는 데 의의가 있다. 결단력이 있고 이후의 생각을 거의 하지 않는 극소수의 사람들을 제외한 대부분의 사람들은 구매나 투표 이후 더 저렴한 물건을 발견하거나 더 나은 후보를 알게 되면 심한 심리적 불일치를 느끼고 불편함을 느끼게 된다. 그런 경우 구매 이후에도 지속적으로 정보 탐색을 하게 되는데, 이 연구는 그러한 심리를 이해하는 데 도움을 준다.

☼ 연습문제

1 자아관여에 속하는 요소 중에서 하나의 논점에 대해 수용자가 본래 가지고 있는 태도와 관련 있는 것은?

① 공약   ② 논점관여   ③ 반응관여   ④ 자존심

2 설득커뮤니케이션 과정에서 싫어하는 메시지를 거부하고자 할 때 미리 이 메시지에 접하는 것이 유리하다고 보는 효과는?

① 수면자효과   ② 반응효과   ③ 면역효과   ④ 인지효과

3 다음 중 '개인이 외적 사물 및 상황에 대해 반응하는 데 영향을 주는 정신적인 상태'를 의미하는 용어는?

① 의견   ② 적성   ③ 기능   ④ 태도

정답 **1** ① **2** ③ **3** ④

☼ 연구과제

1 설득과정에서 수용자의 중요성을 심리적 선유경향과 거시적 선유경향으로 구분하여 논하시오.

2 태도의 의미와 기능을 정리하고 이를 측정하는 방법을 제시하시오.

3 수용자에게 영향을 미치는 요소 중에서 자기관여의 하부 영역을 설명하고 각각 예를 들어 보시오.

4 설득과정에서의 면역효과에 대해 설명하고 예를 들어 설명하시오.

5 수용자의 동기와 각성을 실제 설득상황에 적용하여 설명하시오.

제 6 장

6

설득커뮤니케이션의 효과

개요

설득커뮤니케이션 과정은 전달자로부터 시작된 메시지가 채널을 통해 수용자에게 전달됨으로써 하나의 흐름이 완결된다. 그러나 실무자나 연구자들의 관심이 여기서 끝나는 것은 아니다. 오히려 주된 관심은 설득커뮤니케이션이 얼마나 효과가 있었는가에 있다. 이를 효과연구라고 한다. 이 장에서는 설득과정의 효과를 탐구하기 위해 지각, 인지, 학습, 감정, 동기부여로 항목을 나누어 각 항목에서 설득효과가 어떻게 나타나는가를 살펴본다. 또한 설득커뮤니케이션 효과연구에는 어떤 것이 있는지 알아본다.

학습목표

- 설득커뮤니케이션의 일반모델에 대해 알아본다.
- 일반모델의 다섯 가지 세부 항목을 알아보고 핵심 내용을 숙지한다.
- 설득커뮤니케이션의 효과를 연구하는 접근법에 대해 알아본다.

주요용어

효과의 의도성, 효과의 누적성, 지각, 인지, 기억, 학습, 감정
동기부여, 게슈탈트 원칙, 역하지각, 조건화, 강화, 연계학습
사이코그래픽스, VALS, 소시오그래픽스

6.1. 설득커뮤니케이션 효과의 정의 및 쟁점

다른 설득커뮤니케이션 연구와 달리 효과연구는 확실하게 정의하기가 어려운 영역이다. 왜냐하면 전달자나 메시지, 채널, 수용자 연구는 연구대상이 확실히 정의되어 있으나, 효과연구는 넓게 보면 모든 영역이 포함될 수 있고, 엄격히 보면 독립적으로 분류하기가 어렵기 때문이다. 또한 효과를 어디까지 볼 것인지, 혹은 장기적인 효과까지 포함해야 할 것인지와 같은 문제가 지속적으로 제시된다. 어떤 학자는 설득커뮤니케이션의 효과를 수용자의 태도와 의견을 변화시키는 것으로 보는 반면, 또 어떤 학자는 외부적인 행동까지도 효과에 포함시키기도 한다. 설득커뮤니케이션의 효과에 대한 다양한 정의와 주요 쟁점은 다음과 같다.

1. 효과의 정의

설득커뮤니케이션의 효과에 대해 포더링햄은 "설득자가 수용자로부터 얻고자 의도하였던 행동의 유발"이라고 정의하였다. 더 나아가 그는 설득메시지가 아닌 다른 강제적인 수단에 의해 유발된 행동은 설득커뮤니케이션의 효과로 볼 수 없다고 보았다.

이를 발전시킨 베팅하우스는 설득커뮤니케이션의 효과가 있었는가를 판단하는 기준으로 세 가지를 들었다. 첫 번째는 전달자의 원래 의도와 수용자가 나타낸 실제 행동 간의 방향의 일치성이고, 두 번째는 일치성의 정도이며, 세 번째는 수용자의 원래 행동과 변화된 행동 간의 차이의 정도이다. 베팅하우스는 이 기준에 따라 원래 전달자가 가지고 있던 의도와 수용자의 행동이 일치되고, 일치의 정도가 크며, 변화된 행동이 원래의 행동과 차이가 크면 설득커뮤니케이션의 효과가 있다고 가정하였다.

한편 예일학파의 대표격인 호블랜드도 수용자의 행동변화를 설득커뮤니케이션의 주요한 효과로 보았지만 그가 실제로 초점을 두고 연구하였던 분야는 수용자의 의견변화였다. 그 후 호블랜드는 수용자의 태도변화를 설득커뮤니케이션의 궁극적 효과라고 입장을 수정하였다. 이를 정리하면, 설득커뮤니케이션의 효과는 수용자의 태도변화와 그에 의해 유발되는 의견과 지각, 정서, 행동의 변화라고 할 수 있다.

2. 효과에 대한 쟁점

설득커뮤니케이션의 효과에 대한 논의는 앞에서 살펴보았듯이 끊임없이 이어지는 쟁점의 하나이다. 이를 분류하면 다음과 같다.

1) 수용자의 반응 단계

주요한 쟁점 중 하나는 설득커뮤니케이션 과정의 여러 가지 단계의 반응들 중에서 어떤 것부터 효과로 볼 수 있는가에 대한 것이다. 제1장에서 살펴보았듯이 수용자들은 어떤 자극을 받게 되면 주의, 지각, 이해, 학습, 태도변화 등의 반응을 하게 된다. 이러한 다양한 단계 중에서 어떤 단계부터 설득커뮤니케이션의 효과로 볼 것인가는 학자들의 첨예한 논쟁의 대상이었다. 어떤 학자는 주의부터, 어떤 학자는 지각부터, 또 어떤 학자는 학습부터 효과로 보았으나 이에 대해 확고부동한 결론을 내리는 것은 거의 불가능하다.

2) 의도성 여부

설득커뮤니케이션 효과와 관련된 또 다른 쟁점은 사전에 설득자가 의도하였던 반응이 나오는 것만을 효과로 볼 것인가, 아니면 의도하지 않은 반응도 효과로 볼 것인가이다. 설득자가 의도하였던 반응이 나오는 것은 반응이 직접적으로 드러난다는 의미에서 현재적 효과(manifest effect)라고 한다. 반면에 원래는 의도하지 않았지만 특정한 반응이 일어나는 경우는 잠재적 효과(latent effect)라고 한다. 예를 들어, 한 광고에서 주목률을 높이기 위해 여성모델에게 노출이 심한 옷을 입히고 선정적인 동작을 취하게 하였다고 가정하자. 이를 본 어린이나 청소년이 광고제품은 전혀 기억하지 못하면서 광고모델만을 생각하며 학업이나 일상생활에 지장을 받는다면 심각한 잠재적 효과가 있는 것이다. 따라서 현재적 효과 못지않게 잠재적 효과도 설득커뮤니케이션의 효과로 보는 것이 보다 폭넓은 시각일 것이다.

3) 누적성 여부

또 다른 쟁점은 설득커뮤니케이션 과정의 직접적이고 단기적인 결과만을 효과로 볼 것인가, 아니면 장기적이고 누적적인 결과도 효과로 볼 것인가에 대한 것이다. 광고나 PR를 제작하는 사람들의 목표는 즉각적이고 직접적인 소비자의 태도와 행동변화이지만, 즉각적인 반응을 얻는 광고는 극소수에 불과하다. 대부분의 광고는 발표된 즉시 잊혀지거나 무시되기 쉽다. 그러나 소수의 광고는 즉각적인 반응은 일어나지 않더라도 누적적으로 소비자들의 머리에 각인되는 경우가 있다. 이경우, 동일 제품이나 같은 회사의 다른 제품이 나중에 출시될 경우 이전의 기억이 긍정적인 작용을 할 수도 있다. 다시 말해 누적성이 효과를 발휘하는 것이다. 마찬가지로 흡연의 폐해를 지속적으로 방영하는 공익광고는 단기적으로는 흡연자들이 담배를 끊도록 하는 데 성공하지 못할 수 있지만, 장기적이고 지속적으로 선전하면 흡연자의 태도를 변화시킬 수 있다. 따라서 누적적 효과도 설득커뮤니케이션의 효과로 인정하는 것이 보다 열린 자세일 것이다.

6.2. 설득커뮤니케이션 효과와 소비자행동의 일반모델

지금까지 살펴본 바와 같이 설득커뮤니케이션은 전달자로부터 시작하여 메시지, 채널, 수용자에 이르기까지 다양한 구성요소를 포함하는 포괄적 과정이다. 이절에서는 실제로 설득과정이 이루어질 때 수용자의 심리적 구조 내에서 이루어지는 다양한 측면을 수용자의 행동효과라는 관점에서 조망해 볼 것이다. 다시 말해 설득커뮤니케이션 과정에 대한 정리를 한다는 의미에서 자극으로부터 반응에 이르는 과정에서 수용자의 내적인 심리과정이 어떠한 고려요소를 대상으로 해야 하는가를 살펴보는 것이다. 이를 설명하기 위해 멀린과 존슨은 소비자행동의 일반모델을 사용하여 정리하였는데, 이를 간단히 정리하면 다음과 같다.

멀린과 존슨의 일반모델에 따르면 수용자는 광고메시지와 같은 자극을 받고 구매를 하건 무시를 하건 어떤 행동을 하기 전에 이 메시지를 처리하는 내적인 과정을 거치게 된다. 이 과정은 크게 다섯 가지 세부 항목으로 나눌 수 있는데, 이는 메시지를 처리하는 수용자의 내적 과정, 다시 말해 설득커뮤니케이션이 얼마나 효과를 거두었는가를 측정하는 척도로 사용될 수 있다. 각 과정은 경우에 따라 동시에 이루어질 수도 있고 뒤의 과정이 먼저 나올 수도 있다.

첫째, 지각(perception)단계로, 감각에 의해 전달받은 정보에 대한 심리적 처리과정으로 정의된다. 가장 단순하게 설명하면, 지각은 상품광고나 정치광고를 보고 수용자들이 그 상품이나 정치인에 대해 알게 되는 것이다. 따라서 지각과 관련된 효과의 측정은 상품에 대해 인지하고 있는가, 혹은 상품의 특성에 대해 얼마나 알고 있는가를 재는 것이다.

둘째, 지각을 한 수용자는 그 후에 인지(cognition)와 기억(memory)단계로 넘어가게 된다. 인지란 지각과 비슷하지만 차이가 있는 개념으로, 대상을 알게 되거나 생각하는 과정이라고 할 수 있다. 지각이 단지 어떤 대상이나 사람에 대해 어렴풋이 알게 되는 기초적 단계인 데 비해, 인지는 그 대상에 대한 신념을 가지게 되고 기초적인 평가까지도 하는 단계이다. 인지과정은 기억과 맞물려 작용한다. 기억이란 과거의 사건이나 아이디어에 대한 정보를 유지하는 것을 의미한다. 흔히 우리가 기억이라는 용어를 쓸 때에는 좋은 기억과 나쁜 기억, 혹은 장기기억(long-term memory)과 단기기억(short-term memory) 등으로 구분한다. 기억을 함으로써 수용자는 상품정보를 습득하고 유지하며 기억하게 된다.

셋째, 학습(learning)단계로, 학습이란 실천이나 경험의 결과에 대한 반응으로 상대적으로 지속적인 변화를 이루는 것을 가리킨다. 학습의 결과로 수용자는 자극들 간의, 혹은 자극과 반응 간의 연계를 형성할 수 있다.

넷째, 감정(emotion)의 단계로, 의식적인 경험이나 직감적인 변화를 포함하는 깨어 있는 상태이다. 감정의 결과는 한 상품이나 사람에 대해 가지게 되는 느낌이다.

다섯째, 동기부여(motivation)로, 목표를 향해 나아가는 행위를 각성시키고 지도하며 유지하는 개인의 내부에 존재하는 긴장 상태이다. 동기부여의 결과로 한 개인은 상품이나 행동에 대한 욕구나 필요를 느끼게 된다.

이상에서 살펴본 소비자행동의 일반모델은 설득커뮤니케이션과 관련된 일련의 과정을 측정하는 효과연구에서 광범위하게 활용될 수 있다. 예를 들어, 광고인들이나 정치인들은 자신이 만든 상업광고 혹은 정치광고를 수용자들이 얼마나 인지하고 있는가, 혹은 기억하고 유지하여 실제로 제품을 사거나 투표를 하도록 동기부여가 되는가에 관심을 가진다. 많은 돈과 시간을 들여 제작한 광고물이라도 수용자들에게 인지되지 못하고 좋은 감정을 불러일으키지 못한다면 그 광고물은 결코 좋은 광고물이라고 할 수 없다. 따라서 설득커뮤니케이션의 효과와 관련하여 한 개인의 심리적인 과정을 다룬 일반모델은 많은 시사점을 줄 수 있다. 다음에서는 각각의 세부 항목에 대해 보다 자세히 알아보기로 한다.

1. 지각

지각이라는 개념은 원래 실험심리학(experimental psychology)적 용어로서 "감각에 의해 전달받은 정보에 대한 심리적 처리과정"이라고 정의된다. 단순히 말해서 지각이란 수용자들이 하나의 대상에 대해 알기 시작하는 가장 기초적인 과정이라고 할 수 있다. 지각은 설득커뮤니케이션 과정의 효과와 관련하여 가장 기초적인 정보를 제공해 주므로 이를 어떻게 측정할 것인가에 대한 논의가 필수적이다. 한편 이와는 다른 맥락에서 사람들이 여러 가지 감각을 어떻게 지각하는가에 대한 주요한 논의로서 유럽의 게슈탈트 심리학(Gestalt psychology)에서 영향을 받은 게슈탈트 원칙이 있다. 그리고 최근 광고의 윤리적 쟁점으로 떠오르고 있는 역하지각(subliminal perception)을 이용한 광고를 소개할 것이다.

1) 지각의 측정

사람들이 어떻게 지각하는가를 측정하는 방법은 여러 가지가 있다. 그중 가장 단순한 방법은 어느 정도의 기간 동안 정보를 얼마나 기억하는가를 측정하는 것이다. 그러나 지각의 측정에서 중요한 것은 얼마나 오래, 혹은 많이 기억하는가가 아니라 얼마나 정확히 기억하고 있는가이다. 대부분의 수용자들은 지각된 정보를 기억은 하지만 실제로는 부정확하게 기억하고 있다.

지각의 측정과 관련하여 마더와 데이비드는 상업광고에서 제시되는 정보에 대한 피험자들의 인식은 놀라울 정도로 부정확하다고 지적하였다. 광고물의 일부분만을 보여 주고 이후에 전체 광고물을 제시하였을 때 대부분의 사람들은 제대로 기억해 내지 못하였다.

한편 지각을 측정하는 다른 방법으로 생리심리학(physiological psychology)의 기법을 사용하는 것이 있다. 예를 들면, 피험자가 특정한 자극을 받는 상황에서 피험자의 동공의 크기를 측정하는 것이 대표적인 방법이다. 동공 측정의 방법에서 동공이 확대되는 경우는 피험자가 호감을 느끼는 긍정적인 자극임을 의미하고, 동공이 수축되는 경우는 불쾌하고 부정적인 자극을 의미하는 것이다. 동공의 크기를 측정하는 방법은 지각에 대한 효과측정뿐 아니라 감정과 동기유발을 측정할 때에도 유용하게 쓸 수 있다.

수용자의 지각을 측정하는 또 다른 방법으로 개인의 눈이 고정되어 있는가의 여부를 측정하는 것이 있다. 대개 사람들의 눈을 100으로 보았을 때 95는 고정되어 있고 나머지 5만이 움직이는 상태에 있다. 눈이 고정되었는가의 여부는 매우 정교한 컴퓨터의 센서를 이용해 측정할 수 있는데, 러소는 이를 전체적 조망, 비교, 점검의 세 가지로 구분하였다.

2) 게슈탈트 원칙

사람들이 주어진 자극에 대해 지각을 하는 과정을 특징짓는 근본원칙은 게슈탈트학파라고 불리는 독일의 심리학자들에 의해 20세기 초에 개발되었다. 이들은 직접적 지각으로 보이는 선천적인 과정에 주목하였는데, 게슈탈트라는 용어는 독일어로 형태나 패턴 등을 의미한다. 이 원칙은 개별적인 다양한 자극이 실제로는 하나의 커다란 형태로 통합되어 지각된다는 기본원리를 중심으로 하고 있다. 게슈탈트 원칙의 하부 항목으로는 형상과 배경, 종결, 맥락, 기대 등이 있다.

3) 역하지각

역하지각은 무의식을 강조한 프로이트 심리학에 근거하고 있다. 사람들이 받는 자극 중에는 너무 미약하거나 무시되어 의식적으로 지각하기는 힘들지만 그럼에도 불구하고 행동에 영향을 미치는 것이 있다. 자극을 의식적으로 지각할 수 있는 것을 역(域, threshold)이라고 하는데, 이를 지각하지 못하는 상태를 역하(域下)에 있다고 한다.

역하지각을 광고에 처음 도입하여 효과를 본 것은 1956년이다. 한 시장연구자는 미국 뉴저지 주의 한 영화관에서 실제 영화를 상영하는 영사기 밑에 특수한 작은 영사기를 설치하여 영화상영 중에 1초도 안 되는 극히 짧은 시간 동안 팝콘과 콜라를 많이 소비하라는 문구를 내보냈다. 몇 달 뒤 그 영화관에서는 기대치를 훨씬 뛰어넘을 정도로 콜라와 팝콘의 판매가 급성장하였다.

그러나 역하지각에 대한 연구는 이후에 지속적으로 지지를 받지는 못하였다. 경우에 따라서는 전혀 효과가 없다는 연구결과가 나왔으며, 따라서 많은 비판을 받게 되었다. 또한 역하지각을 이용한 광고는 윤리적으로도 커다란 문제를 불러일으켰는데, 그 논란의 초점은 수용자들이 인식하지 못하는 상태에서 무의식적으로 광고문구를 삽입한다는 것이었다. 이는 인간의 무의식을 이용하는 것으로서 일종의 사기행위로 볼 수 있으므로 많은 비판을 받았다.

2. 인지와 기억

기억이란 단순하게 말해 지나간 사건이나 생각에 대한 정보를 유지하는 과정이다. 기억의 결과로 사람들은 정보의 부호화, 저장, 검색 등을 할 수 있다. 인지란 알게 되거나 사고하는 과정이다. 인지를 거쳐 사람들은 신념(belief)을 가지게 된다. 신념이란 특정한 속성이나 특성에 따라 대상에 대한 인지적 평가를 하는 것이다. 인지와 기억은 실제로 서로 보완적인 기능을 하며, 수용자가 사물이나 사람에 대해 생각하는 과정에서 거의 동시에 일어난다. 설득커뮤니케이션의 효과와 관련하여 인지와 기억의 관심영역은 유지(retention)와 신념을 어떻게 측정하는가이다.

1) 유지의 측정

사람들의 정보에 대한 유지를 측정하기 위해 킨치는 잠재적 반응을 측정하여 수량화하였다. 이 측정방법은 사람들이 자신이 알고 있는 사물의 인식에 대해서는 보다 빨리 반응한다는 가정에 입각해 있다. 한편 소비자심리학(consumer psychology)에서는 네 가지의 유지측정 방식이 있다고 본다.

첫째, 무보조회상측정으로, 소비자들의 재구성과정에 아무런 단서도 주지 않고 측정하는 것이다. 측정방식에서는 소비자들에게 단순히 최근에 시청한 광고에 대해 말할 것을 요구한다.

둘째, 보조회상측정으로, 소비자에게 최소한의 정보를 준 다음 그들에게 특정한 상품에 대해 말해 보도록 요구하는 것이다.

셋째, 가장된 인식측정으로, 소비자에게 특정 브랜드에 대한 시청각적인 정보를 삭제한 상태에서 광고를 관찰하게 한 후에 질문하는 것을 의미한다. 소비자들은 이 광고를 본 후에 어떤 제품에 대한 광고였는지 질문을 받는다.

넷째, 인식측정으로, 소비자들에게 자주 접하게 되는 상품광고를 제시하고 이 광고를 이전에 본 기억이 있는지 묻는 것이다.

2) 신념의 측정

신념의 측정은 명사와 형용사, 부사 간의 관계 측면에서 이루어질 수 있다. 명사는 사람이나 장소, 사물을 지칭하고, 형용사는 사람, 장소, 사물의 특성이나 속성을 나타내며, 부사는 형용사가 제공한 묘사를 열거하거나 강조한다. 제품 자체는 소비자들에게 명사로 기억되는데, 이는 형용사로 묘사되고 부사에 의해 보충된다. 따라서 소비자들은 한 제품에 대한 신념을 형용사나 부사로 제시하는 설문지에 따라 응답을 하게 되는데, 가장 자주 쓰이는 광고와 관련된 설문지는 5점 척도 혹은 7점 척도이다. 예를 들어 소비자들에게 특정한 광고에 대해 '매우 뛰어나다', '뛰어나다', '잘 모른다', '부실하다', '매우 수준이 떨어진다'와 같은 5점 척도를 제시하고 자신이 느낀 점을 하나의 항목에 표시하도록 요구한다. 제5장에서 살펴본 바와 같이, 이러한 척도를 리커트 척도라고 한다. 한편 의미 간의 미세한 차이를 측정하기 위해서는 의미 분별 척도를 사용하고 보다 정교한 설문지를 이용한다.

3. 학습

학습이란 실천이나 경험의 결과로 행동에 비교적 영구적인 변화가 이루어지는 것을 의미한다. 다시 말해 두 자극 간의 연합이나 자극과 반응 간의 연합에 의해 형성되는 것으로, 한 대상에 대한 좋은 감정이 결과적으로 구매나 투표에까지 이르는 것을 의미한다. 학습과 관련하여 심리학에서 가장 기초적이면서도 중요한 이론은 조건화(conditioning)에 대한 것이다. 여기에서는 고전적 조건화와 조작적 조건화(operant conditioning)에 대해 간단히 살펴보고 두 조건화의 통합에 대해 알아본다.

1) 고전적 조건화와 조작적 조건화

파블로프의 개를 이용한 실험으로 유명한 고전적 조건화는 연계학습을 설명하는 가장 기초적인 모델이다. 고전적 조건화의 기본 원리 및 광고에의 적용은 제7장에서 다룰 것이다.

한편 조작적 조건화는 고전적 조건화에서 발전한 모델로서, 한 유기체가 강화를 얻을 수 있는 조작적 반응을 얻도록 학습된다는 가정에 입각해 있다. 강화(reinforcement)란 실험심리학에서 자주 쓰이는 용어로, 쾌락을 주거나 불쾌함을 제거해 주는 것을 의미한다. 보다 엄밀한 의미로 강화란 자극에 선행하는 행동의 증가를 가져오는 자극의 제시라고 할 수 있다. 한편 한 개인이 조작적 반응을 수행하였으나 강화를 받지 못할 경우에는 조건화가 소멸하게 된다. 예를 들어, 특정한 치약을 항상 같이 첨부된 칫솔 때문에 구입하였던 소비자는 칫솔이 제공되지 않으면 그 치약을 더 이상 구입하지 않는다.

2) 연계학습

고전적 조건화와 조작적 조건화는 차이점도 많지만 공통점도 많다. 공통점은 자극일반화, 자극차별화, 대리학습 등의 개념으로 설명된다.

자극일반화란 반응에 선행하는 자극에 포함된 연합의 특수성이 감소하는 현상을 가리킨다. 고전적 조건화에서 자극일반화는 원래 조건자극 이외의 중립적 자극이 조건반응을 이끌어 내는 경우에 해당하고, 조작적 조건화에서는 이전에 하나의 자극에 의해 나타났던 반응이 그와 다른 자극에 의해 도출되는 경우를 의미한다.

자극차별화란 반응에 선행하는 자극에 포함된 연합의 특이성이 증가하는 것이다. 고전적 조건화에서 자극차별화는 최초의 조건자극만이 조건반응을 이끌어 내는 경우이고, 조작적 조건화에서는 이전에 주어진 자극에 의해 도출된 반응이 여타 자극에 의해서는 도출되지 않는 경우이다.

한편 이후에 개발된 연계학습 중 주목할 것은 밴듀라에 의해 개발된 대리 혹은 관찰학습이다. 이는 한 개인이 직접 경험하지 않더라도 타인의 행동을 관찰함으로써 대리경험을 한다는 것을 의미한다. 예를 들어, 밴듀라 등의 연구자는 어린이 피험자들에게 성인모델이 고무풍선 인형을 과격하게 공격하는 것을 관찰하게 한 후 그 성인이 받는 보상 혹은 처벌 여부에 따라 어떤 반응을 나타내는가를 탐구하였다. 이 실험에서 어린이들은 성인모델이 보상을 받으면 자기들도 기회가 주어졌을 때 매우 난폭하게 인형을 공격하였지만, 성인이 처벌을 받았을 경우에는 훨씬 약한 공격성을 보였다.

4. 감정

감정이란 "의식적인 경험과 본능적 혹은 생리적인 변화를 포함하는 각성상태"라고 정의된다. 일반인들이 느끼는 감정의 결과는 특정한 상품광고를 본 후에 그 상품에 대한 좋은 감정 혹은 나쁜 감정을 가지게 되는 것을 예로 들 수 있다. 감정에 대한 연구는 20세기 초반부터 여러 학자에 의해 수행되어 왔는데, 초기의 연구로 제임스의 자아(self)에 대한 연구가 있다. 최근에 들어서는 감정에 대한 인지적 해석에 관심이 모아지고 있다. 다음에서는 감정의 측정에 대한 사항과 감정적 반응의 결정요인을 고찰한다.

1) 감정의 측정

설득커뮤니케이션의 효과측정에서 감정에 관한 항목은 크게 두 가지 범주로 구분할 수 있다. 하나는 피험자의 자기기록을 이용하는 것이고, 다른 하나는 생리적 반응을 측정하는 것이다.

첫째, 감정에 대한 자기기록은 피험자들에게 특정한 자극에 대한 감정적 반응을 묘사하도록 요구하는 것이다. 이러한 형식의 설문지는 대개 1에서 10까지 숫자에 의미를 부여하여 가장 호감이 가는 대상에 10점을 주게 하거나 형용사에 점수를 주어 대상에 대한 감정을 표현하도록 한다.

한편 이러한 객관적 감정 측정 방식 외에 대상에 대한 주관적 감정을 표현하게 하여 이를 근거로 감정을 측정하는 방법이 있다. 이것은 스티븐슨이 고안하고 발전시킨 방법으로, Q 방법론(Q methodology)이라고 부른다. 특히 Q 방법론은 설문지에 개방형 질문을 포함하여 피험자가 자신의 주관적 의견을 피력하게 함으로써 보다 생생한 피험자의 감정을 연구자가 연구할 수 있게 한다. 그러나 개방형 진술문이 연구가치가 있으려면 설문지에 응답하는 피험자가 정직하고 솔직한 태도를 보여야 한다는 것이 필수적임은 두말할 필요가 없다.

둘째, 감정에 대한 생리적 반응 측정은 비언어적이고 통제 불가능한 본능적인 감정상태를 관찰대상으로 한다. 이미 지각의 측정에서 살펴본 바와 같은 동공 크기 측정방법이 감정을 측정하는 데도 사용될 수 있다. 또한 감정에 대한 생리적 반응측정에는 GSR라고 불리는 피부전기반응 측정이 널리 사용된다. 피부전기반응이란 민감한 전류측정기에 의해서 탐지되는 피부에서의 전기 전도성이나 활동의 변화를 의미한다. 피험자가 충분히 각성되면 손바닥이나 손가락에 연결된 피부의 피지방선이 땀을 분비하게 된다. 이렇게 되면 충분한 각성상태에 이르렀다고 보는데, 피험자들로부터 이러한 반응을 이끌어 내는 상품은 호의적인 감정을 많이 유도하여 판매의 신장을 촉진한다. 생리적 반응 측정 방법은 피험자의 생리적인 반응을 기계로 측정하므로 진실성 문제는 해결되지만, 외부적 자극이나 선천적인 생리적 특성과 같은 외부 환경적 요인에 의해 오차가 생길 수 있다는 단점이 있다.

2) 감정적 반응의 결정요인

피험자의 감정적 반응에 중요한 결정을 미치는 요인으로는 반복, 유머, 위협 등이 있다.

첫째, 반복적으로 어떤 자극을 제시하면 자극에 대한 감정적 반응이 호의적으로 변화한다는 연구결과가 있다. 귀나 눈에 익숙한 상품일수록 소비자에게 호의적인 감정을 갖게 하기 쉽다. 그러나 경우에 따라서는 역효과가 나기도 한다.

둘째, 유머를 사용하면 설득적 소구의 효율성이 향상된다는 연구결과가 있다. 또한 유머 사용은 소비자의 상품에 대한 감정적 반응에 효과를 줄 수 있다. 그러나 유머 사용이 언제나 긍정적인 반응을 유발하는 것은 아니다. 특히 주의할 점은 한 나라 안에서도 지역이나 성별, 연령에 따라 유머의 의미가 달라질 수 있다는 것이다. 또한 유머를 사용한 광고는 해당 상품이나 인물을 희화화함으로써 진지함을 상실되게 하고 실제 효능에 의문을 주기도 한다.

셋째, 메시지와 관련하여 제3장에서 살펴본 바대로 위협소구는 공포감이나 불안, 죄의식을 유발시킴으로써 부정적인 감정을 불러일으킨다. 예를 들어, 마약퇴치 캠페인을 담은 공익광고는 마약복용으로 인한 건강상의 문제점과 사회적·경제적 손실을 어두운 음악과 함께 제시함으로써 마약 사용자에게는 중단을, 미사용자에게는 절대로 사용하지 못하게 하는 메시지를 준다. 위협소구는 수용자에게 제시되는 메시지가 부정적인 결과를 막고 부정적인 감정적 각성을 감소시킬 확실한 정보를 주는 경우에 실제로 수용자의 감정에 변화를 불러일으킨다. 그러나 그러한 명확하고도 효과적인 정보가 제공되지 않을 경우에는 변화가 일어나지 않는다.

5. 동기부여

동기부여란 특정한 목표를 각성하고 유지하며 지시하는, 개인 내에서 작용하는 긴장상태를 지칭하는 용어이다. 목표를 성취함으로써 한 개인은 동기부여에 따른 긴장이 감소하게 된다. 소비자의 행동과 관련하여 동기부여의 결과로 사람들은 특정 상품이나 인물에 대한 욕구나 요구를 가지게 된다. 다시 말해 동기부여 상태는 긴장상태이므로 사람들은 이를 감소시키거나 제거하기 위해 노력한다. 그러나 동기부여에 대한 효과측정은 지각이나 학습, 기억, 감정 등을 측정하는 도구들만큼 충분히 개발되지 못하였다. 그 이유는 욕구 박탈의 측면에서 동기부여를 개념화하는 것이 먼저 시작되어 측정절차보다는 조작절차가 더욱 발전하였기 때문이다.

6.3. 설득커뮤니케이션의 효과연구

설득커뮤니케이션의 효과와 관련된 연구는 여러 가지가 있지만 특히 세 가지가 주로 사용된다. 그것은 인구통계학, 사이코그래픽스(psychographics), 소시오그래픽스(sociographics) 등으로 이 세 가지 접근방식은 독립적으로 행해질 수도 있고 결합하여 사용될 수도 있다.

1. 인구통계학

인구통계학은 설득연구 외에도 수많은 사회과학 연구에서 자주 사용되는 접근방법이다. 이에 해당하는 항목으로는 연 수입, 종교, 정치적 성향, 나이, 가족관계, 성별, 구매경향 등과 같은 수량화할 수 있는 변인들이다. 이러한 정보에 기초하여,

광고제작자와 같은 설득커뮤니케이션 전달자들은 설득대상에게 잘 통할 수 있는 모델이나 메시지, 매체 등을 선택하고 사용한다.

예를 들어, 인구통계학적 방법을 통해 이전에는 많지 않았지만 최근 급증하는 딩크(DINK : double income no kids)족이라는 개념이 등장하였다. 딩크족은 부부가 맞벌이를 하지만 아이가 없는 가족형태를 의미하는데, 크게 보아 스스로 원해서 아이를 갖지 않는 부부와 자식들이 성장하여 부모와 같이 살지 않는 부부로 나뉜다. 아이가 없는 젊은 부부를 대상으로 하는 설득은 당연히 아이를 키우는 부부를 대상을 하는 것과는 큰 차이가 있다. 딩크족은 부부 간에 즐거운 시간을 가지는데 큰 가치를 두므로 이들을 대상으로 하는 설득은 부부여행과 같은 낭만적인 분위기를 강조하는 데 중점을 둔다.

2. 사이코그래픽스

사이코그래픽스는 소비자의 라이프스타일을 연구하는 분야이다. 특히 사이코그래픽스에서 중요시되는 항목은 영어의 첫 자를 딴 AIO인데, 이는 행위(activity), 관심(interests), 의견(opinion)을 의미한다.

1) 행위, 관심, 의견

먼저 행위와 관련된 예로는 직장, 이벤트, 휴가, 취미, 오락, 회원으로 가입한 클럽, 동호회 활동, 쇼핑, 운동 등을 들 수 있다. 이러한 행위들은 또한 보다 세분화된 하부 집단으로 구분될 수 있는데, 예를 들어 운동은 테니스나 골프, 조깅, 자전거 타기, 등산 등으로 구분될 수 있고, 취미활동도 친건강적 활동 혹은 지식탐구 활동 등으로 세분화될 수 있다. 이러한 세부집단을 알게 되면 자연스럽게 표적수용자를 알아낼 수 있고, 그에 맞는 전달자나 메시지, 매체를 선택할 수 있다.

또한 관심의 예로는 가족과 가정, 성취, 레크리에이션, 패션, 테크놀로지, 음식, 미디어 등을 들 수 있다. 의견의 예는 자기 자신이나 사회적·정치적 이슈에 대한 것과 경제나 종교, 문화, 교육, 미래에 대한 것 등 다양하다.

사이코그래픽스 연구는 다수의 사람들로 하여금 특정한 상품과 관련된 질문들에 답변하도록 고안된다. 이러한 연구를 통해, 광고실무자들은 한 개인의 라이프

스타일을 알아낼 수 있고 그에 맞는 설득방법을 개발해 낸다. 따라서 소비자의 행위와 관심, 의견에 대한 정보를 알게 된다는 것은 잠재적 소비자에 대한 중요한 심리적 데이터를 확보한다는 의미이다. 따라서 아무리 효과가 없어 보이는 인쇄나 방송광고라 할지라도, 제작되기 전에는 수많은 까다로운 조사를 통과한 것이다.

2) VALS

사이코그래픽스 모델 중 광고업계에서 자주 사용되는 것은 흔히 가치와 라이프 스타일이라고 불리는 VALS(value and life styles)이다. 이는 스탠퍼드 연구소의 미첼이 개발한 것으로, 사람들의 라이프스타일을 크게 세 가지로 나누고 이를 다시 하부범주로 세분화한 것이다. 세 가지 일반범주는 욕구 지향적, 외향적, 내향적인 소비자이다.

참고로 2004년에 한국방송광고공사에서 행한 소비자행태 조사에 따르면, 한국인들은 광고 민감형, 온라인형, 브랜드 지향형, 전통가치형, 신귀족형, 현실적 소비형, 아날로그형의 일곱 가지 유형으로 구분되었다.

(1) 욕구 지향적 소비자

여기에 속하는 소비자들은 빈곤한 계층에 속한다. 미첼의 연구에 따르면 미국 전체 인구에서 여기에 속하는 사람들은 11%에 달한다. 이들은 최소한의 생리적 욕구를 충족시키기 위해 소비를 하며 사회에 대한 불신도 크다. 미첼은 이러한 소비자를 다시 생존자와 지속자로 구분하였는데, 4%를 차지하는 생존자는 사회경제적 지위가 가장 낮은 계층이며, 구매의 가장 큰 결정요인은 가격과 즉각적인 욕구의 충족에 있다.

인구의 7%를 차지하는 지속자는 안전과 보안에 관심을 기울인다. 이들은 많은 교육을 받지 못하였고 수입도 많지 않지만, 가끔 불법적인 수단을 통해 신분상승을 꿈꾸기도 한다. 생존자와 같이 물품구입에서 가격이 가장 중요한 요인이며 보증기간을 매우 중시한다.

(2) 외향적 소비자

이 범주에 속하는 소비자들은 인구의 대다수인 67%에 해당한다. 외향적 소비자는 크게 세 부류로 나뉘는데, 거기에는 35%를 차지하는 소속자와 10%를 점유한 경쟁자, 22%를 차지하는 성취자가 포함된다.

소속자는 매우 전통적이고 보수적이다. 그들은 새로운 상품이나 서비스를 쉽게 사용하지 않으며 전통적인 소비패턴을 중시한다. 소속자는 대개 육체노동을 하고 중간 수준의 교육을 받았으며, 낮거나 중간 수준의 수입을 올린다. 이들은 가족 지향적이며 1970년대 인기음악과 같은 직접 판매를 하는 광고에 주목하기 쉽다.

경쟁자는 야심이 많고 지위 상승을 꿈꾸며 경쟁을 좋아한다. 그들은 남성우월적 이미지를 좋아하는 비교적 높은 수입을 올리고 도시에 사는 젊은 층이다. 그들은 의식적인 소비를 하는데, 이는 다른 말로 유행을 따른다는 것이다. 경쟁자는 의류나 자동차, 레저 분야의 최신 상품에 열광하며 연예인을 모방하는 것을 좋아한다.

성취자는 현대사회에서 성공한 사람들이다. 그들은 효율성과 리더십, 성취, 성공, 명예, 편안함 등에 관심이 있다. 그들은 높은 수입을 올리며 교육 수준이 높다. 성취자는 도심이 아닌 교외에 살며 정치나 사업이나 지역사회에서 지도자 역할을 한다. 그들은 제품 소비에서도 최고만을 추구하며 새로운 제품이나 값비싼 제품을 선호한다.

(3) 내향적 소비자

내향적 소비자는 인구구성 면에서는 소수이지만 다른 유형에 비해 독특한 라이프스타일과 소비패턴을 가지고 있다. 이 유형의 소비자는 또한 개인주의자, 경험주의자, 사회책임주의자, 통합주의자의 네 가지 하부 집단으로 분류된다.

개인주의자는 5%에 해당하는 소수이지만 매우 독특한 집단이다. 그들은 전통적인 직업을 거부하며, 실험적이고 충동적이며 예측이 불가능한 성격을 가지고 있다. 이들은 대부분 부유한 집안 출신이며 학생이거나 사회초년생이다. 이들은 가격보다는 취향에 따라 소비를 하는 매우 개성 있는 집단이다.

경험주의자는 7%에 해당하는데, 다양한 경험을 즐긴다. 미적으로 매우 민감하며, 수입은 생활수준에 대한 결정에 따라 적을 수도 있고 많을 수도 있다. 이들은 좋은 교육을 받았으며 40세 이하의 가정을 가진 사람들이다. 이들은 야외활동에 매우 열심이며 집안일에도 적극적이어서 스스로 만들고 고치는 것을 좋아한다.

사회책임주의자는 교육 수준이 매우 높은 사람들로서 단순한 삶과 환경보호에 많은 가치를 둔다. 이들은 생활규모를 줄이는 데 관심을 두고 내적인 성장을 중시한다. 사회적으로 8%를 차지하는 이들은 수입 수준도 매우 적거나 매우 많은 축에 속해 있다. 이 집단은 보존과 절약에 매우 큰 가치를 두며 구매 성향도 그런 방향으로 형성된다.

통합주의자는 2%밖에 되지 않는 극소수의 소비자 형태이다. 이들은 스스로의 삶에 매우 행복해하며 심리적으로 성숙해 있다. 통합주의자는 좋은 교육을 받았으며, 전 세계적인 이슈에 많은 관심을 보이고 행동이나 구매도 그런 방향으로 한다. 그들은 자신만이 좋아하는 상표의 제품을 사용하고 취미생활을 하며 심미적인 취향을 가지고 있다.

실제로 VALS를 이용한 설득커뮤니케이션의 효과연구는 많은 성공을 거둘 수 있다. 왜냐하면 실제 소비자의 구매성향이나 심리적 성향을 분석함으로써 설득커뮤니케이션 연구자들은 보다 효과적인 설득을 할 수 있고 보다 나은 제품과 서비스를 제공할 수 있기 때문이다. 예를 들어, 외식산업에서 VALS를 이용하면 자주 이용하는 고객들이 원하는 메뉴와 서비스를 제때에 제공할 수 있을 것이다.

3. 소시오그래픽스

소시오그래픽스는 사람들이 어떻게, 왜, 어디에 사는가를 연구하는 분야이다. 대부분의 사람들은 자신과 유사하거나 유사하다고 생각하는 사람들과 비슷하게 살아간다. 소시오그래픽스는 앞에서 살펴본 인구통계학이나 사이코그래픽스를 포괄하는 개념이다. 광고인들은 자신들이 목표로 하는 수용자들이 사는 특정한 지역을 표본으로 하는 연구를 수행한다. 표본으로 선정된 수용자들은 광고연구자들의 인터뷰나 심층인터뷰에 초대되어 자신의 의견을 표현한다. 수용자들의 의견은 가끔 광고메시지에 실제로 실리기도 하는데, 이 경우 광고효과가 높아질 수 있다.

또한 소시오그래픽스는 매체 이용패턴을 알려 주는데, 이 역시 광고인들에게 매우 중요한 데이터이다. 전국적인 광고를 제작하는 대규모 광고회사들은 모두 인구통계학과 사이코그래픽스, 소시오그래픽스 등의 방대한 자료를 분석하여 가장 효율적인 광고를 제작한다. 소비자들이 인식하지 못하는 사이에 소비자들의 다양한 지리적 · 심리적 · 사회적 자료들이 분석되고 그에 맞춘 설득메시지들이 제작되는 것이다.

6.4. 설득커뮤니케이션의 효과 관련 연구

설득커뮤니케이션의 효과에 대한 연구는 사실상 모든 설득커뮤니케이션 연구라고도 할 수 있다. 왜냐하면 전달자나 메시지, 채널, 수용자를 주로 다룬 연구라 하더라도 궁극적으로는 설득효과를 밝히는 것으로 귀결되기 때문이다. 이 절에서는 설득효과와 관련된 국내 연구들을 살펴보고 지금까지 학습한 내용을 어떻게 적용할 것인지 검토해 보도록 한다.

이강형(2007)은 인지일관성이론에 기초하여 대통령 후보 텔레비전 토론회를 시청하는 것이 결과적으로 유권자들의 태도에 어떤 영향을 미치는가를 탐구하였다. 구체적으로 이 연구는 대통령 후보 텔레비전 토론회 시청이 유권자들의 후보 선호도 유지 및 변화, 자신의 정책적 입장 변화 및 후보의 정책적 입장에 대한 지각변화 등에 미치는 영향력을 검증하였다. 이를 탐구하기 위해 이 연구는 인지일관성이론과 관련하여 인지적 불균형이 발생하였을 때 부조화를 해소하기 위해 사용하는 세 가지 선택인 합리적 투표, 설득, 선택적 지각이 어떻게 나타나는가를 조사하였다.

2002년 대통령 선거를 연구대상으로 삼은 이 연구는 선거 당시 행해진 패널 설문조사 자료를 근거로 다음과 같은 결과를 도출해 내었다. 텔레비전 토론회를 시청한 후에 유권자 자신이 지지하였던 후보와 자신의 정책적 입장이 다르다고 판단할 경우, 정치적 관심도가 높거나 그 후보와의 정서적 유대감이 낮은 유권자들은 지지후보를 바꾸는 경향이 있었다. 반면에 정치적 관심도가 낮거나 후보와의 정서적 유대감이 강한 유권자들은 지지후보를 바꾸기보다는 후보가 자신과 비슷한 입장을 지니고 있다고 선별적으로 지각하는 경향이 있었다.

이 연구는 인지일관성이론과 선택적 지각이론을 정치커뮤니케이션, 그중에서 투표행위에 적용시켰다는 데 의의가 있다. 텔레비전 토론을 시청한 후에 인지부조화를 겪게 된 유권자들은 이에 어떻게 대응할지 고민하게 된다. 이 연구는 사전에 후보에 대해 어떤 감정을 가지고 있는가와 정치적 관심도가 얼마나 있는가가 후보 선택 태도를 유지하거나 바꾸는 데 결정적인 작용을 한다고 밝혔다. 따라서 정치 인의 입장에서는 무엇보다 유권자와의 정서적 유대감을 형성하고 지속시키는 것 이 필요하다.

권상희 등(2007)은 인터넷광고의 상호작용성(interactivity)과 맥락(context)의 효과 를 탐구하였다. 인터넷은 신문이나 텔레비전과 같은 이전의 매스미디어에 비해 상 호작용성이 비교할 수 없을 정도로 크며, 광고에서도 클릭 하나만으로 자신이 원 하는 정보를 신속하고 쉽게 얻을 수 있다. 이 연구는 실험연구를 통해 인터넷광고 에서 상호작용성과 맥락의 효과를 측정하였다.

연구결과, 인터넷광고의 상호작용성에 근거한 소비자의 가상 제품 경험이 인터 넷광고의 효과에 강력한 영향을 미치는 매우 중요한 요인으로 나타났다. 상호작용 성 기제가 포함된 인터넷광고는 그것이 포함되지 않은 광고에 비해 인지나 감정, 메시지 태도, 브랜드 태도, 구매의도 모두에서 보다 긍정적인 영향을 미치고 있는 것으로 나타났다. 또한 맥락도 소비자의 인지와 구매의도에 긍정적으로 작용하여 서 인터넷광고의 효과에 어느 정도 영향을 미치는 요인임이 확인되었다.

이 연구는 인터넷광고의 대표적인 특성인 상호작용성과 맥락이 실제로 긍정적 인 광고효과를 가져온다는 것을 밝혔다. 한국과 같이 인터넷이 전국적으로 보급되 어 있고 실생활에 직접 이용하는 나라에서 인터넷광고는 위와 같은 장점을 적극적 으로 살리는 방향으로 제작하는 것이 바람직하다.

민영(2005)은 주요한 미디어 효과 이론인 의제설정이론을 정치광고에 적용시켜 분석하였다. 제4장에서 다룬 바와 같이, 의제설정이란 미디어에서 특정한 이슈를 지속적으로 집중 보도하면 수용자들은 다른 사람들과의 대화에서 그 이슈에 대해 대화하게 된다는 것을 의미한다. 따라서 의제설정 효과란 사람들이 무엇에 대하여 생각하도록 하는 데 미디어가 효과가 있다는 것이다. 구체적으로 이 연구는 2000 년 미국 대통령 선거에서 정치광고의 의제설정 기능과 투표선호도에 미치는 영향 을 탐구하였다.

연구결과, 캠페인의 주요 정보원으로서 정치광고는 독자적인 의제설정 기능을 수행한 것으로 나타났다. 텔레비전에서 방송된 모든 정치광고에서 가장 비중 있게 다루어진 이슈들일수록 유권자는 이를 중요한 국가적 문제로 인식하였는데, 이런 결과는 정치광고에 노출된 경험이 있는 유권자들에서만 반복적으로 관찰되었다.

이 연구는 더 나아가 이슈의 정치적 역할에 주목하여 태도의 근접성이 아닌 인식의 현저성에 기반을 둔 이슈 투표의 가능성을 탐구하였다. 정치광고에서 가장 강조된 이슈들에 대해 유권자가 인식하는 현저성과 그 이슈들에 대한 유권자의 태도가 투표선호도에 미치는 영향을 비교한 결과, 현저성의 효과가 근접성의 효과보다 큰 것으로 나타났다. 이는 이슈에 대한 태도의 근접성을 비교하고 꼼꼼히 따져보는 체계적 정보처리보다는 무엇이 가장 중요한가에 대한 인식에 기초한 발견적 방식이 후보자를 선택하는 판단과정에서 우세하였음을 의미한다. 예를 들어, 민주당이 제시한 이슈가 마음속에 현저한 사람들은 민주당 후보에 대한 선호도를 증가시켰다. 이는 공화당의 경우도 마찬가지이다.

이 연구의 의의는 정당의 구체적인 정책 제시 방향을 모색하고 보다 효과적인 선거운동을 마련하는 데 도움을 준다는 데 있다. 이 연구에 따르면, 선거 캠페인에서 이슈들에 대한 구체적인 정책을 정교화하는 것보다는 다양한 채널을 통해 경쟁력을 가진 이슈들의 현저성을 전반적으로 높이는 것이 보다 효과적인 것으로 나타났다. 이는 여러 가지 일로 바쁜 현대인들이 정당의 정책을 꼼꼼히 살펴보기보다는 경쟁력이 있는 정책들이 두드러지게 나타나는 것에 보다 주목한다는 것을 암시해 준다. 따라서 정책을 만드는 정당이나 정치인의 입장에서는 구체적이고 실현 가능한 정책보다는 매체의 주목을 끌고 수용자의 관심을 끌 수 있는 가시적인 정책을 고안하고 홍보하려는 노력이 필요하다.

¤ 연습문제

1 소비자행동의 일반모델 중 실천이나 경험의 결과에 대한 반응이며, 상대적으로 지속인 변화를 이루는 것은?

① 지각　　　② 인지　　　③ 기억　　　④ 학습

2 개별적인 다양한 자극이 실제로는 하나의 커다란 형태로 지각되는 원칙을 무엇이라고 하는가?

① 역하지각　　② 게슈탈트 원칙　　③ 프로이트 원칙　　④ 행동주의 원칙

3 밴듀라 등이 연구한 것으로 어린이들이 성인의 행동을 보고 모방하는 것과 관련 있는 것은?

① 연계학습　　② 고전적 조건화　　③ 조작적 조건화　　④ 강화

정답　**1** ④　**2** ②　**3** ①

¤ 연구과제

1 설득커뮤니케이션의 효과에 대한 쟁점 중에서 의도성에 대한 논의를 설명하시오.

2 설득커뮤니케이션의 효과에 대한 쟁점 중에서 누적성에 대한 논의를 예를 들어 설명하시오.

3 멀린과 존슨이 제시한 일반모델을 정리하고 각 요소의 특성을 논하시오.

4 감정의 측정과 관련하여 객관적인 측정방식과 주관적인 측정방식의 대표적인 것을 하나씩 들고 비교하시오.

5 사이코그래픽스에 따라 소비자의 유형을 분류할 경우 자신은 어디에 속할 것인지 생각해 보시오.

설득커뮤니케이션과 광고(Ⅰ)

개요

광고는 설득커뮤니케이션이 적용되는 대표적인 분야이다. 광고와 관련된 설득이론은 현실에서 사용할 수 있으며, 실제 광고에서도 다양하게 활용하고 있다. 광고는 소비자에게 기업이나 상품에 대한 정보를 제공함으로써 소비자의 구매욕구를 일으키는 설득커뮤니케이션이다. 따라서 광고에서 사용되고 있는 설득이론을 이해하면 광고물을 제작하거나 평가할 때 분석적이고 체계적인 접근을 할 수 있다.

학습목표

- 광고의 설득기능을 이해한다.
- 광고와 관련된 다양한 설득이론을 알아본다.
- 설득이론이 광고에 응용되는 현상을 알아본다.

주요용어

연계학습, 인지학습, 정보처리모델, 의사결정이론

고전적 조건화, 조작적 조건화, 균형이론, 일치이론

인지부조화이론, 인상관리이론, 심리적 반발이론

7.1. 광고의 설득기능

광고는 소비자에게 기업이나 상품에 대한 정보를 제공하여 호의나 구매욕구를 일으키게 하는 설득커뮤니케이션이다. 새로운 제품과 서비스에 대한 소비자들의 관심과 합리적 소비욕구는 광고에 대한 관심으로 연결되는 경우가 많다. 소비자들은 제품의 가격, 기능, 품질, 구입장소 등에 관한 정보를 광고로부터 받아들이고 이를 비교 분석하는데, 이 과정에서 주위 사람들의 의견과 사용자의 경험도 중요한 역할을 한다. 현대사회와 같이 산업이 급속도로 발달하고, 대중매체의 영향력이 큰 사회에서는 광고의 중요성과 설득기능이 점차 커지고 있다. 한편 광고는 그 시대에 존재하는 효율적인 매체를 이용하여 최대한 설득효과를 추구하는 특성이 있으므로 매체의 특성과 변화에 대해서도 관심을 가져야 할 것이다.

광고는 상품에 관한 정보를 제공해 주는 정보제공 기능과 제시한 상품을 구매하도록 권하는 설득기능을 가지고 있다. 실제로 오늘날 많은 광고가 단순히 정보제공에 머무르지 않고 교묘한 설득기법을 포함한 설득기능에 치중하는 것을 볼 수 있다. 그러나 광고에서 직접적이거나 노골적인 설득의도를 드러내면 소비자들이 외면하는 경우가 많기 때문에, 간접적인 설득기법이나 심리적 설득이론을 활용하는 경우가 많아지고 있다. 여기에서는 광고에서 흔히 사용하는 심리적 설득이론을 중심으로 광고 사례와 연결하여 살펴보기로 한다.

7.2. 행동주의적 설득이론과 광고

설득커뮤니케이션에서 행동주의적 접근은 설득을 학습의 과정으로 보고 설득커뮤니케이션 과정을 학습이론을 통하여 설명하려는 입장이다. 학습은 경험의 결과로 나타나는 행동 경향의 변화를 의미하는 것으로서, 개인이 환경의 변화에 대응하여 목표지향적인 행동을 수정하게 되는 일종의 순응과정이다. 학습이론은 크게 연계학습이론과 인지학습이론으로 구분할 수 있다.

학습의 가장 기초적인 형태인 연계학습은 두 사건이 결합될 때 일어나며, 연계학습의 대표적인 이론으로는 고전적 조건화와 조작적 조건화를 들 수 있다.

- 고전적 조건화 : 중립적인 자극이 본능적인 자극을 유발하는 자극과 짝지어져 나타남으로써, 중립적인 자극에 의해서도 본능적인 반응과 같은 것이 나타난다.
- 조작적 조건화 : 보상을 수반하는 자극은 가까이하고 처벌을 수반하는 자극은 멀리함으로써, 소비자 반응 조절이 가능하다.

인지학습은 정보처리 과정으로 과거에 획득한 정보를 근거로 생각을 통해 현재의 인식을 해석해 나가고 새로운 문제를 해결하는 학습방법을 말하며, 비교적 최근에 많은 연구가 이루어지고 있다. 대표적인 인지학습으로 정보처리모델과 의사결정과정을 들 수 있다.

1. 고전적 조건화

1) 태도의 고전적 조건화

고전적 조건화 이론은 20세기 초 러시아의 심리학자 파블로프의 실험에 토대를 두고 발전하였다. 파블로프는 개에게 먹이를 줄 때마다 종을 치는 것을 반복하면 나중에는 먹이를 주지 않고 종만 치더라도 침샘에서 침이 분비된다는 것을 발견하였다. 이때 먹이를 본 개가 침을 분비하는 것은 매우 자연스러운 생리적 반응으로, 이런 생리적 반응을 유발하는 자극을 '무조건자극'이라고 하고 이로 인한 선천적인 생리적 반응을 '무조건반응'이라고 한다. 또한 종소리처럼 처음에는 어떤 반응을 일으키지 않지만 무조건자극과 짝지어져 반복 제시됨으로써 나중에는 무조건자극이 제거되더라도 동일한 반응을 유발시킬 수 있는 자극을 '조건자극'이라고 한다. 이러한 조건자극에 의해 유발된 반응을 '조건반응'이라고 한다. 개가 종소리만 듣고도 침을 흘리는 것은 먹이(무조건자극)와 종소리(조건자극)를 짝지어서 반복 제시한 결과 이루어진 학습된 반응인 것이다. 〈그림 7-1〉에서는 파블로프의 실험에서 사용된 고전적 조건화 과정을 보여 주고 있다.

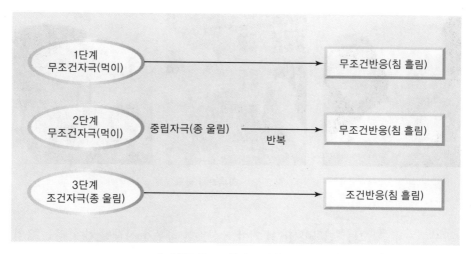

〈그림 7-1〉 **고전적 조건화의 과정**

2) 광고의 고전적 조건화

고전적 조건화 이론이 태도의 형성과 광고제작에 어떻게 적용될까? 광고제작에 고전적 조건화가 여전히 많이 사용되고 있는데, 그것은 고전적 조건화가 태도형성에서 단순하면서도 강력한 효과를 가지고 있기 때문이다. 즉 설득을 하는 데 중요한 기준이라고 할 수 있는 편리성, 효용성, 그리고 경제성을 갖추고 있기 때문에 널리 사용되고 있다. 광고하고자 하는 상품이나 서비스를 그것과 다소 연관성이 있는 광고모델이나 광고음악, 멋진 배경 등을 이용하여 어떤 반응을 용이하게 이끌어 낼 수 있다.

광고에서의 고전적 조건화는 대체로 즐겁거나 유쾌한 느낌을 유발하는 광고의 요소를 상표와 함께 소비자에게 반복적으로 제시하면, 나중에는 상표 그 자체에 대해 호의적인 태도를 형성할 수 있다. 즉 소비자는 제품광고에 반복 노출됨에 따라 광고요소에 의해 유발된 호의적인 감정이 상표에 이전되어 구매욕구 또는 호의적인 상표태도를 형성할 수 있다.

특히 기호제품이나 저관여도 제품을 구매할 때 소비자들은 제품의 인지에 의한 이성적인 판단보다는 이미지나 습성에 의해 상품을 구매하는 경향이 있다. 따라서 고전적 조건화는 본능을 자극하는 식품이나 음료와 같은 제품광고에 많이 이용된다. 〈그림 7-2〉 및 〈그림 7-3〉에서는 고전적 조건화를 사용한 광고 사례를 보여주고 있다.

〈그림 7-2〉 **하루녹차 광고**

　'하루녹차' 광고는 "괜찮아 잘 될 거야~ 산뜻한 하루가 시작될 거야"라는 음악을 배경으로 하며, 발랄한 이미지를 갖고 있는 모델이 등장하고 있다. 모델의 이미지와 잘 어울리는 광고내용과 광고음악이 결합되어 밝고 명랑한 이미지를 형성하고 있다. 따라서 소비자는 광고를 반복하여 접하다 보면 발랄한 이미지, 명랑하고 밝은 메시지를 담고 있는 CM송(commercial song)에 의해 유발되었던 호의적인 감정이 '하루녹차'라는 상표 자체에 대한 호의적인 태도를 갖게 한다.

　'칸타타' 커피 광고에서는 이국적인 남자모델, 잘 알려져 있는 친숙하면서도 고급스러운 클래식 배경음악, '칸타타'라는 남자의 목소리, 고급스러운 이미지들이 활용되었다. 그처럼 익숙하면서도 고급스러운 클래식 배경음악과 이국적인 남자모델은 소비자에게 '고급스럽다, 럭셔리하다, 뭔가 다를 것 같다'라는 감정을 유발하고, 이런 호의적인 감정은 '칸타타는 고급스럽다, 뭔가 다른 고급커피이다'라는 호의적인 태도를 형성하게 한다.

〈그림 7-3〉 **칸타타 커피 광고**

2. 조작적 조건화

조작적 조건화는 도구적 조건화라고도 하며, 파블로프의 고전적 조건화에서 한 걸음 더 나아가, 개인이 원하는 바를 얻기 위해 자극에 대해 자발적인 반응을 보이는 원리를 이용하는 것이다. 조작적 조건화는 인간(또는 유기체)은 보상을 가져다주는 태도는 계속 고수하지만 처벌을 초래하는 태도는 거절하거나 변경하려는 경향이 있다는 가정을 바탕으로 하고 있다. 즉 고전적 조건화에서는 주로 특정 자극과 연관된 반응에 관심을 갖지만, 조작적 조건화는 특정 자극 외에도 유기체 자신의 선택과정에 따른 보상(또는 처벌)에 많은 관심을 가진다. 따라서 조작적 조건화에서는 긍정적인 강화가 주어질 때 유기체 자신의 행동을 재현하기 쉬우며, '조작적'이라는 용어는 바라는 결과를 얻기 위해 선택적으로 환경에 적응하고 태도변화를 아는 것을 의미한다.

1) 태도의 조작적 조건화

조작적 조건화는 행동주의 심리학자 손다이크가 제시한 것으로서, 특정 반응이 우연히 나왔을 때 즉시 강화하면 그 반응은 계속 반복될 가능성이 높다는 것이다. 손다이크는 굶주린 고양이를 상자에 가두어 두고, 고양이가 문을 여는 장치를 바르게 작동하면 문이 열리고, 이어 통로를 찾아 나오면 음식물을 발견하도록 장치를 만들어 실험하였다. 이를 반복하여 실험한 결과 굶주린 고양이가 문을 여는 속도가 점점 빨라지고 음식물이 놓여 있는 통로를 보다 쉽게 찾는다는 사실을 발견하였다. 그는 행동변화의 요인으로 보상과 처벌을 함께 고려하여, 보상은 특정 행동을 강화하지만 처벌은 이를 감소시킨다는 점을 강조하였다. 이처럼 조작적 조건화 이론은 외적 자극을 받지 않고, 어떤 행동이 자발적이고 능동적으로 일어나는 행동의 결과에 의해 학습이 이루어진다는 이론이다. 행동변화의 요인으로는 긍정적 '보상'과 부정적 '처벌'이 있는데, 특히 보상은 행동변화에 끼치는 영향이 크다.

생활 속에서도 조작적 조건화를 쉽게 찾아볼 수 있다. 우선 긍정적 보상으로 행동의 반복을 유도하는 경우는 다음과 같다. 아기가 처음으로 "맘마"라고 말하는 것은 우연적이고 자발적인 것이다. 그때 엄마가 미소를 짓고 안아 준다면 아기는 그 소리를 반복하는 것을 학습하게 된다. 이때 엄마가 미소를 짓고 안아 주는 행위

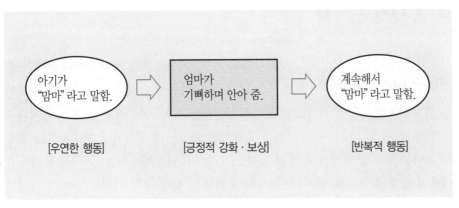

〈그림 7-4〉 긍정적 '보상'을 통한 조작적 조건화 과정

가 바로 아기에게는 보상이라는 강화요인이 된다. 이와 같이 조작적 조건화는 행위자의 우연한 행위가 보상자의 보상을 통해 강화되어 반복적으로 행해진다. 사람들에게 상장이나 표창장 등을 수여하는 것도 긍정적인 보상을 통해 더욱 긍정적인 학습효과를 기대하기 때문이다.

우리는 실생활에서 부정적 처벌을 통해 반복적 행동을 막는 상황도 종종 볼 수 있다. 예를 들어, 친구와 싸우고 집에 온 아이에게 엄마가 벌을 준다면 아이는 친구와 다툴 일이 생겨도 싸우지 않으려고 노력할 것이다. 바로 아이에게 '벌'이라는 부정적 보상이 '싸움'이라는 우연한 행동에 대해 부정적 인식을 심어 주어 반복하지 않도록 하는 것이다. 지각하거나 떠드는 학생에게 벌을 세우거나 거짓말을 하는 아이에게 야단을 치는 것은 당사자는 물론 다른 학우들에게 부정적인 행동을

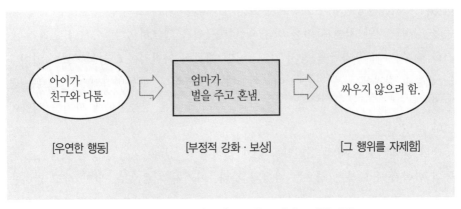

〈그림 7-5〉 부정적 '처벌'을 통한 조작적 조건화 과정

하지 않도록 학습시키는 효과가 있다.

그 후 스키너는 손다이크의 실험을 확장하여 태도변화의 요인으로 주어지는 보상을 정기적, 비정기적으로 나누어 관찰하였다. 그 결과 체계적이고 선택적으로 반응을 강화시킴으로써 그 반응이 다시 일어날 가능성을 높이는 조작적 조건화가 발전하였다. 스키너의 실험에 의하면, 쥐 또는 비둘기 같은 유기체가 우연히 어떤 레버를 눌렀을 때 먹이가 나오는 보상을 얻게 되면, 다음부터 그 유기체는 다분히 의도적으로 그 레버를 선택해서 누르도록 학습시킬 수 있음을 보여 주었다.

이러한 조작적 조건화의 기본원리는 효과의 법칙으로도 설명된다. 스키너는 '어떻게 하면 유기체의 행동을 통제할 수 있는가?'에 관심을 가졌는데, 〈그림 7-4〉에서 보는 것처럼 인간의 언어습득과정에서 듣는 사람이 말하는 사람에게 긍정적 강화를 줌으로써 차츰 대화가 이루어지는 것도 조작적 조건화로 설명할 수 있다고 보았다.

2) 광고의 조작적 조건화

조작적 조건화는 행위에 대한 보상을 통해 그 행위를 반복적으로 이끌어 낼 수 있다는 점에서 광고에 유용하게 쓰인다. 광고란 궁극적으로 소비자가 제품이나 서비스를 구매하도록 설득하려는 목표를 가지고 있다. 따라서 조작적 조건화에서 '보상'이라는 강화요인을 통해 소비자의 '구매행동'을 반복적으로 유도한다. 더욱이 광고된 제품을 사용하는 고객에 대한 보상을 통해 소비자의 행동뿐만 아니라 광고주의 제품에 대해서도 긍정적인 인식을 심어 주는 효과를 가져온다.

실제로 많은 광고에서 특정 반응에 대해 보상을 주어 긍정적인 강화작용을 하는 경우를 볼 수 있다. 이를테면 광고모델이 광고 내에서 특정한 상품을 선택하였을 때, 그 선택에 대한 칭찬의 형태로 보상을 제공한다. 즉 광고문에서 '현명한 안목', '탁월한 선택' 등의 표현을 사용함으로써 자신을 '현명한 소비자'로 평가받을 수 있다고 확신하는 설득메시지를 사용한다.

〈그림 7-6〉에서는 한 줄로 서는 질서를 지키는 모습, 지하철에서 다리를 벌리지 않고 앉는 모습, 애완견을 공공장소에 데려오지 않는 등 공공 에티켓을 지키는 모습에 어릴 적 보았던 '참 잘했어요' 도장이 찍힌다. '참 잘했어요' 도장은 바로 이러한 행위의 긍정적 보상이 된다. 누구나 어렸을 때 이 도장을 받기 위해 노력하였던 경험이 있을 것이다. 광고의 수용자는 이러한 추억을 환기하면서도 그 '도

〈그림 7-6〉 공익광고 '참 잘했어요' 편

장'을 받은 행동이 무엇인지에 관심을 가지고 그러한 행동을 강화하려는 반응을
보일 것이다.

〈그림 7-7〉은 '비타500'을 구매하는 소비자를 대상으로 '비타500 한 병 더',
'유럽 여행권'에 이르기까지 다양한 상품을 증정하는 경품이벤트 고지광고이다.
소비자가 비타500을 구매하는 우연한 행위가 발생하는 것이 이벤트의 출발점이며,
이것은 '조건화할 우연한 행동'으로 볼 수 있다. 다음으로 비타500을 단순히 자양
강장음료로 구매하던 소비자는 예상하지 못하였던 '한 병 더'나 또는 다른 경품에
당첨될 경우 우연한 행동에 대한 큰 보상을 받는다. 특히 '한 병 더'나 '다음 기회

〈그림 7-7〉 경품이벤트 : '비타500 따고보자 펑펑 대잔치'

에'가 나온 구매자는 더 큰 경품을 기대하는 마음에 비타500을 평소보다 더 많이 구매하게 된다. 이러한 경품행사는 단기적으로 제품의 판매를 촉진할 뿐 아니라, 새로운 구매자를 유도하는 효과도 얻을 수 있는 설득기법이다.

7.3. 인지학습

학습원리에 대한 연구는 고전적 조건화 이론에서 조작적 조건화 이론으로, 다시 인지학습이론으로 발전되어 왔다. 이런 발전과정에서 연구자들의 관심은 조작적 조건화 이론처럼 인간의 학습도 다른 유기체처럼 일정한 조건하에서 자동적으로 이루어지는가, 아니면 의식적인 인지활동에 의해 이루어지는가 하는 문제였다. 연계학습 이론가들은 의식의 개입이 없어도 학습이 자동적으로 이루어질 수 있고, 자극에 대한 반복 노출을 통해 학습효과가 있다고 주장한다.

그러나 인지학습이론은 인간행위를 부분적으로만 파악하는 행동주의적 조건화 이론을 비판하면서, 상황에 대한 종합적인 이해와 능동적인 인지과정이 중요하다고 역설한다. 즉 인간의 학습행위는 기대나 예측과 같은 자각할 수 있는 인지활동을 통해 학습이 이루어진다는 점을 강조한다. 인간에게는 다양한 형태의 학습이 있으며, 조건화 이론에서처럼 수동적인 학습뿐만 아니라 인지적 사고와 정보추구 활동에 의한 능동적인 학습이 존재한다. 인지학습이론의 대표적인 것으로 정보처리모델과 의사결정이론을 들 수 있다.

1. 정보처리모델

정보처리모델은 인지학습을 보여 주는 인지심리학의 초기 모델이라고 할 수 있는데, 인간의 인지과정을 컴퓨터의 정보처리과정과 유사한 것으로 보았다. 이를 신경망모델이라고도 하는데, 인간의 뇌와 컴퓨터의 구조적 차이를 살펴볼 필요가 있다. 즉 컴퓨터의 기본구조는 중앙처리장치와 저장장치로 구성된다. 컴퓨터에서의 정보처리는 중앙처리장치에서 이루어지며, 그 결과는 독립적인 저장장치에 옮

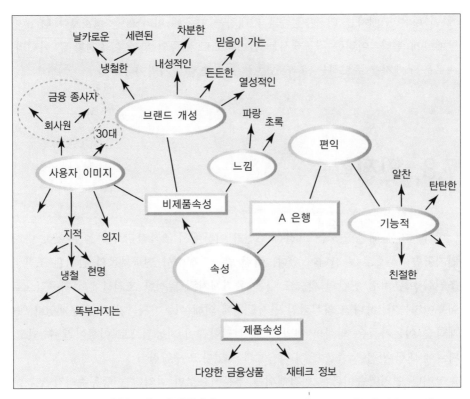

〈그림 7-8〉 **A은행 브랜드의 연상결과**[출처 : 우석봉(2007), 「브랜드심리학」, 학지사, 248쪽]

겨진다. 컴퓨터는 단순한 조작을 하는 칩들로 구성되지만, 이런 조작을 매우 빠르게 수행함으로써 고도로 복잡한 문제를 풀어 낸다. 이에 비해 두뇌는 정보의 처리와 저장 사이에 명확한 구분이 없으며, 두뇌를 구성하는 기본단위인 뉴런(neuron)이라는 신경세포에 의해 복잡하게 연결되어 있다. 〈그림 7-8〉에서는 A은행에 대한 소비자의 연상내용이 신경세포처럼 서로 얽혀 있는 것을 볼 수 있다. 인간의 두뇌는 한 번에 수많은 뉴런이 동시에 활동하는 거대한 병렬처리장치라고 할 수 있다.

2. 의사결정이론

의사결정이란 두 개의 상호의존적 체계인 의사결정자와 환경 간의 교환으로서, 행위를 이끄는 판단을 포함하고, 이러한 행위는 중요한 환경적 결과를 산출한다. 의사결정이론에도 여러 입장이 있으나, 일반적으로 다음과 같은 다섯 단계를 거치는 것으로 알려지고 있다.

소비자의 구매의사 결정과정을 보면 ① 문제 인식, ② 정보 탐색, ③ 선택대안 평가, ④ 구매행동, ⑤ 구매 후 행동으로 살펴볼 수 있다. 구매의사 결정과정을 보면 각 단계별로 다른 사람이 개입하는 경우도 있다. 특히 가족의 구매의사 결정과정에서는 구매자와 사용자가 일치하지 않거나, 정보수집자와 구매자가 다른 경우도 발생한다. 의사결정의 모든 단계에 다양한 형태의 설득커뮤니케이션이 존재하며, 특히 단계별로 다른 사람이 개입할 때에는 상대방이나 구성원에 대한 설득작업이 중요한 경우가 많다. 이러한 의사결정과정에서는 외부의 자극뿐만 아니라 내적으로 이미 가지고 있는 학습내용, 즉 경험, 지식, 기억, 그리고 정보를 활용한다 (〈그림 7-9〉 참조).

광고를 통한 학습은 대체로 의도적이기보다는 자동적으로 일어나는 경우가 훨씬 많다. 즉 소비자가 광고를 보기 위해 매체에 노출하는 상황은 일반적이라기보다는 특수한 상황이다. 소비자들은 신문기사 또는 텔레비전 프로그램을 보다가 우연히, 그리고 수동적으로 광고에 노출하게 된다. 이렇게 보면 광고를 통한 설득에는 인지학습보다는 연계학습이 더 자주 발생한다고 볼 수 있다. 다시 말하면 소비자가 광고상품에 상당한 수준의 관심을 가지고 있거나 상표선택이 개인적으로 매우 중요한 일이라고 느끼는 것 같은 경우를 제외하면, 광고는 수동적으로 일어나는 반복에 의한 연계학습이 더 많은 것을 볼 수 있다.

가족의 역할		의사결정단계
정보수집자	⟶	소비자 정보처리
영양자	⟶	상표평가
의사결정자	⟶	구매의도
구매자	⟶	구매
사용자	⟶	구매 후 평가

〈그림 7-9〉 **의사결정과정에서 가족의 역할**

7.4. 동기적 설득모델과 광고

앞에서 살펴본 학습이론은 행동주의적 설득이론에 바탕을 두었다. 그러나 1950년대부터 인간을 동물적인 단순함이나 기계적인 자극-반응이론으로 설명하는 것에 대한 비판에서 출발하여 인간의 내면적 활동을 중시하는 동기적 설득모델과 인지주의적 심리학 연구가 활발히 이루어지게 되었다. 이들 학파는 자극과 반응 사이에 위치한 인간을 중요시하며, 인간의 내면적인 동기 및 능동적인 인지과정에 주안점을 둔다.

동기적 설득모델 및 인지주의적 시각이 행동주의적 시각과 다른 점은 인간과 환경의 관계를 바라보는 시각에 있다. 즉 행동주의 연구에서는 인간을 환경에 수동적으로 반응하는 존재로 여겼으나, 동기적 설득모델과 인지적 연구에서는 인간이 환경을 능동적으로 바라보고 평가하는 인지활동을 중시한다. 동기적 설득모델에는 균형이론, 일치이론, 인지부조화이론, 인상관리이론, 심리적 반발이론 등이 있으며, 인지적 설득모델에는 판단이론, 귀인이론, 인지반응이론 등이 있다. 이 장에서는 동기적 설득모델에 대해 알아보고, 다음 장에서는 인지적 설득모델에 대해 살펴보기로 하자.

동기적 설득모델을 이해하기 위해서는 먼저 인간이 지닌 내적 동기 가운데 하나인 인지일관성 동기에 대한 이해가 전제되어야 한다. 인지일관성이론에 의하면, 사람들은 인지적으로 심리적인 일관성을 유지하고자 하는 내적 동기가 있다는 것이다. 사람들은 자기 나름대로 인지일관성을 유지하고자 노력하며, 만약에 일관성이 깨어지면 심리적 긴장이나 불안감을 느끼고, 이를 회복하는 과정에서 설득과 태도변화를 경험하게 된다. 인지일관성이론의 공통점은 다음과 같다. 첫째, 인지요소들 사이의 균형과 불균형의 조건들을 제시한다. 둘째, 인지의 불균형이 발생하면 다시 일관성을 회복하도록 동기화가 이루어진다. 셋째, 다시 균형상태가 이루어지는 과정을 설명한다.

1. 균형이론

균형이론은 하이더에 의해 제시된 이론으로, 사람이 인지상으로 불균형을 이루면 긴장을 형성하면서 다시 균형을 이루려는 강한 속성을 가진다는 것에서 출발한다. 하이더의 균형이론은 인지상의 균형과 불균형을 다음과 같이 설명하고 있는데, 분석대상인 사람(P)과 피대상자로서의 사람(O), 그리고 물리적 대상으로서의 아이디어나 사건(X)으로 구성되어 있다는 것이다(〈그림 7-10〉).

예를 들어 나(P)와 친구(O), 그리고 특정 제품(X)의 관계에서, 나는 그 제품을 싫어하고, 내가 좋아하고 나와 좋은 사이인 친구는 그 제품을 좋아한다면 인지적 불균형이 초래된다.

이때 불균형을 해소하기 위해 부정적 관계를 긍정적 관계로 변화시키거나 긍정적 관계를 부정적 관계로 변화시킬 가능성이 있다. 위의 예에서 친구가 그 제품을 좋아하기 때문에 나도 좋아하게 되는 경우가 이에 해당한다.

최근 젊은 소비자들 가운데 녹차음료를 찾는 사람이 많아졌다. 몇 년 전까지만 해도 커피 또는 청량음료 등을 선호하던 젊은이들이 녹차음료를 찾게 된 이유가 어디에 있을까? 이른바 웰빙 시대를 맞아 건강에 대한 관심이 높아진 것이 큰 이유 중에 하나일 것이다. 또 젊은 층에서 선호하는 인기 연예인들을 등장시킨 광고의 영향도 큰 몫을 차지한다. 처음에는 그 음료에 대해 호의적이지 않았지만, 평소 좋아하는 광고모델이 즐겨 찾는 음료이기 때문에 나도 차츰 호의적으로 태도변화가 일어난 것이다.

'다원녹차'는 일본에서 인기를 얻고 있는 보아의 '쥬얼송'을 배경음악으로 사용하면서 교토에서 보내 준 정성이라는 '교토산 녹차'를 강조하고 있다. '지리산

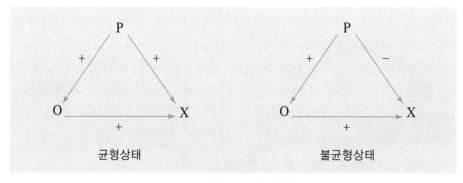

〈그림 7-10〉 **균형상태와 불균형상태의 예**

〈그림 7-11〉 다원녹차, 지리산 생녹차 광고

생녹차'는 광고모델 현빈이 생녹차 병을 얼굴과 함께 비추면서 "산이 키운 거니깐, 지리산이 키웠잖아요"라는 광고 카피를 이야기하고 있다(〈그림 7-11〉).

2. 일치이론

오스굿과 탄넨바움이 제시한 일치이론은 기본적으로 균형이론과 비슷하지만, 정보원과 그가 주장하는 대상물에 대한 태도까지 다루고 있다는 점에서 균형이론과 차이가 있다. 그뿐만 아니라 긍정적이거나 부정적인 태도를 방향(+ 또는 −)은 물론 그 정도까지도 수치로 제시하여(예를 들면 +3, −2) 태도를 계량화시키고자 한 점은 높이 평가할 만하다.

일치이론의 광고 사례를 보면 유명인을 광고모델로 기용하고 있음을 알 수 있다. 호감도가 큰 모델이 제품에 대한 긍정적인 메시지를 전달함으로써 모델에 호감을 가지고 있는 소비자들로 하여금 그 제품에 대해 보다 긍정적인 방향으로 행동하도록 태도변화를 유도한다.

유명 광고모델을 기용하여 소비자들에게 긍정적인 태도변화를 유도한 광고로서 '17차' 광고를 들 수 있다. 이 광고는 '몸이 가벼워지는 시간'이라는 문구를 사용

〈그림 7-12〉 **17차 광고**

하였는데, 모델이 제품을 들고 날씬한 몸매를 강조하는 옷을 입고 있는 내용과 인터뷰 형식의 내용이다. 이 광고를 본 여성 소비자들의 '나도 17차를 마시면 모델처럼 날씬한 몸매를 가질 수 있다'는 인식과 다이어트 욕구의 충족이라는 심리적 요인에 기인하여 높은 매출을 가져왔다(〈그림 7-12〉).

3. 인지부조화이론

1) 인지부조화이론의 정의

인지의 두 요소 중 하나가 반대되는 다른 하나와 수반될 때 부조화 관계에 놓인다. 다른 인지이론과 마찬가지로 인지부조화이론은 부조화는 심리적으로 불편하기 때문에 사람들은 부조화를 줄이려고 하거나, 아니면 부조화를 늘리는 상황이나 정보를 적극적으로 피한다는 것이다. 인지부조화이론은 1960년대부터 많은 각광을 받았으며, 현재까지도 영향력 있는 이론으로 평가받고 있으며, 오늘날에도 광고 제작 시 많이 활용되고 있다.

인지부조화이론은 구매의사 결정과정에서 마지막 단계인 구매 후 행동을 설명하는 데 중요한 역할을 한다. 특히 어떤 제품을 구매하고 나서 '다른 제품을 살

걸' 하고 후회하는 마음이 들 때, 자신이 구매한 제품의 광고를 보고 인지부조화를 해소할 수 있다. 예를 들면, A세탁기를 구매한 소비자가 다른 세탁기 광고를 보고 마음이 다소 흔들릴 때, A세탁기 광고를 보면서 자신이 현명한 판단을 하였음을 인식하고 만족해 하는 모습을 그려 볼 수 있다.

2) 인지부조화이론의 광고

인지부조화 설득모델의 원리는 두 개의 인지가 부조화를 이룰 경우 하나의 인지를 바꾸어서 부조화의 원인을 제거함으로써 인지상의 조화를 이루고 태도를 변화시킨다는 것이다. 따라서 광고에서는 인지의 부조화를 제시하고, 이 부조화를 광고상품을 통해서 조화를 이룰 수 있게 하는 점을 부각시키게 된다. 결국 인지부조화적 설득의 광고가 설득 효율성이 있는 광고로 만들어지기 위해서는 먼저 소비자들의 인지에 부조화를 일으키는 모순과 근심을 부각시켜야 한다. 그리고 인지상 조화를 이룰 수 있도록 모순과 근심을 해결할 수 있는 내용을 정확하고 구체적으로 제시하는 것이 중요하다.

구매 후 혹시 생길지 모르는 소비자의 부조화를 감소시키기 위해 지속적인 강화 광고를 통해 제품의 우수성을 강조하여 소비자에게 잘 선택하였다는 확신을 갖게 해 주고 재구매 가능성과 상표 충성도를 높여 주어야 한다. 따라서 판매 직후 감사의 뜻과 사용 시 불편함이나 이상이 없는지를 전화로 확인하고 좋은 회사의 좋은 제품임을 알려 주는 것도 좋은 방법이다. 아울러 언론을 통해 지속적으로 제품의 우수성을 홍보하는 것도 중요하다. 소비자는 자기에게 유리한 정보에만 노출하려는 성향이 있기 때문이다.

젊은 여성들은 커피를 좋아하지만, 날씬해지기를 원하고 칼로리 걱정 때문에 마음껏 커피를 마시지 못한다. 이러한 인지부조화가 발생하였지만, 이를 해소하기 위해 칼로리가 일반 커피에 비해 1/2밖에 안 되는 웰빙커피를 마실 것을 유도하고 있다(〈그림 7–13〉).

어린아이들은 달콤한 요구르트를 좋아하지만, 설탕이 많이 든 음료는 아이들 몸에 해롭다. 이러한 인지부조화가 발생하므로 많이 마셔도 걱정 없는 무가당 '엔요'를 마시게 유도하고 있다(〈그림 7–14〉).

"고향집에 가고 싶은데(또는 누구를 만나러 가고 싶은데) 바쁜 일상 때문에, 그리고 시간이 많이 걸려 가 보지 못한다." 이런 인지부조화 상황에 대해 KTX를 타고 마

〈그림 7-13〉 맥심 웰빙커피 광고

〈그림 7-14〉 매일 무가당 엔요 요구르트 광고

음과 함께 직접 찾아가라고 권유한다. 먼 곳까지 빠르고 편하게 다녀올 수 있다는
점을 강조하는 이성적 소구와 함께 '소중한 사람들에 대한 그리움'을 통한 감정적
소구가 설득력을 높여 준다(〈그림 7-15〉).

〈그림 7-15〉 korail KTX 광고

4. 인상관리이론

　인상관리이론은 사람들이 특별한 목적을 달성하기 위하여 자신의 이미지를 타인에게 어떻게 제시하는지를 다루는 이론이다. 인상관리이론에 따르면, 타인에게 자신을 보이는 가장 기본적인 목표는 사회적 승인을 획득하는 데 있다. 사회적 승인을 얻기 위해서 긍정적이고 일관적인 이미지를 전달하려 한다는 것이다. 사람들은 다른 사람에게 긍정적인 인상을 심어 주고 싶어하며, 이때 표명된 태도와 신념의 방식은 다른 사람들에게서 원하는 효과를 얻을 수 있다.

　사람들이 일관성이 없을 때에는 사회적인 처벌이 가해지는 반면, 일관적인 모습을 보일 때에는 대개 사회적인 보상이 주어진다. 사람들은 어렸을 때부터 사회적인 상황에서 일관되게 행동하도록 배워 왔고, 일관성을 유지할 때 예측 가능성과 신뢰감이 있다고 평가받으며, 더 나아가 친근감과 존경을 받게 된다. 개인뿐만 아니라 기업이나 정당과 같은 조직도 호의적인 인상을 획득하기 위해 유사한 방식을 선택한다. 따라서 광고 가운데 인상관리이론을 활용하는 대표적인 것은 정치광고와 기업 PR 광고라고 할 수 있다(〈그림 7-16〉).

　최고의 주거공간이라고 할 수 있는 '성'을 롯데캐슬에서 만나볼 수 있으며, 저

〈그림 7-16〉 이명박 대통령 후보의 선거광고

〈그림 7-17〉 롯데캐슬, 누구일까? 광고

성의 주인이 바로 자기 자신이 될 수 있다는 것을 암시한다. 롯데캐슬은 고품격 아파트를 지향하여 고객들에게 프리미엄 마케팅을 실시하고 있다(〈그림 7-17〉).

　삼성전자는 지난 1997년부터 10여 년간 '또 하나의 가족, 삼성'이라는 따뜻함을 강조한 기업 PR 광고를 통해 소비자와 함께하는 동반자적인 이미지를 강조하고, 가족 간의 화목한 모습을 계속해서 보여 줌으로써 기업에 대한 호의적인 이미지를 형성시켰다(〈그림 7-18〉).

〈그림 7-18〉 삼성전자 '또 하나의 가족' 기업 PR 광고 모음

5. 심리적 반발이론

1) 심리적 반발이론의 정의

브렘은 어떤 사람이 자신의 의지대로 행동하는 자유를 박탈당하거나 제한되리라는 위협을 받을 때 그 사람에게 심리적 반발 또는 심리적 저항이 생긴다고 보았다. 이를 심리적 반발이론이라 하는데, 이때 잃어버리거나 위협받은 행동으로부터 자유를 다시 찾으려는 동기가 유발된다. 이처럼 반발심은 과거에는 자연스럽게 할 수 있었던 일을 더 이상은 할 수 없거나 생각할 수 없다는 것을 인지할 때 나타난다. 반발은 관여도나 설득의 방법, 강도에 따라 영향력의 차이를 보이는데, 소비자가 느끼는 자극이나 강도가 크면 소비자들의 변화를 보다 쉽게 이끌어 낼 수 있다. 또한 자아관여도가 클수록 상품에 대한 기억을 오래 유지하게 된다. 심리적 반발을 이용한 광고는 자존심이나 경쟁심리가 강한 소비자에게는 효과를 거두기 쉽다.

심리적 반발이 생기는 상황은 다음과 같은 경우이다.

첫째, 사람들이 전에는 마음 놓고 할 수 있었던 일을 더 이상 행동으로 옮길 수 없는 것으로 인식할 때, 이러한 자유행동의 제약을 매우 부조리하며 부당한 것으로 생각할 때 심리적 반발을 하게 된다. 둘째, 어떤 위협받는 행동이 중요한 것일

수록 그것을 제한함으로써 발생하는 반발심은 증대한다. 셋째, 반발심은 자유행동이 제한되는 정도와 비례해서 생겨난다. 넷째, 반발심의 크기는 제한된 행동의 대안들의 유사성 정도에 따라 달라지는데, 선택 가능한 대안들의 가치가 제한된 행동의 가치와 비슷할수록 반발심은 작아진다. 마지막으로, 자신이 무능하다고 느끼는 사람, 자신의 의사보다는 외부의 상황에 의해 쉽게 영향받는 사람에게는 반발심이 별로 일어나지 않는다.

2) 광고에서의 심리적 반발이론

주위에서 심리적 반발을 이용하는 광고를 흔히 볼 수 있다. 광고에서 심리적 반발을 불러일으켜 결과적으로 많은 소비자들의 구매욕구를 자극하기 위해 흔히 사용하는 기법을 들면 다음과 같다.
① 기회 제한(기간, 수요 제한) : 특정 기간 동안의 세일이나 한정판매를 통해 행한다.
② 자격·능력의 언급 : 광고에서 소수의 특권계층을 형성시킴으로써 다수의 일반대중에게 소외감을 조성하고 비특권계층이 될 수도 있다는 위협을 준다.
③ 특권계층이 누리는 혜택에 대한 경쟁심리를 일으켜 반발심리를 갖게 함 : 자격·능력 면에서 소비자의 자존심을 직접적으로 공략하여 소비자의 구매능력을 비하함으로써 반발심을 일으킨다.
예를들면, '하이주'는 여자들만의 맥주, '스타우트'는 남자들만의 흑맥주라고

하이주
여자들만의 맥주

스타우트
남자들만의 맥주

〈그림 7-19〉 성별에 따른 브랜드 차별화 사례

규정함으로써 심리적 반발을 불러일으킨다. '하이주' 광고를 남성이 보았을 때 여성들만이 마시는 맥주라는 것에, 그리고 '스타우트' 광고를 여성이 보았을 때 남자들만의 맥주라는 것에 심리적인 반발심이 생긴다(〈그림 7-19〉).

또 'Ting'과 'Bigi'는 13세에서 18세까지, 'TTL'과 'NA'는 20대 초반에서 중반까지, 'UTTO'와 'Main'은 30대의 직장인, 'DRAMA'는 여성 전용 휴대폰 요금제로 분류하였다. 이는 자신과 비슷한 또래의 사람들이 사용하는 그룹에 속해 있음으로써 심리적 안정감을 얻는 효과를 볼 수 있다. 반면에 그룹에 속하지 않아 소속감을 느끼지 못하면 심리적인 불안과 반발심이 생길 수 있다(〈그림 7-20〉).

아름다운 외모를 지닌 남성이 여성들 사이에서 피아노를 치며 노래를 부른다. 주변의 여성들을 향해 '미녀는 석류를 좋아해'라고 노래를 부른다. 미녀가 된다는데 누가 마시지 않겠는가? 이 광고에서는 미녀를 위한 음료라는 인식을 암시하며 소비자들에게 외모에 대한 경쟁심과 자존심을 자극함으로써 심리적 반발을 불러일으킨다(〈그림 7-21〉).

'에쓰오일' 광고는 차승원, 김태희, 박찬욱 세 명의 모델이 각각 나와 '에쓰오일'의 CM송을 부른다. '오늘은 왜 이리 잘 나가는 걸까'라는 카피는 기름이 좋아서 차가 잘 나간다는 의미와 외모 등의 요인으로 인해 본인이 잘 나간다는 두 가지

Bigi, Ting, DRAMA, TTL, UTTO

〈그림 7-20〉 **연령에 따른 브랜드 차별화 사례**

〈그림 7-21〉 **미녀는 석류를 좋아해 광고**

〈그림 7-22〉 **에쓰오일, 오늘은 왜 이리 잘 나가는 걸까? 광고**

상황을 함께 떠올리게 만든다. 잘 나가기 위해 왠지 '에쓰오일'을 넣어야 할 것 같
은 심리적 압박과 함께, 자신을 '잘 나가는 100인의 카레이서'라고 표현한 것은 심
리적 반발을 유발한다(〈그림 7-22〉).

¤ 연습문제

1 고전적 조건화 실험에서 먹이를 개에게 줄 때마다 종을 치면 개는 침을 분비하게 된다. 이때 종소리는 무엇에 해당하는가?

① 무조건자극　　② 조건자극　　③ 무조건반응　　④ 조건반응

2 다음 중 동기적 설득모델이라고 볼 수 <u>없는</u> 것은?

① 균형이론　　② 일치이론　　③ 관점가변이론　　④ 인지부조화이론

3 다음 중 학습이론이라고 볼 수 <u>없는</u> 것은?

① 고전적 조건화 이론　　　　② 조작적 조건화 이론
③ 의사결정이론　　　　　　④ 인지반응이론

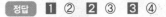

정답　**1** ②　**2** ③　**3** ④

¤ 연구과제

1 고전적 조건화 이론에 대해 최근의 광고 사례를 들어 설명하시오.

2 설득커뮤니케이션에서 인지학습의 역할을 설명하시오.

3 균형이론과 일치이론의 공통점과 차이점을 분석하시오.

4 광고가 인지부조화 해소를 위해 어떤 역할을 하는지 논하시오.

5 심리적 반발이론에 대해 설명하고 이것을 활용한 광고 사례를 들어 분석하시오.

제 8 장 **8**

설득커뮤니케이션과 광고(Ⅱ)

개요

광고는 설득커뮤니케이션이 적용되는 대표적인 분야로서 그 범위가 매우 넓다. 제
7장에서는 행동주의적 설득이론과 동기적 설득모델이 어떻게 광고에 적용될 수 있는
지 알아보았다. 이 장에서는 인지적 설득모델과 통합적 설득모델에 대해 살펴본다.
두 모델은 모두 인지과정에 초점을 두는 모델로서, 소비자의 능동성을 강조한다.

학습목표

- 광고와 설득기능을 이해한다.
- 광고와 관련된 다양한 설득이론을 알아본다.
- 설득이론이 광고에 응용되는 현상을 알아본다.

주요용어

인지적 설득모델, 판단이론, 적응수준이론, 동화효과, 대조효과

관점가변이론, 귀인이론, 통합적 설득모델, 사회판단과 관여이론

강조이론, 의제설정이론, 합리적 행동이론, 인지반응이론, 조합이론

정교화가능성 모델, 중심경로, 주변경로

8.1. 인지적 설득모델과 광고

제7장에서 살펴본 학습이론은 행동주의적 설득이론에 바탕을 두었다. 그러나 1950년대 이후에는 인간의 내면적 활동을 중시하는 동기적 설득모델과 인지주의 적 심리학 연구가 활발히 이루어지게 되었다. 즉 자극과 반응 사이에 위치한 인간 자체를 중요시하며, 인간의 내면적인 동기 및 능동적인 인지과정에 주안점을 둔 다. 제7장에서는 동기적 설득모델을 살펴보았으니 이 장에서는 인지적 설득모델을 살펴보자. 인지적 설득모델에는 판단이론, 귀인이론, 인지반응이론 등이 있다.

1. 판단이론

사람들은 외부 자극에 우연히 혹은 의도적으로 노출되며, 내부 자극에 의해서도 영향을 받는다. 그리고 사람들은 이러한 자극에 대해 나름대로의 인지적 활동을 수행하며, 자극에 대해 긍정적이거나 부정적인 평가, 즉 판단을 하게 된다. 그런데 대부분의 판단은 상대적이라고 할 수 있다. 왜 우리들은 똑같은 16°C이지만 초봄 에는 포근하게 느끼며, 반대로 초가을에는 춥게 느낄까? 사람들은 어떤 판단을 할 때 어떠한 기준이 되는 것과 비교해서 판단하게 된다. 재미있는 것은 사회적 사건 에 대한 사람들의 판단도 어떠한 준거점에 의해 이루어지는 경우가 대부분이라는 것이다. 이처럼 판단이론(judgmental theory)은 어떤 주어진 이슈에 대한 개인의 기 존 태도나 의견이 새로운 이슈들을 비교 평가하는 데 하나의 준거점이 되고 있음 을 밝혀 주는 이론이다. 판단이론과 밀접한 관련이 있는 설득커뮤니케이션 모델로 는 적응수준이론과 사회판단과 관여이론, 관점가변이론이 있다.

2. 적응수준이론

헬슨이 주장한 이 이론의 기본가정은 모든 자극을 어떤 의미 있는 순서로 배열 할 수 있다는 것으로, 핵심이 되는 두 가지 원리는 대조의 원리(contrast principle)와

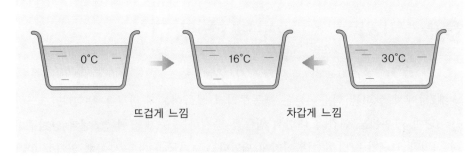

〈그림 8-1〉 손을 각각 0°C의 물과 30°C의 물에 넣었다가 16°C의 물에 넣으면 같은 16°C의 물이라도 물의 온도가 다르게 느껴진다.

판단의 기준(frame of reference)이다. 적응수준이론(adaptation level approach)은 하나의 상황이 판단의 기준(준거점)을 중심으로 대조의 원리가 일어난다는 것을 의미한다.

손을 차가운 물에 넣으면 잠시 후 적응을 하여 찬물을 중립적이라 느끼고 그 물의 온도를 보통의 것으로 생각하게 된다. 즉 다른 온도의 물에 대한 판단은 찬물에 의해 만들어진 적응 수준에 의해 상대적으로 결정된다(〈그림 8-1〉).

일반세제만 사용하였을 때와 옥시크린을 함께 사용하였을 때를 비교하여 3배나 더 깨끗하고 강력한 세정력을 표현하였다. 일반세제만 사용하였을 때를 준거점으로 놓아 옥시크린을 사용하였을 때가 훨씬 깨끗하게 보인다. 이는 비교광고에서 흔히 사용하는 기법이다(〈그림 8-2〉).

보색을 이용한 광고는 서로 옆에 있기 때문에 더욱 돋보인다. SONY는 새롭게

〈그림 8-2〉 옥시크린 광고

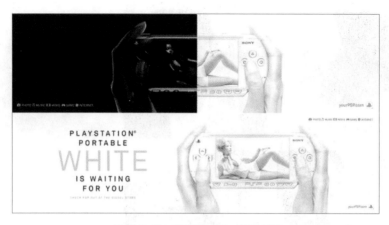

〈그림 8-3〉 SONY white PSP 광고

출시한 'white PSP'를 기존 자사제품인 'black PSP'와 대조시켜 더욱 하얗고 깨끗한 이미지가 나타나도록 하였다(〈그림 8-3〉).

3. 사회판단과 관여이론

셰리프와 호블랜드는 1960년대에 사회판단과 관여이론을 소개하였는데, 모든 자극을 의미 있는 순서로 배열할 수 있다는 적응수준이론과 같이 사람들은 정신물리학(psychophysics)적 차원에서의 자극을 의미 있는 순서로 배열할 수 있다고 주장한다. 즉 사회적 자극도 앞에서 살펴본 기온과 수온에 대한 느낌처럼 대조와 동화라는 판단왜곡이 발생한다는 것이다. 먼저 대조효과는 준거점으로부터 점점 멀어지는 것을 의미하고, 동화효과는 준거점으로 점점 더 가까워지는 것을 뜻한다.

태도의 영역에는 강력한 준거점으로 작용하는 나름대로의 기준이 있으며, 상대적으로 자신의 입장과 근접하다고 느끼면 태도는 실제보다 더욱 가까이 있다고 판단하여 동화효과가 발생하고, 반대의 경우에는 대조효과가 일어난다.

태도의 차원은 수용영역, 거부영역, 비개입영역으로 구성되어 있고, 어떤 자극이 수용영역 안에 들어오면 동화효과가 발생하나 거부영역에 들어가면 대조효과가 발생한다.

태도변화의 양은 이슈에 대한 수용자들의 자아관여도와 커뮤니케이션 격차에 따라 달라진다. 고관여 수용자들은 태도상 수용영역의 폭을 감소시키고 거부영역

〈그림 8-4〉 **순창고추장 광고**

의 폭을 증가시킴으로써 결과적으로 이슈에 대한 저항성이 커지게 되어 태도변화가 감소한다. 여기서 자아관여도는 지적 수준의 차, 교육 정도, 나이, 수용태도 등 다양한 특성에 의해 영향을 받는데, 관여도가 높으면 나름대로의 입장을 이미 형성하고 있기 때문에 일반적으로 설득효과가 감소한다. 사람의 태도가 고관여 상태에서 보다 강한 기준점으로 작용하기 때문에 고관여자들에게서 동화현상과, 대조현상이 뚜렷이 나타난다. 또한 커뮤니케이션 격차는 설득메시지의 주장과 수용자의 메시지에 대한 태도 사이의 차이를 말하는데, 수용영역에서는 커뮤니케이션 격차가 감소하고 거부영역에서는 증가하는 경향이 있다.

상대적으로 자신의 입장과 근접하다고 느끼면 태도는 실제보다 더욱 가까이 있다고 판단하여 동화효과가 발생한다. 요즘 해외여행을 하는 사람들이 많은데 음식에 적응하지 못하는 경우가 많다. 〈그림 8-4〉의 광고에서는 해외여행을 해 본 한국인이면 누구나 한 번쯤 겪어 보았을 만한 경험을 소재로 삼았다.

4. 관점가변이론

1) 관점가변이론의 정의

업쇼와 오스트롬이 개발한 관점가변이론은 판단언어를 조작함으로써 사람을 설득시키려는 방법이다. 두 사람의 태도 측정치가 같더라도 마음속의 태도 내용은 다를 수 있다. 따라서 태도 내용과 매개하는 관점의 기준을 달리함으로써 상대방의 태도 내용을 변화시키고자 하는 것이다. 즉 내용을 변화시키지 않으면서 관점만을 바꾸어 태도를 변화시키는 것이다.

2) 관점가변이론의 특징

이 이론은 설득목표와 관련하여 이미지에 입각한 설득이 아닌 사실에 입각한 설득으로, 감성보다는 이성에 소구하고 있어 실제 광고에서 사진효과보다는 카피효과에 의한 설득이 중심을 이룬다. 여기에서는 지금까지의 관점과는 다른 내용을 카피라이팅을 통해 논리적으로 전달함으로써 인지적인 설득을 할 수 있게 된다. 설득방법에는 다음과 같은 두 가지 특징을 들 수 있다.

첫째, 관점가변의 대상이 수치인 경우, 관점가변이론은 동종 상품과의 비교에서 관련 수치를 제시하거나, 최고·최저·최상·최하와 같은 극단적인 수식어를 사용하여 차별화를 시도한다.

둘째, 관점가변의 대상이 내용인 경우는 동종 상품과의 비교에서 특정 성격만을 부각시켜 상대적 우위점을 강조한다. 따라서 관점가변이론을 사용할 때에는 소비자들의 기호 파악이 전제되어야 하며, 관점바꾸기가 성공하면 커다란 태도변화를 가져올 수 있다.

관점가변이론과 유사한 설득기능을 가진 이론으로 강조이론과 의제설정이론을 들 수 있다. 이들 이론은 어떤 특정한 요소를 강조하거나 중요한 의제로 채택하여 반복적으로 전달함으로써 태도변화를 가져올 수 있다는 측면에서는 학습이론과 유사한 성격을 가진다. 그러나 강조이론과 의제설정이론은 보다 논리적이고 이성적인 인지적 설득커뮤니케이션을 사용한다는 점에서 인지적 설득모델로 볼 수 있다.

아이저와 스트로브가 주장한 강조이론은 태도 측정치의 변화가 생각 내용의 진정한 변화를 반영하는 것이 아니라는 점에서는 관점가변이론과 유사하다. 이 이론에 의하면 생각에 대한 태도 측정은 개인의 '진정한 생각'과 측정 척도의 각 극점을 표시하는 '특정 용어의 평가적 의미'가 복합적으로 작용한다고 본다. 예를 들면, 설문지의 구성과 질문방식에 따라 여론조사의 결과가 달라질 수 있듯이, 측정에서 어떤 표현을 사용하는가에 따라 태도측정이 달라질 수 있다는 것이다.

한편 매스커뮤니케이션 이론 가운데 의제설정이론은 언론매체가 여론에 미치는 영향력을 설명하기 위해 제시된 언론효과이론으로, 매콤과 쇼에 의해 제시되었다. 즉 매스미디어는 특정한 주제를 선택하여 강조함으로써 수용자에게 중요한 의제로 인식하게 하는 기능을 가진다는 주장이다. 이러한 언론의 의제설정기능은 성공적으로 수행된 많은 광고 캠페인에서도 찾아볼 수 있다. 예를 들면 '저온살균'을 강조한 파스퇴르우유, '카페인, 색소, 로열티가 없는 3무 캠페인'을 실시한 칠성사이다, '150미터 지하암반수'를 강조한 하이트맥주, '쇼를 하라'고 주장한 KTF의 영상전화처럼 새로운 개념이나 관점을 광고에서 도입하여 성공을 거두면 다른 광고에서 유행되는 경우를 말한다. 이뿐만 아니라 이러한 광고는 이른바 '뉴스를 만드는 광고'로 많은 언론에서 주목을 받으며 언론에서 비중 있게 다루어지기도 한다.

3) 관점가변이론을 적용한 광고 사례

우리가 습관적으로 마시던 바나나우유는 노랗다. 하지만 바나나의 껍질은 노랗지만 속은 원래 희다는 점을 새삼스럽게 강조한 '하얀' 바나나우유로 항상 노랗기

〈그림 8-5〉 매일유업, '바나나는 원래 하얗다' 편

〈그림 8-6〉 **위니아 에어컨 광고**

만 하였던 기존의 모든 바나나우유의 관점을 새롭게 변화시켰다(〈그림 8-5〉).

다른 에어컨 회사가 멋진 외장을 보여 주는 것만을 생각할 때 위니아는 안 보이는 것이 가장 아름답다고 생각하였다. '공간을 생각하여 에어컨을 천장으로 올렸습니다' 라는 카피처럼 기존의 스탠드형 에어컨들이 다양한 디자인을 개발해 낸 것과 달리 천장형 에어컨으로 깔끔한 거실과 넓은 매장을 확보할 수 있음을 강조하였다(〈그림 8-6〉).

일반적으로 보일러의 버너는 밑부분에 있어 불꽃이 밑에서 위로 타오른다는 기존 관념을 가지고 있다. 하지만 버너가 위에 있어 불꽃이 내려갈 때 한 번, 올라갈 때 또 한 번, 결과적으로 두 번 데워 준다는 사실은 경제성 측면에서 새로운 관점이 된다. 따라서 한 번 데워 주는 보일러에 비해 '두 번 데워 주는 보일러' 라는 상대적인 대비로 판단하게 만든다(〈그림 8-7〉).

트롬 세탁기 이후 기존의 세탁기 시장이 드럼 세탁기 시장으로 변화하였다. 트롬 세탁기에 이어 세탁기 시장의 후발주자인 하우젠은 세탁력의 탁월함을 강조하던 방식에서 벗어나 살균세탁을 콘셉트로 잡았다. 하우젠의 광고는 아기옷, 란제리, 물수건 등 살균세탁이 필요한 일상적인 상황을 5초짜리 짧은 세 편의 광고를 제작하여 동시에 내보내는 방식을 택하였다(〈그림 8-8〉).

① 김해숙: 이게 귀뚜라미 거꾸로 타는 보일러야? 아래서 안타고 거꾸로 탄다는?

② 이희도: 불꽃이 내려갈때 한번. 올라갈 때 또 한번 두번 데워주니까.

③ 김해숙: 가스비도 적게 들겠네! 나레이션: 귀뚜라미 거꾸로 타는 보일러

④ 사장: 가스가 새면 가동이 중단되면서 자동 배출 됩니다.

〈그림 8-7〉 귀뚜라미 보일러 광고

〈그림 8-8〉 하우젠 세탁기 광고

8.2. 귀인이론

1. 귀인이론의 정의

태도변화에 대하여 1950년대까지는 학습이론의 입장에서 설명하려는 것이 주류를 이루고, 1960년대에는 인지균형 관련 이론이 많이 연구되었다. 1970년대부터는 귀인(歸因)이론이라는 사회심리학적 학설이 크게 대두되면서 태도변화의 원리를 설명하는 하나의 이론으로 자리 잡게 되었다.

귀인이론은 사람들이 관찰하는 언어적·외적 행위로부터 태도나 의도 같은 행동의 특징을 추론하여 명백한 이유를 찾으면 그 행위를 그 이유에 귀인시킨다는 이론이다. 즉 사람들은 결국 행위결과를 보고 자신이나 타인의 태도를 추론한다.

귀인이론에는 세 가지 기본전제가 있다. 첫 번째는 앞에 언급한 행동에 원인을 추론하려는 성향, 즉 개인들은 자신의 중요한 행동에 대해 원인을 설정하려 할 것이고 필요하면 그렇게 하기 위해 부가적인 정보를 찾기도 한다는 것이다. 두 번째는 그들은 체계적인 방법으로 인과적 설명을 만들려 한다는 것이다. 그리고 세 번째는 그들이 주어진 사건에 대해 책임을 전가하는 특정 원인이, 그들의 차후 행동에 중요한 영향력을 가진다는 것이다. 일반적으로 대부분의 사람들은 관찰된 행위에 대해 선행하는 사건들을 고려함으로써 인과관계를 추론한다.

그러나 이러한 추론이 항상 옳은 것은 아니며, 때로는 귀인 오류나 왜곡을 하는 경우가 있다. 귀인 오류에는 다음과 같은 세 가지 유형이 있다.

첫째는 근본적 귀인 오류로서, 사람은 자신 또는 타인이 한 일에 대해 귀인을 달리하는 경향이 있다. 성공하였을 때 자신의 역할이나 영향은 과대평가하고, 상황과 다른 사람의 영향은 과소평가하는 경향을 말한다. 반대로 실패하였을 때에는 문제를 일으킨 사람은 책임을 상황으로 돌리려는 데 비해, 다른 사람들은 그 반대로 생각하기 쉽다.

둘째는 이기적으로 편향된 귀인 오류로서, 사람들은 성공하였을 경우 그 원인을 자기 자신에게, 실패하였을 경우에는 그 원인을 다른 사람이나 외부적인 상황으로 돌리는 오류를 범한다. 자기 자신의 장점은 대단하다고 생각하며, 단점은 누구에게나 있는 일반적인 것이라고 생각한다.

셋째는 통제력에 관한 오류로서, 세상에 대한 개인의 통제력을 과대평가하여 무엇이든 처리할 수 있다고 생각하지만, 우연히 일어난 일이나 통제가 불가능한 일은 없다고 과소평가하는 경향이 있다.

귀인이론을 잘 이해하기 위해서는 벰이 개발한 자기지각이론(self-perception theory)에 대한 설명이 필요하다. 자기지각이론에 따르면, 사람들은 상대방의 행동을 관찰한 바에 따라서 다른 사람의 태도를 유추하고, 이런 방식으로 자신의 태도를 결정한다. 여기에서 관찰된 행위를 야기한 태도나 인성, 체질과 같은 내적인 것을 기질적 귀인이라 하고, 외부 자극이나 후천적 요소와 같은 외적인 것을 상황적 귀인이라고 한다. 예를 들면, 한 사람이 감기에 걸렸을 때 감기가 잘 걸리는 체질 때문이라고 보는 것은 기질적 귀인이고, 독감이 유행하기 때문이라고 보는 것은 상황적 귀인이다.

2. 귀인이론의 특징

귀인이론의 특징은 감성에 호소하는 것이 아니라 인지에 호소한다는 것이다. 따라서 귀인이론을 이용한 광고는 사진 등의 시각적 효과보다는 글에 의한 논리적 효과에 지배를 받는다. 광고에서 귀인이론의 적용은 결과를 먼저 제시하고 그 결과의 원인을 서술하거나 설명해 줌으로써 결과에 대한 타당성을 제시하여 상품이 가져올 바람직한 결과에 동의하도록 만드는 기법을 사용한다. 이런 광고에서는 이미지를 구성하기 위해 동원된 사실이 바로 상품의 속성이기 때문에 이미지는 가변적이지만 그 이미지를 구성하기 위해 동원된 사실은 불변이다.

귀인이론을 이용한 많은 광고에서 자극적인 헤드라인으로 주의를 끌고 소비자들의 궁금증을 유발하게 하는 수법을 사용하고 있으며, 그 다음으로 헤드라인을 통해 하나씩 답을 주면서 궁금증을 풀어 나가는 방식을 흔히 사용하고 있다.

3. 귀인이론을 적용한 광고 사례

귀인이론을 적용한 광고는 자극적인 결과를 제시한 후, 그 주장의 근거가 되는 내용을 수용자가 궁금증을 가지고 찾아보도록 유도한다. 따라서 창의적인 광고가 많으며, 바디카피에서는 세부설명을 통해 수용자가 충분히 이해하고 설득이 되도록 논리적이고 강력한 메시지를 담고 있어야 한다. 광고는 짧은 시간에 주의를 끌고 소비자의 마음을 얻어야 하는 영원한 과제를 안고 있다. 귀인이론은 그 어려운 숙제를 해결하려는 광고인들에게 효과적인 열쇠를 제공하고 있다.

'15만 명의 MVP'라는 헤드라인을 보면 그 이유가 무엇인지 금방 이해가 되지 않는다. 대부분의 사람들은 MVP가 보통 한 명이라는 생각을 가지고 있을 것이다. 그러나 바디카피를 살펴보면 SK텔레콤이 주최한 e-스포츠의 결승전을 보기 위해 모인 15만 명의 관중이 e-스포츠를 국민스포츠로 만들 수 있는 진정한 MVP임을 알 수 있다(〈그림 8-9〉).

〈그림 8-9〉 SK텔레콤 광고

〈그림 8-10〉 **신도리코 복사기 광고**

'괴물 같은 놈!'이라는 헤드라인은 소비자에게 궁금증을 일으킨다. 왜 복사기가 몬스터인가에 대해 나름대로 이유를 생각해 볼 것이다. 세부설명을 통해 복사 및 출력 면에서는 컬러복합기 수십 배의 능력을 가지고 생생한 입체화질을 가졌으며, 비용 면에서는 일반 컬러프린터와 비교할 수 없는 저렴한 비용으로 흑백복사기와 맞수가 될 만한 진정 괴물 같은 디지털 컬러복사기라는 것으로 귀인시킨다(〈그림 8-10〉).

먼저 다소 과장된 표현인 '폰 씨어터?'라는 헤드라인을 통해 소비자의 궁금증을 자극한다. 아마도 수용자는 폰과 씨어터라는 말에서 나름대로의 인과관계를 생각해 볼 것이다. 바디카피를 통해 '국내 최초 고선명 스카이 QVGA'라는 설명과 함께 화질이 홈 씨어터만큼 뛰어남을 제시하였다(〈그림 8-11〉).

〈그림 8-11〉 SKY 휴대폰 광고

8.3. 통합적 설득모델과 광고

　우리는 제7장과 이 장에서 행동적 설득모델, 동기적 설득모델, 인지적 설득모델에 대해 살펴보았다. 그러나 인간의 설득과정은 한 가지 모델로 모두 설명할 수 있을 만큼 간단하지 않으며, 경우에 따라서는 행동적 요인, 동기적 요인, 인지적 요인이 통합적 연관성을 가지고 있다는 견해가 대두하였다. 따라서 설득커뮤니케이션 과정 전체를 거시적으로 살펴보는 통합적 설득모델에 대해 살펴보는 것도 필요할 것이다. 통합적 설득모델에는 합리적 행동이론, 조합이론, 정보통합이론, 인지반응이론, 정교화가능성이론 등이 있는데, 여기에서는 합리적 행동이론과 정교화가능성이론에 대해 구체적으로 살펴보자.

1. 합리적 행동이론

1) 합리적 행동이론의 정의

합리적 행동이론은 행동적 설득과 동기적 설득이 통합된 하나의 설득커뮤니케이션 모델이라고 할 수 있다. 합리적 행동이론의 가장 큰 특징은 대상에 대한 태도라는 개념을 행위에 대한 태도라는 개념으로 수정한 것과 행동의도를 예측할 때 태도뿐 아니라 사회적 영향을 반영하는 변수들을 추가한 것이다.

합리적 행동이론은 피시바인과 에이젠이 기대-가치이론과 다속성모델을 구체적인 상황에 대한 적응력이 높아지도록 개선한 것이라고 할 수 있다. 기대-가치이론은 인간의 행동이 여러 가지 행동 결과의 발생 가능성에 대한 기대와 그런 결과들이 자신에게 가지는 가치 또는 의미를 행동 이전에 계산해 본 결과로 나타난다고 본다. 여기서 가치는 특정 상황에서 개인의 욕구와 밀접한 관계가 있는데, 욕구를 충족시킬 수 있는 결과는 가치가 높지만, 그렇지 못한 결과는 가치가 낮게 평가된다. 다속성모델은 기대-가치이론을 좀더 체계화시켰는데, 어떤 대상에 대한 태도는 그 대상이 가진 여러 속성에 대한 개인의 신념과 평가들이 합쳐져서 형성된다고 본다.

합리적 행동이론은 행위에 대한 태도와 사회적 영향을 반영하는 다양한 변수를 조합하여 하나의 통합적인 모델이 된다는 의미에서 조합이론의 일종이다. 조합이론은 사람이나 대상 혹은 이슈에 대한 개인의 태도는 대상에 대한 정보들로부터 전체적인 인상을 어떻게 결합하고 통합하는가에 따라 결정된다는 이론이다. 예를 들면, 자동차를 구매할 때 차종, 제조사, 색상, 디자인, 가격 등을 고려하며, 아울러 이들이 지닌 상대적인 영향력에 가중치를 생각해서 구매결정을 하게 된다. 마찬가지로 배우자를 선택할 때에도 외모, 성격, 직업, 경제적 능력, 종교, 출신지역 등 다양한 변수를 함께 고려해서 선택하는 것을 볼 수 있다.

피시바인과 에이젠은 합리적 행동이론에서 신념, 태도, 행동 간의 관계를 수학적인 방법을 사용하여 구체화시켰다. 이 이론에 의하면, 대부분의 인간 행동은 개인의 신념과 태도로써 예측하고 설명할 수 있다는 것이다. 인간 행동의 직접적인 결정원인은 의도이며, 이 의도는 행동에 대한 태도와 주관적 규범이다. 그런데 사람에 따라 태도와 주관적 규범의 요소들 가운데 중요하다고 생각하는 것이 다르므로, 수학적 모델에서의 가중치는 달라진다. 자동차 구매와 관련된 앞의 사례에서 어떤 사람은 차종을 보다 중시하는가 하면, 또 어떤 사람은 제조사 또는 디자인을 강조한다. 어떤 사람은 국산차인지 외제차인지를 따지기도 하고, 또 어떤 사람은 연비와 수리비 등 유지비용에 많은 신경을 쓴다.

2) 합리적 행동이론과 광고

광고가 소비자를 설득하기 위해서는 통합적 설득모델에 대한 이해가 필요하다. 그러나 현실적으로 수용자들이 광고를 접하는 태도는 수동적이고 저관여 상황인 경우가 일반적이다. 따라서 통합적 설득모델을 활용하는 광고에 모든 요소를 포함시킬 수는 없으며, 가장 중요한 요소를 단일 콘셉트로 추출하여 사용하는 경우가 많다.

소비자들이 구매의도를 형성하는 과정에는 사회적 영향력이 작용한다. 예를 들면, 과시적 소비 또는 선물 구매는 사회적 영향이 크게 작용하는 대표적인 소비자 행동이다. 또한 문화적 특성에 따라 태도 또는 주관적 규범이 행동의도에 미치는 상대적 영향력이 달라지는데, 개인주의적 문화권에서는 태도가, 집단주의적 문화권에서는 주관적 규범이 상대적으로 더 중요하게 작용한다.

합리적 행동이론은 측정한 태도와 행동의 일관성이 높다는 가정에서 출발하였으며, 인간 행동의 합리적 측면을 설명하고 있다. 그러나 사람들이 매번 그렇게 철저한 정보처리 과정이나 합리적 선택과정을 거치는 것은 아니다. 소비자는 관심이 높은 신상품이거나 잘못 구매하였을 때 감당해야 할 피해가 큰 상품이 아니면 습관적이고 기계적인 구매를 하기도 한다. 왜냐하면 계속해서 반복 구매하는 제품에 대해서는 나름대로의 단순화한 정보처리 전략을 가지고 행동하는 것이 더 일반적이기 때문이다.

다음의 광고에서는 헤드라인 '몸속 밸런스가 깨졌다'를 보고 호기심을 유발한다. 바디카피를 읽어 보면, 우리 몸은 약알칼리성일 때 가장 건강하며, 현대인은 잦은 스트레스, 담배, 술, 공해로 인해 쉽게 산성화된다는 것을 설득력 있게 설명하고 있다. 그리고 건강에 대한 중요성과 함께 내 몸의 이온밸런스를 지키기 위해 알칼리 이온수기를 선택하는 것이 합리적 행동이라는 것을 강조한다(〈그림 8–12〉).

〈그림 8-12〉 바이온텍 광고

2. 정교화가능성이론

1) 정교화가능성이론의 정의

　페티와 캐시오포는 설득메시지에 대한 기존의 태도변화 이론들을 검토한 후, 이론들을 모두 포함하는 통합적인 이론을 만들어 보려는 시도를 하였다. 이들은 행동적 설득모델과 인지적 설득모델을 결합하여 정교화가능성 모델을 제시하였다. 이 모델에 따르면 태도변화에는 두 가지 기본경로가 있는데, 하나는 중심경로이며 다른 하나는 주변경로이다. 중심경로는 고려 중인 설득메시지에서 제시하는 이슈나 주장에 의해 설득이 일어나는 것이며, 주변경로는 이슈와는 직접적인 관련이 없는 주변단서들에 의해 설득이 일어나는 것이라고 한다.

중심경로를 거쳐 태도변화와 설득이 이루어지기 위해서는 수용자가 설득메시지를 처리할 동기와 처리능력이 있어야 한다. 중심경로를 통한 태도변화는 상대적으로 어려우나 일단 태도변화가 일어나면 오랫동안 지속되는 경향이 있다. 따라서 중심경로를 통한 설득을 위해서는 인지적·논리적·이성적 메시지가 유리하다.

설득메시지가 중심경로를 거쳐 태도변화가 이루어지는 과정은 인지반응이론과 유사하다. 즉 우리는 설득자극에 노출되어 있는 동안에 받아들인 외부의 새로운 정보를 기존의 신념이나 태도, 가치와 같은 내적 정보에 비추어 비교하고 평가하게 된다. 이런 사고과정은 매우 활발한 인지활동이며, 이런 인지활동의 결과로 입력정보 자체와는 다른 내적인 언어적 반응을 만들어 낸다. 예를 들어, '지하 150미터 천연암반수로 만든 맥주'라는 광고를 보면서 소비자는 '깨끗한 물로 만들었겠구나' 하는 생각을 할 수도 있고, '광고에서 하는 말인데 정말 그렇겠어?', 아니면 '천연암반수라고 해서 다 좋을까?' 하는 궁금증이 생길 수도 있다.

주변경로를 거쳐 태도변화가 이루어지는 것은 고려 중인 설득메시지에 대해 동기화가 되어 있지 않거나 메시지를 적절하게 처리할 능력이 없을 때이다. 이때는 다양한 설득단서가 큰 역할을 하는데, 매력적이거나 유명한 모델, 멋진 배경, 재미있는 표현, 유머, 성적 소구, 위협적 소구 등 감정적, 비논리적인 메시지가 사용된다. 주변경로를 통한 태도변화는 비교적 쉽게 이루어지는 대신 오랫동안 지속되지 않고 쉽게 변화하는 특징을 지닌다.

설득메시지가 주변경로를 거쳐 태도변화가 이루어지는 과정은 행동주의적 설득이론과 유사하다. 즉 인간 행동의 상당부분이 비합리적이고 반복적인 방식으로 발생하기 때문에 인지적 설득모델이 가지는 한계점을 극복할 필요가 있다. 정교화가능성이론에서는 이러한 점을 감안하여 인지적 설득모델과 행동적 설득모델을 통합하였다. 주변경로를 통한 태도변화는 관련된 메시지에 따른 보상이나 처벌과 같은 요인들에 의해 결정되거나, 메시지 수용에서 발생하는 판단의 왜곡에 의해 결정되기도 한다. 설득과정을 나타내 주는 이러한 주변경로는 그리 신중한 것은 못된다. 주변경로의 관점에 따르면, 만일 어떤 메시지가 좋은 향기나 매력적인 정보원과 연관된다면 받아들여지며, 지나치게 불일치하는 입장을 취한다면 제시된 주장의 설득력에도 불구하고 거부될 수 있다. 사람들은 그들 자신의 행위나 심리적 반응을 관찰하고 취해야 할 태도를 추론하기도 한다.

그러나 정교화가능성이론에 대해 비판하는 의견도 있는데, 이를 정리해 보면 다음과 같다. 첫째, 하나의 자극이 중심단서가 될 수도 있고, 주변단서가 될 수도 있다. 페티와 카시오포도 자신들의 연구에서 밝혔듯이, 샴푸 광고에서 모델의 매력성이 주변단서로 작용할 것으로 가정하였으나, 피험자들은 샴푸의 기능 중에서 신체적 매력을 중심단서로 생각하고 있었다. 일반적으로 주변단서라고 생각하고 있는 음악, 유머, 이미지 등이 경우에 따라서는 중심단서가 될 수 있다. 둘째, 주변단서를 통한 설득도 반드시 단순한 처리절차를 거친다고 볼 수는 없다. 즉 인간의 감정처리가 언뜻 보기에는 비교적 단순한 주변경로를 거치는 것 같지만, 실제에서는 자신의 경험에 바탕을 둔 인식의 지름길을 통과하는 경우가 많기 때문이다. 셋째, 중심경로를 거치는 태도변화가 항상 강하고 오래 지속되는 것은 아니다. 감정적인 소구를 통해서도 강한 태도형성이 가능하다는 연구결과도 있다. 마지막으로, 중심경로와 주변경로는 대체적인 관계가 아니라 경우에 따라서는 상호보완 관계, 더나아가 상호작용 관계가 될 수 있다. 즉 중심경로를 통한 태도변화가 일어나면 주변경로와는 상관없는 것처럼 취급하고 있지만 실제에서는 계속적으로 상호작용을할 수도 있다.

2) 정교화가능성이론과 광고

페티와 캐시오포가 제안한 정교화가능성 모델은 1980년 이후 가장 합리적인 태도변화 모델로 평가받고 있으며, 광고에서도 많이 활용되고 있다. 특히 광고의 제작과정보다는 광고에 대한 분석과 연구분야에 탁월한 모델로서 인정받고 있다. 대부분의 광고는 중심단서와 주변단서를 모두 포함시키거나 그중 하나를 집중적으로 사용한다.

중심경로를 통한 설득의 경우 소비자는 상표 자체의 속성에 관한 정보에 세심한 주의를 기울이고, 기억 내용 가운데 관련된 경험, 이미지 등을 회상하여 광고가 주장하는 의미를 파악한다. 이러한 분석을 바탕으로 그 상표의 효용성을 추론하고, 그 결과로서 상표에 대한 전체적 평가나 태도를 형성한다. 이와는 달리 주변경로를 통한 설득에서는 소비자가 메시지에 관해 별로 생각을 하지 않으면서 주변적이고 피상적인 정보에 의존해서 태도를 형성할 수도 있다. 이때 소비자는 자신의 인지적 자원을 절약하거나 다른 곳에 소비하거나 하며, 광고의 주장을 피상적으로만 분석한다. 그 결과 제품과 직접적인 관계가 없는 정보나 설득단서에 대한 단순한 추론을 토대로 하여 태도를 형성하게 된다.

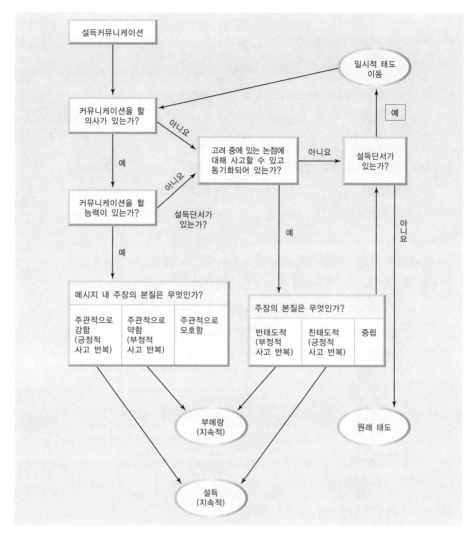

〈그림 8-13〉 **정교화가능성 모델**

　광고에서 중심 단서란 메시지의 주장과 직접 관련이 있는 정보들로서, 상표의 품질과 직접 관련이 있는 속성 정보들을 말한다. 내용물의 양이나 종류, 상표의 물리적·화학적 특성 등이 이런 정보에 속한다. 주변단서란 메시지가 주장하는 내용과 관련이 없는 모든 단서로서, 상표의 품질과는 본질적으로 관계가 없는 정보를 말한다. 매력적인 광고모델, 정보의 양, 배경음악, 정보제시 방법, 배경사진이나 그림 등이 모두 주변단서가 될 수 있다. 일반적으로 수용자들이 광고를 접하는 태도는 수동적이고 저관여 상황이 많으므로 주변단서의 중요성을 간과해서는 안 된다.

¤ 연습문제

1 다음 중 인지적 설득이론이라고 볼 수 <u>없는</u> 것은?

　① 판단이론　　　② 학습이론　　　③ 귀인이론　　　④ 인지반응이론

2 다음 중 통합적 설득이론이라고 볼 수 <u>없는</u> 것은?

　① 조합이론　　　　　　　　　② 합리적 행동이론

　③ 행동주의이론　　　　　　　④ 정교화가능성이론

3 정교화가능성 모델에서 중심경로를 통하는 태도변화의 속성이 <u>아닌</u> 것은?

　① 수용자가 메시지 처리를 할 수 있는 능력과 동기가 있어야 한다.

　② 태도변화가 일어나면 오랫동안 지속되는 경향이 있다.

　③ 논리적이거나 이성적인 메시지 전달에 유리하다.

　④ 멋진 배경이나 성적 소구가 더욱 큰 영향을 미친다.

정답　**1** ②　**2** ③　**3** ④

¤ 연구과제

1 인지적 설득이론에는 어떤 것들이 있는지 설명하시오.

2 판단이론에서 수용영역, 거부영역, 비개입영역의 차이점을 기술하시오.

3 통합적 설득이론에는 어떤 것들이 있는지 설명하시오.

4 언론에서의 의제설정이론이 설득커뮤니케이션에 어떻게 적용되는지 논하시오.

5 정교화가능성 모델에서 중심경로와 주변경로의 차이점을 분석하시오.

제 **9** 장

특수한 형태의 설득커뮤니케이션

개요

설득커뮤니케이션이 적용되는 분야는 매우 넓다. 이 장에서는 특수한 형태의 설득커뮤니케이션이라 할 수 있는 유머광고와 잠재의식광고에 대해 알아본다. 아울러 '설득의 백화점' 이라고 할 수 있는 홈쇼핑 채널에서의 설득커뮤니케이션 전략에 대해 살펴본다.

학습목표

- 특수한 형태의 설득커뮤니케이션을 이해한다.
- 유머광고와 관련된 설득과정을 알아본다.
- 설득기법이 홈쇼핑 채널에 사용되는 현상을 알아본다.

주요용어

유머광고, 역하지각, 잠재의식이론, PPL, 간접광고
홈쇼핑 채널, 설득의 백화점

9.1. 유머광고

1. 유머광고의 정의

사람들은 웃으면서 설득된다. 왜냐하면 웃음은 긍정적인 감정을 유발하기 때문이다. 긍정적인 감정은 대상과 주변에 대한 판단과 평가를 긍정적인 쪽으로 유도한다. 유머광고는 보는 이에게 매우 긍정적인 관심을 유발시키는데, 여기서 형성된 긍정적인 감정은 그 광고제품에 대한 긍정적인 태도와 판단을 야기한다. 유머소구는 상대방의 호의를 제고시켜 반대주장을 감소시키고 정보원과의 친밀감을 높인다. 따라서 광고의 유머소구는 자사 상품에 대한 소비자의 호감을 높이기 위해 사용되는 경우가 많다.

그러나 유머광고가 항상 효과적인 것은 아니다. 유머광고는 효과가 불분명함에도 불구하고 수용자들의 주의를 끄는 매력이 있으며, 제품에 대한 수용자들의 호감과 선호를 강화시킨다는 점 때문에 자주 이용된다. 즉, 잘 만들어진 유머광고는 광고에 대한 긍정적인 태도를 이끌어 낼 수 있으며, 이러한 태도는 소비자의 구매의도에 중요한 변수가 된다.

정보사회, 첨단사회로 변모될수록 사람들은 눈을 감고 귀를 닫으며, 좀처럼 마음의 문을 열려고 하지 않는다. 너무나 많은 자극이 사람들에게 실망을 안겨다 주었기 때문이다. 광고인들은 '좀더 사람들의 마음속의 거부반응을 적게 하는 광고자극을 줄 수 없을까?' 하고 여러가지 방법을 생각해 냈다. 그런 여러 방법 가운데 하나가 바로 유머광고이다. 유머광고는 사람들의 느슨해진 방어벽을 뚫고 설득해 들어가기 수월하며 또 효과적이다.

유머광고는 재미있는 내용, 장면을 통해 사람들이 거부감 없이 쉽게 받아들이게 만드는 경향이 있다. 그래서 유머광고의 웃음이라는 것은 예리한 칼과 다름없다. 왜냐하면 웃음을 통해 사람들의 거부감을 줄인 다음, 사람들에게 자신의 브랜드에 대한 호감도와 인지도를 높이는, 그 속에 숨겨진 목표를 예리하게 달성하기 때문이다.

유머광고는 인간의 감정을 자극하는 정서적 광고 가운데 하나이다. 감정반응을 다루는 광고에는 이른바 '정'을 강조하며 따뜻한 느낌을 유발하는 온정광고, 두려움이나 공포를 유발하는 공포광고, 인간의 벗은 몸을 통해 본능적 자극을 유발하는 성적 소구 광고, 호기심이나 궁금증을 유발하는 티저광고, 이미 널리 알려진 장면이나 자극을 변화시켜 광고에 이용하는 패러디광고 등 다양하다.

2. 유머광고의 종류

유머광고는 인간의 감성을 이용한 정서적 소구인만큼 국경을 초월하여 공감대를 얻기가 쉽다. 유머광고는 다음과 같이 여러 가지 기법을 사용하고 있다.

첫째, 누구나 공감하기 쉬운 성적 유머를 들 수 있다. 성적인 소재를 이용한 유머광고는 인간이면 누구나 공감하는 공통의 관심사이기 때문에 많이 활용되는 편이다. 성(性)은 인간의 가장 원초적인 것이면서 드러내기에는 부끄러운 면이 있으며, 이러한 모순은 바로 유머의 좋은 소재가 된다. 그러나 유의해야 할 점도 있다. 일반적으로 성적 소구 광고가 소비자의 주의를 더 끌지만, 노출이 심하거나 육체적일 때는 비윤리적이라고 지각된다.

둘째, 거짓말 같지만 믿고 싶은 과장의 유머가 있다. 무엇인가를 터무니없이 부풀려서 말하는 과장은 다양한 유머기법 중에서도 가장 고전에 속한다. 고의적인 거짓말은 남을 해롭게 하지만 드러내 놓고 하는 거짓말은 서로에게 친근감을 불어넣을 뿐 아니라 때로는 유쾌한 웃음의 수단이 되기도 한다. 하지만 똑같은 과장이라도 표현이나 비유가 기발하지 않으면 웃음을 이끌어 내기는 힘들다. 따라서 살짝 과장하였을 때 수용자들은 웃음과 함께 그 광고에 공감할 수 있다.

셋째, 의외성과 반전을 지닌 유머광고가 있다. 유머의 기본은 기대하지 않은 상황에서 온다. 즉 정상적인 기대로부터 벗어난 불일치 혹은 부조화에서 오는 것이다. 처음에는 심각한 것으로 지각되던 것이 갑자기 조망(眺望)이 바뀌어 우스꽝스럽게 되거나 어처구니없는 것으로 지각될 때 유머를 경험하게 된다. 반전은 결말을 부각시키고 주제를 좀더 강하고 분명하게 전달하는 효과가 있다.

넷째, 풍자를 사용한 유머광고를 들 수 있다. 풍자는 어떤 대상을 이리저리 빗대어 재치 있게 비판하는 것을 말한다. 이것은 과장과 더불어 유머의 역사 중에서도 가장 오래된 기법 중의 하나이다. 풍자의 대상은 주변 사람이 될 수도 있고 유명한 인물이 될 수도 있다. 그것은 기본적으로 대상의 두드러진 특징을 우스꽝스럽게 과장함으로써 이루어진다. 하지만 유머광고로서의 풍자광고는 너무 심각해서는 안 된다.

다섯째, 패러디를 포함한 유머광고가 있다. 패러디는 원작의 테마, 등장인물의 이미지, 인상적인 장면 등 복합적인 요소들을 차용하거나 인물의 성격, 말투, 의상에 이르기까지 다양한 특징을 광고에 이용하는 것이다. 패러디광고의 장점으로는 소비자들에게 친숙함을 주어 비교적 적은 비용, 적은 시간을 들여 상대적으로 큰 효과를 거둘 수 있다는 것과 소비자들의 시선을 단숨에 잡아 끄는 효과가 있다는 것, 그리고 사람들이 대부분 알고 있는 장면을 소재로 삼아 풍자하거나 상징적인 변형을 자유롭게 할 수 있어 표현하기가 수월하다는 점 등이 있다. 다만 기존 작품을 재구성하는 과정에서 창조적인 수법을 사용해야 하며, 원작보다 더 창의적이고 재미있게 연출하는 감각이 있어야 한다.

3. 유머광고 사용 시 유의점

유머광고는 상표에 대한 긍정적인 감정반응을 연계시킬 수 있어 설득에 효과적이다. 유머광고는 고전적 조건화와 관련하여 자주 활용되고 있으며, 성공적인 유머광고가 되기 위해서는 다음 사항에 유의해야 한다.

① 광고 내용이 소비자에게 우스꽝스럽게 받아들여질 수 있도록 소비자의 특성을 파악해야 한다. 유머 사용에 적합한 소구층은 젊은 층, 고학력층, 남성 그리고 전문직 종사자들이며, 노년층, 저학력층, 그리고 여성 등은 부적합한 소구층이다.

② 지나친 유머의 강조는 의도한 메시지를 소비자가 이해하는 데 방해가 될 수 있다는 것을 알아야 한다. 유머를 사용하는 가장 큰 목적은 주의와 인식을 높이기 위한 것이다.

③ 웃음을 자아내는 광고라도 너무 반복적으로 자주 접하게 되면 지루함을 느낄수 있다.

④ 유머가 제품과 관련된 것일 때 가장 효과적이다. 유머 사용이 적합한 제품은 소비재와 서비스재이며, 산업재와 기업홍보에는 부적합하다.

⑤ 유머 사용에 가장 적합한 매체는 라디오와 텔레비전이다.

4. 유머광고의 사례

　여자가 차에서 내렸는데, 올이 차에 끼여서 니트 치마가 점점 짧아지기 시작한다. 뒤의 남자들의 표정과 차보다는 사람이 느리다는 일반적인 상식을 모두가 가지고 있기에 뒷일을 상상하게 된다. 여성의 옷이 몸에 달라붙는 것과 함께 그런 상상을 불러일으키게 하고, 또한 차를 따라가야 한다는 재미있는 소재를 선사하는 성적 소구를 이용한 유머광고라고 볼 수 있다(〈그림 9-1〉).

　'SHOW' 라는 이동통신을 사용하면 영화관 할인 혜택이 주어진다는 것을 과장하여, 말 그대로 영화관에서 쇼를 하여 웃음을 자아내는 유머광고이다(〈그림 9-2〉).

　〈그림 9-3〉의 풍자형 유머광고에서는 클린턴의 이마에 르윈스키의 사진을 붙여

〈그림 9-1〉 **엑스피드 광고**

〈그림 9-2〉 KTF의 SHOW 광고

놓음으로써 실제 일어났던 상황인 클린턴과 르윈스키의 스캔들을 사람들에게 떠오르게 하고, 그 상황에서 클린턴이 얼마나 두통이 심하였을까를 떠올려 웃음을 자아낸다.

2002년 한일월드컵 당시 한국과 이탈리아 전에서 우리에게 강한 인상을 주었던 무레노 주심을 패러디한 광고로, 2006년에 제작되어 많은 인기를 얻었다. 중후한 연기를 하던 임채무의 파격변신과 패러디의 절묘한 조화가 돋보였다(〈그림 9-4〉).

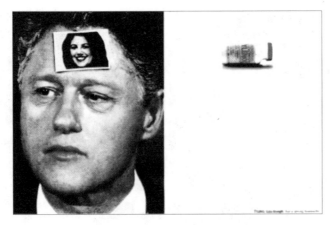

〈그림 9-3〉 타이레놀 광고

〈그림 9-4〉 롯데삼강 돼지바 광고

9.2. 잠재의식광고

1. 잠재의식의 정의

잠재의식이란 무의식이라고도 하는데, 인간의식의 식역(識域) 이하를 의미한다. 즉 인간의 뇌 중에서 우리가 의식적으로 자각하지 않고 있는 상태에서도 정보를 보유하고 활용할 수 있는 부분을 일컫는다. 심리학적 용어로는 '역하지각'이라고도 하는데, 수용자가 자신도 의식하지 못하는 사이에 설득적 메시지를 받아들이게 되는 것을 말한다. 따라서 잠재의식 메시지는 의식적으로 인지하고 처리되는 대부분의 설득메시지와는 다른 설득과정을 거친다. 메시지가 우리의 감각기관이 파악하기 힘들 정도로 희미하거나 빠르게 제시되어 이를 감지할 수 없는 경우, 그 메시지는 잠재의식에 의해 처리될 가능성이 있다.

잠재의식에 관한 연구는 프로이트와 그 학파에 의해 많은 연구가 이루어졌다. 인간의 잠재의식은 꿈이나 기억, 적응도, 의식적인 지각작용과 언어적 행동, 정서적 반응, 충동과 관계된 행동, 그리고 지각적 식역 등에 영향을 미치는 것으로 나타났다. 지각적 식역은 인간의 두뇌 속에 의식세계와 무의식세계를 구분짓는 상상적인 경계선을 말한다. 이런 잠재의식을 통해 사람들의 행동을 조작, 변경, 조종하려는 목적으로 의식적으로는 감지되지 않는 언어나 그림들을 미디어에 의도적으로 집어넣는 것을 잠재의식적 자극이라고 한다. 특히 식음료, 주류, 담배, 정치광고 등에 간혹 사용되어 물의를 빚기도 한다.

2. 잠재의식광고의 종류와 사례

잠재의식광고는 자극점을 이용하는 방법에 따라 다음과 같이 분류할 수 있는데, 이러한 방법을 중복해서 사용하기도 한다.
① 순간 노출을 이용하여 시각적인 자극을 주는 방법
② 매우 낮은 볼륨이나 아주 빠른 속도로 청각적인 메시지를 전달하는 방법
③ 인쇄광고물의 일러스트에 성적인 이미지나 단어를 삽입하는 방법

〈그림 9-5〉 맥도날드 잠재의식광고

④ 도안과 바탕의 혼합을 통해 착각을 일으키는 방법

⑤ 이중의미를 부여함으로써 단어를 다른 상징과 결부시키는 방법

⑥ 조명이나 효과음을 교묘히 활용하는 방법

　광고 속에 잠재의식적 메시지를 삽입하려는 시도가 간혹 이루어지고 있다. 잠재의식광고는 우리나라와 많은 나라에서 불법으로 정해져 있으며 사용이 금지되어 있다. 광고업계는 잠재의식적 자극의 효과에 대해 공식적으로는 부정하지만, 잠재의식 자극이 광고에 간혹 사용되고 있다. 잠재의식, 즉 역하지각은 소비자 행동에 영향을 미치는 실질적인 증거가 없음에도 불구하고 많은 사람들의 관심을 끌고 있는데, 그 이유는 효과가 있다고 믿기 때문이다.

　한 예로, 미국 케이블 네트워크인 'Food Network'에서 방송되고 있는 요리 프로그램을 보던 중, 순간적으로 붉은 프레임을 눈치 챈 어느 시청자가 녹화 파일을 확인한 결과, 맥도날드의 로고가 잠재의식광고로 삽입되어 있었다(〈그림 9-5〉).

　잠재의식광고가 사용된 최초의 실험은 1957년 제임스 비커리가 뉴저지의 한 극장에서 영화 화면에 'Eat Popcorn', 'Drink Coka-Cola'라는 자막을 300분의 1초라는 짧은 시간 동안 5초 간격으로 투사한 것이다. 그 결과 그 극장의 휴게실에서 코카콜라의 판매가 평소보다 17% 증가하였고, 팝콘은 58% 증가하였다. 그러나 이 실험은 소비자에게 영향을 줄 수 있는 다른 효과에 대한 통제가 불가능하였다는 점과 방법론적인 약점이 있다는 이유로 지속적인 비평을 받아 왔다.

　잠재의식광고의 일종인 자극삽입은 주로 성과 관련된 자극을 소비자들이 알아차리지 못하도록 광고에 몰래 삽입하는 것을 말한다. 키는 『미디어의 성(性) 착취』에서 크래커, 정치광고물, 벨 전화 광고 등에 맨눈으로는 알 수 없을 정도로 작은 'sex'라는 단어가 삽입되어 있다고 주장하였다. 그러나 이런 자극삽입을 이용한 광고의 경우에도 실제로 뚜렷한 효과를 입증하는 연구는 별로 없다.

역하자극의 효과에 대한 끊임없는 논쟁과 확실한 증거가 없음에도 불구하고 광고분야에서 역하광고는 소비자의 선택적 주의를 통과할 수 있고, 또 의식하지 못하는 상태에서 영향을 미칠 수도 있다는 생각 때문에 계속 시도되고 있다. 이 기법을 사용한 광고를 우리나라에서는 '잠재의식광고'라고 하여 금지하고 있는데, 이러한 현상은 우리나라뿐만 아니라 많은 나라에서도 마찬가지이다. 그 이유는 역하광고의 효과에 대한 논란 때문이 아니라 인간을 상업적 이윤의 도구로 삼는 의도가 비윤리적이라고 보기 때문이다.

잠재의식광고에서 성, 죽음, 비난 등 문화적 금기를 사용하는 이유는 이와 같은 문화적 금기들은 의식세계의 수준에서는 금지되지만 무의식세계에서는 즉각적으로 수용되기 때문이다. 우리 뇌 속의 무의식세계는 그림, 사진, 경치 중에서도 논리에 닿지 않거나 문화적 금기에 속하는 요소들에 대해 민감하다. 'Sex'라는 단어처럼 지나친 감정이 실리거나 금기시되는 말과 거기에 관련된 내용들은 잠재의식적인 수준에서 지각되어 무의식적인 기억체계 속에서 강하게 작용하는 경우가 많다.

〈그림 9-6〉 광고의 얼음 부분을 확대해 보면 남성의 성기에 입을 가져다 대는 여성의 모습을 흐릿하게 볼 수 있다.

〈그림 9-6〉 **코카콜라의 잠재의식광고**

〈그림 9-7〉 펩시콜라의 잠재의식광고 디자인

또한 〈그림 9-7〉에서 보는 것과 같이 펩시콜라 캔의 그림을 겹쳐 쌓으면 'SEX'
라는 단어가 형성된다.

인간의 청력으로는 들을 수 없는 영역의 소리나 암시를 노래 중간중간에 삽입하
여 어떠한 효과를 내고자 만든 음악 앨범도 있다. 최근 정신집중을 통한 학습능력
향상, 태교음악, 명상음악, 마음을 차분하게 하는 음악 등 여러 가지 형태로 인기를
끌고 있다(〈그림 9-8〉).

〈그림 9-8〉 잠재의식과 음악(서브리미널 효과음)

3. 잠재의식과 PPL광고

　잠재의식광고가 법적으로 금지되고 있기 때문에 사례를 찾아보는 것은 제한적이다. 잠재의식광고라고는 할 수 없지만 유사한 형태의 광고를 접하고 있는데, 텔레비전 프로그램이나 영화 등에서 시행되고 있는 PPL이다. PPL은 시청자에게 간접적인 방법으로 기업의 제품이나 서비스를 홍보함으로써 소비자가 은연중에 친근함을 느끼게 하므로 유사 잠재의식광고라고 할 수 있다. PPL이란 특정 기업의 협찬을 대가로 영화나 드라마에서 해당 기업의 상품이나 브랜드 이미지를 끼워 넣는 광고기법이다. 기업 측에서는 화면 속에 자사의 상품을 배치하여, 관객들의 무의식 중에 상품 이미지를 심어 자연스럽게 인지시킬 수 있고, 영화사나 방송사에서는 제작비를 충당할 수 있어 자주 활용된다.

　우리나라에서 PPL은 잠재의식광고처럼 방송의 상업성을 부추긴다는 이유로 금지되고 있으며, 법적으로도 지나친 간접광고는 처벌의 대상이다. 실제 광고자율심의기구의 심의현황을 살펴보면 간접광고가 가장 많은 지적비율을 차지하지만, 법적 제재는 미미한 형편이다. 간접광고는 법적으로 제한받는 방송에서와는 달리 영화제작에서는 활성화되고 있다. 원래 PPL은 영화제작 시 소품담당자가 영화에 사용할 소품들을 배치하는 업무를 가리키는 말이었다. 미국에서는 1940년대에 도입되었으며, 1982년에 개봉한 스티븐 스필버그 감독의 영화 〈ET〉에 등장한 M&M사

〈그림 9-9〉 영화에서 보여진 PPL 상품들

의 초콜릿 캔디는 개봉 3개월 만에 66%의 매출 신장을 기록해 PPL의 효력을 증명하였다. 국내에서는 1990년대 초반부터 PPL이 본격적으로 도입되기 시작하였는데, 영화 〈결혼이야기〉에서 신혼부부 주인공으로 등장한 최민수와 심혜진이 사용한 가전제품은 모두 삼성에서 협찬받은 제품이었다.

〈그림 9-9〉에서 보이듯, 영화 〈내 여자친구를 소개합니다〉에서는 극중 주인공인 전지현이 광고모델로 나오는 지오다노, 비요뜨, 엘라스틴 등을 PPL로 활용하였다.

9.3. 설득의 백화점 : 홈쇼핑 채널

1. 홈쇼핑 채널 현황

홈쇼핑은 '집에서 쇼핑을 한다' 는 뜻으로, 직접주문에 의해 필요한 상품이나 서비스를 구입하는 행위를 말한다. 홈쇼핑은 무점포판매, 다이렉트 마케팅, 텔레마케팅, 통신판매, 우편주문판매, 카탈로그판매, 케이블 TV 쇼핑, 온라인 쇼핑 등 다양한 유통형태를 가지고 있는데, 여기에서는 가장 대표적인 홈쇼핑 수단이라고 할 수 있는 텔레비전을 통한 홈쇼핑 채널에 대해 살펴보자.

홈쇼핑의 발전은 신용카드를 통한 결제시스템, 편리한 운송수단인 택배제도, 인터넷 정보검색 등의 보완적 수단이 갖추어지면서 비약적인 발전을 하고 있다.

홈쇼핑 채널은 상품 소개 및 판매에 관한 전문 편성을 하는 방송이다. 홈쇼핑 채널은 '설득의 백화점' 이라고 할 만큼 다양한 설득기법이 동원되며, 연중무휴로 구매설득을 하고 있다. 따라서 프로그램 전체가 광고방송인 만큼 광고 전문 방송이라고 할 수도 있다.

홈쇼핑이란 소비자의 입장에서 보면 가정에서 주문하여 배달까지 받는 홈쇼핑이지만, 판매자의 입장에서 보면 일종의 통신판매이다. 즉 통신판매의 수단으로 텔레비전을 사용하는 것이 홈쇼핑이며, 2008년 현재 우리나라에는 GS홈쇼핑, CJ홈쇼핑, 현대홈쇼핑, 롯데홈쇼핑, 농수산홈쇼핑 등 다섯 개의 채널이 있다.

홈쇼핑은 여러 장점이 있기에 짧은 기간 동안에 비약적인 성장을 해 왔지만, 그 이면에는 많은 문제점을 가지고 있다. 가장 대표적인 것이 '홈쇼핑 중독' 으로서,

사회적으로도 큰 파장을 일으킨 바 있다. 홈쇼핑 중독은 소비자들이 홈쇼핑에 대한 이해와 지식 없이 무방비상태로 홈쇼핑 방송을 시청하면서 충동구매, 과소비에 이르게 되는 결과를 낳았다. 이는 소비자들이 구매설득 과정에 내포된 정교한 판매전략, 전술, 수단 등으로 구성된 24시간 케이블 TV 홈쇼핑 프로그램에 무비판적으로 노출됨으로써 비롯된 부정적 결과이다. 어찌 보면 '수사학적 무기'로 철저히 무장한 '홈쇼핑 전사들(쇼호스트, 게스트, 관객, 모델, 제작자 등)'이 '무차별적 설득전략'을 앞세워 무방비상태의 소비자들에게 벌인 일방적인 게임이라고 할 수 있다.

2. 홈쇼핑 채널의 설득전략과 사례

홈쇼핑 채널은 대중매체의 힘을 상업적 목적으로 최대한 활용하는 것이며, 모든 프로그램에는 상품판매를 위한 정교한 설득메시지가 내포되어 있다. 즉 일반 시청자들을 설득하여 즉각적으로 행동하는 소비자로 만드는 설득전략이 교묘하게 내재되어 있다. 홈쇼핑 채널 프로그램이 구사하는 고도의 구매설득 과정에 무방비로 노출된 소비자들은 홈쇼핑 채널이나 통신판매를 이용할 때 많은 주의를 기울여야 한다. 이뿐만 아니라 이에 대한 심의와 소비자단체들의 감시활동이 강화되어야 할 것이다.

홈쇼핑 채널에서 주로 사용하는 설득전략과 그 사례들을 살펴보면 다음과 같다. 경우에 따라서는 다양한 설득기법을 복합적으로 사용하여 더욱 강력한 설득효과를 가져오기도 한다.

첫째, 소비문화적 설득을 실시하고 있다. 예를 들면 고가품, 명품, 진품을 다른 곳보다 저렴하게 구입할 수 있다는 점을 강조하며, 비교적 적은 비용으로 고급 소비문화를 즐길 수 있다는 심리를 자극한다. 때로는 백화점 가격과 홈쇼핑 할인가격을 동시에 제시함으로써 구매이득을 보는 것처럼, 지금 이 물건을 구입하지 않는 사람은 마치 손해를 보는 것 같은 분위기를 만들어 낸다(〈그림 9-10〉).

둘째, 인간의 약점을 교묘하게 파고든다. 특히 건강식품, 헬스기구, 다이어트상품을 많이 판매하고 있다. 건강하게 장수하고 싶은 욕망은 인간이라면 누구나 지니고 있는 소망이다. 따라서 건강식품을 만병통치약처럼 과장하는 설득메시지에 소비자들이 쉽게 설득된다. 날씬하게 살고 싶은 여성들에게 다이어트 제품을 소개하는 것도 같은 이치이다(〈그림 9-11〉).

〈그림 9-10〉 고급 소비문화를 강조하는 설득전략

〈그림 9-11〉 건강과 다이어트를 강조하는 설득전략

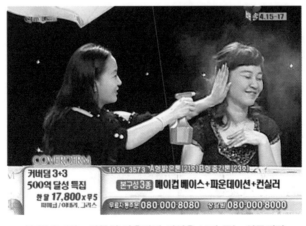

〈그림 9-12〉 상품의 사용방법 시연을 보여 주는 설득전략

〈그림 9-13〉 잘 알려진 텔레비전 프로그램을 활용하는 설득전략

셋째, 쌍방향 커뮤니케이션 형태의 의사소통전략을 구사함으로써 시청자의 의문을 대신 해결해 주는 전략을 사용한다. 이른바 쇼핑 진행자 외에도 전문가 또는 제조업체 담당자들이 쇼핑게스트로 등장하여 상품의 우수성이나 사용방법 등을 시연하거나 생생하게 증언해 준다(〈그림 9-12〉).

넷째, 동영상이나 각종 자료를 보여 준다. 특히 방송국의 주요 뉴스에 홍보자료로 제공되었던 자료들을 마치 사실인 것처럼 인용하는 등 대중매체의 후광효과를 활용한다. 특정 대학이나 연구소에 의뢰한 실험결과들을 검증하지도 않은 채 도표와 전문용어를 활용하여 제시함으로써 일반인들이 신뢰감을 가지도록 유도한다(〈그림 9-13〉).

다섯째, 제한된 시간과 한정된 수량을 강조함으로써 시청자들의 마음을 조급하게 한다. 방송이 진행되고 있는 동안에 전화한 소비자에게만 할인판매를 한다거나

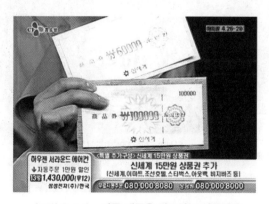

〈그림 9-14〉 경품 제공을 강조하는 설득전략

〈그림 9-15〉 잘 알려진 연예인을 활용하는 설득전략

경품을 제공한다고 할 때 시청자들은 쉽게 반응한다(〈그림 9-14〉).

여섯째, 전문가 또는 사용자가 등장하여 증언식 메시지를 전달할 때 소비자들은 쉽게 설득된다. 소개하는 상품과 관련이 있는 전문가, 유명인, 연예인 등 시청자들에게 친근감을 느끼게 하거나, 권위 있는 해설을 통해 일반인은 쉽게 구매의사결정을 하게 된다(〈그림 9-15〉).

마지막으로, 매력 있는 전달자를 활용하는 것을 볼 수 있다. 의류 특히 속옷 판매할 때에는 매력적인 외모를 지닌 모델의 선정적인 자태를 보여 줌으로써 '저 제품을 구입하여 착용하면 나도 저렇게 될 수 있다'는 생각을 가지게 한다(〈그림 9-16〉).

〈그림 9-16〉 매력적인 모델을 활용하는 설득전략

¤ 연습문제

1 다음 중 유머광고의 종류가 <u>아닌</u> 것은?

   ① 성적 유머   ② 과장유머   ③ 허위유머   ④ 풍자유머

2 잠재의식광고에 흔히 사용하는 요소가 <u>아닌</u> 것은?

   ① 음악   ② 향기   ③ 성적 자극   ④ 죽음

3 우리나라에서 가장 오래된 홈쇼핑 채널은 어느 것인가?

   ① 39홈쇼핑   ② 현대홈쇼핑   ③ 롯데홈쇼핑   ④ 농수산홈쇼핑

정답 **1** ③ **2** ② **3** ①

¤ 연구과제

1 유머광고를 사용 할 때 유의할 점을 논하시오.

2 성적 소구 광고가 얼마나 효과적인지 잠재의식이론으로 설명하시오.

3 PPL이 무엇이인지, 최근 광고 또는 영화에 사용된 사례를 들어 설명하시오.

4 홈쇼핑 채널에서 사용하고 있는 설득기법을 논하시오.

5 홈쇼핑 채널을 '설득의 백화점' 이라고 부르는 이유를 설명하시오.

제 10 장

설득커뮤니케이션과 PR

개요

PR는 광고와 함께 설득커뮤니케이션의 대표적인 적용분야이다. PR와 관련된 설득이론은 실제 상황에서 다양하게 활용되고 있다. PR는 조직과 공중 간의 이해, 용인, 협력을 도모하고, 더 나아가 호의 형성을 위해 실시하는 설득커뮤니케이션이다. PR는 정부, 기업, 각종 단체에서 실시하고 있으며, 이 장에서는 주로 기업의 PR 활동을 중심으로 살펴본다.

학습목표

- PR의 설득기능을 이해한다.
- PR와 관련된 설득이론을 설명할 수 있다.
- 설득커뮤니케이션 이론이 PR에 응용되는 현상을 알아본다.

주요용어

공중, 퍼블리시티, 뉴스릴리스, 프레스 킷, 기업홍보, 인물홍보
위기관리 홍보, 목표관리, 표적공중, 기업 이미지, 기업 PR 광고
스포츠 마케팅

10.1. PR란?

1. PR의 정의

PR(Public Relations)는 조직과 공중(公衆, public) 간의 이해, 용인과 협력을 유지하고 도모하는 설득커뮤니케이션이다. PR는 발생한 문제나 쟁점을 관리하고, 경영진으로 하여금 여론을 인지하고 이에 반응하도록 도와주며, 공공의 이익에 봉사하는 경영자의 책임을 규정하고 제시하는 기능을 가지고 있다. PR라는 표현 대신 홍보 또는 공중관계라고도 한다. 선진적 PR는 일단 문제가 발생한 뒤에 대처하는 수동적인 PR보다 평소에 좋은 관계를 유지하고 상호이익을 위해 능동적이고 적극적으로 자료를 제공하는 대언론 관계를 더욱 중요시한다.

PR의 정의는 매우 다양하며 그 숫자만 해도 500여 개에 이른다는 연구결과가 있는데, 그중에서 가장 대표적인 것을 몇 개만 들어 보면 다음과 같다.

- PR는 조직과 공중 간의 상호이해를 넓히고 유지하기 위해 의도적으로 계획된 지속적인 노력이다(영국 여론연구소).
- PR는 상호 만족할 만한 쌍방적 커뮤니케이션을 기초로, 사회적으로 책임 있고 수용될 수 있는 행동을 통해 여론에 영향을 미치기 위한 계획된 노력이다(커틀립과 센터).
- PR는 조직과 그 공중 간의 커뮤니케이션 관리이다(그루닉과 헌트).

2. PR와 광고의 구분

앞의 여러 장에서 설득커뮤니케이션과 광고에 대해 살펴본 것처럼, 광고와 관련된 설득이론들은 PR에서도 그대로 적용되는 경우가 많다. PR도 광고와 같이 설득적 메시지를 담고 있으며, 매스미디어를 통해서 전달되는 설득커뮤니케이션의 한 형태이다. 그런데 광고와 PR의 기본적인 차이점은, 광고가 인쇄매체의 지면과 방송매체의 시간대를 유료로 구매하는 것인 데 비해, PR는 설득메시지에 대해 비용을 직접 지불하지 않는 점이 다르다. 즉 PR는 뉴스 가치가 있는 자료를 제공하여 언론매체에 기사 또는 프로그램으로 취급되도록 유도하는 체계적이고 조직화된 활동이다. 따라서 PR의 내용이 흥밋거리를 제공하거나 공중의 이익을 내포하는 쌍방향적인 메시지를 다룰 때 매스미디어에서 취급될 확률이 높아지고, 더 나아가 공중의 호의와 지지를 확보하기가 용이해진다.

10.2. PR의 주체

PR의 주체는 경제 주체인 기업 또는 정부에서 하는 PR가 가장 흔한 형태이며, 최근에는 비영리단체 또는 비정부기구에서도 활발한 PR 활동을 하고 있다. 여기에서는 기업의 PR 활동을 중심으로 살펴본다.

1. 기업의 PR 활동

PR를 가장 많이 활용하고 있는 주체는 기업이다. 기업은 광고와 아울러 다양한 PR 활동을 통해 자사의 이미지를 좋게 하고 공중에게 호의가 생성되도록 설득한다. PR의 방법은 퍼블리시티(publicity)와 같은 대언론활동, 사내보 및 사외보 발행을 통해 내부 및 외부 공중과의 접촉 확대, 소비자상담실 운영을 통해 고객 또는 잠재고객과의 직접커뮤니케이션 활동, 문화활동 지원이나 불우이웃돕기와 같은 사회공헌 활동, 국제 홍보 등 다양한 방법을 통해 실시하고 있다. 대부분의 기업에서는 홍보업무를 담당하는 책임자와 부서를 두고 기업 이미지 제고를 위해 다양한 노력을 기울이고 있다.

최근에는 인터넷 홈페이지를 통한 PR 활동이 가장 활발하게 이루어지고 있다. 인터넷 홈페이지에 다양한 정보와 뉴스를 제공하기도 하고, 이메일이나 휴대전화 문자서비스를 통해 유용한 정보를 전달한다. 그뿐만 아니라 각종 행사 안내, 경품 및 할인권 제공, 소비자가 직접 제작한 내용(UCC)을 홈페이지에 게재하여 고객을 만족시키고, 고객과의 호의적인 관계 유지를 위해 많은 노력을 하고 있다. 이른바 통합마케팅 커뮤니케이션을 지향하는 새로운 시대의 광고와 마케팅은 '고객만족'

〈그림 10-1〉 대한항공 사보 『Sky News』 　　〈그림 10-2〉 POSCO 인터넷 뉴스레터

을 키워드로 여기고 있으며, 이를 위해 고객과의 관계를 중시하고, 고객에 대한 최신정보 수집을 통해 데이터베이스를 구축하고 있다.

2. 정부의 PR 활동

정부는 각 부처의 대변인, 홍보실, 출입기자실 등을 통해 정책 수행에 대해 국민들의 호의적이고 긍정적인 반응을 유도하기 위한 홍보활동을 하고 있다. 특히 IMF 구제금융을 받을 때에는 정부 각 부처의 입장을 설명하고 해외자금의 유치를 위해 부처별로 홍보전문가를 대변인으로 영입하여 적극적인 홍보활동을 하여 큰 효과를 거둔 바 있다. 그리고 각 부처의 책임자들이 언론매체에 적극적으로 대처하려는 경향이 높아져, 각종 대담 프로그램에 참여한다거나 신문의 칼럼에 기고하는 사례가 늘고 있다.

정부부처뿐만 아니라 정부출연기관 및 각급 지방자치단체들도 PR 활동에 열을 올리고 있다. 지방자치단체들은 각 지역의 특성에 맞는 다양한 행사를 개발하여 많은 외지인이 자기 고장을 방문하게 함으로써 결과적으로 지역의 경제활성화를

〈그림 10-3〉 **서울시 뉴스레터 『서울사랑』**

가져올 수 있다고 본다. 예를 들면 서울특별시의 'Hi Seoul' 페스티벌, 경북 청도의 '소싸움', 이천·여주의 '도자기축제' 등을 들 수 있다.

3. 기타 단체의 PR 활동

최근 들어 환경·정치·경제·문화·소비자·여성단체 들을 중심으로 시민단체 및 비정부기구의 활동이 활발해지고 있으며, 이러한 단체들도 자신들의 목표달성과 공중의 호의 획득을 위해 다양한 PR 활동을 전개하고 있다. 환경운동의 취지에 동참하고 회원가입을 권유하는 광고, 소액주주들의 권익을 보호하고 대주주의 횡포를 막기 위해 펼치는 소액주주운동은 대표적인 사례라고 할 수 있다. 그 밖에도 적십자사, 종교단체, 교육기관, 의료기관 등 과거에 PR 활동을 하지 않던 단체들도 공중을 설득하여 관심과 지지를 이끌어 내기 위해서 활발한 PR 활동을 하고 있다.

〈그림 10-4〉 한국관광공사 영문안내책자   〈그림 10-5〉 인도관광청 신문광고

〈그림 10-6〉 서울치과의사협회보 『즐거운 치과생활』

〈그림 10-7〉 꽃동네 뉴스레터 「꽃동네회」

10.3. PR의 형태

공중을 설득하여 호의를 형성하고, 더 나아가 동조를 구하기 위해서 다양한 형태의 PR 활동이 이용되고 있다. 그 가운데서 대중매체를 대상으로 실시하는 PR 활동을 대언론활동이라고 하며, 그 방법은 뉴스 가치가 있다고 판단되는 정보를 언론사에서 취급하기 용이하도록 적절히 가공하여 시의성 있게 제공하는 것이다. 언론매체에 제공된 자료가 게재 또는 방송되면 많은 수용자에게 전달되어 큰 영향력을 발휘할 수 있다. 이처럼 조직이나 개인에 관한 정보를 출판물이나 뉴스매체에 제공하는 것을 퍼블리시티라고 한다.

좀더 구체적으로 퍼블리시티는 라디오, 텔레비전, 잡지, 신문, 사보, 뉴스레터 등 매스미디어에 뉴스 가치가 있는 정보를 제공하는 것을 일컫는다. 퍼블리시티의 내용은 사실을 바탕으로 하되 PR를 실시하는 조직이나 단체, 즉 PR주에게 유리한 내용을 선별적으로 보내는 경우가 일반적이다. 퍼블리시티는 PR의 중요한 부분으로서, 공중의 호의를 획득하거나 긍정적인 태도를 형성하기 위하여 설득적 메시지를 담는 경우가 대부분이다. 퍼블리시티에는 가장 대표적인 형태인 뉴스릴리스(news release)를 비롯하여 기업홍보, 사보지 발간, 이벤트 개최 등 다양한 방법이 있으나, 여기에서는 일반적으로 많이 활용되는 퍼블리시티의 종류에 대해 알아보기로 한다.

1. 뉴스릴리스

새로운 제품이나 서비스를 공중에게 알리는 가장 대표적인 방법은 언론사에 유용한 자료를 작성하여 전달하는 것이다. 뉴스릴리스는 기업이나 조직이 기업, 제품, 서비스에 관하여 대중매체에게 정보를 제공하는 통신문서를 의미하며, 언론사에서 참고하거나 이용할 수 있도록 제공되는 자료 전체를 프레스 킷(press kit)이라고 한다. 일반적으로 뉴스릴리스는 프레스 킷의 가장 중요한 부분이며, 언론사는 뉴스 가치가 있는 내용을 선별하여 매체에 게재함으로써 가장 효과적인 퍼블리시티를 할 수 있게 된다. 기존의 뉴스릴리스는 인쇄매체를 대상으로 주로 문서화된 자료를 제공하였으나, 요즈음은 슬라이드 사진, 방송용 비디오테이프, 디지털 사진, 시디롬, DVD, 이메일 등 다양한 멀티미디어를 활용하여 언론사에 배포함으로써 즉시 사용할 수 있도록 정교화된 프레스 킷을 제공하고 있다(〈그림 10-8〉 참조).

 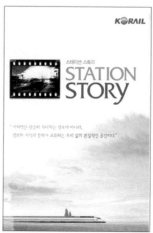 

〈그림 10-8〉 KORAIL 프레스 킷 일부

2. 기업홍보

오늘날 홍보의 대부분을 차지하는 것은 경제 주체로서의 기업이라 할 수 있다. 즉 회사에 대해 좋은 이미지와 감정을 공중의 마음속에 심는 것으로, 좋은 이미지를 가진 회사의 제품은 소비자에게 좋은 반응을 받게 된다. 기업홍보는 회사 자체의 훌륭한 평판을 조성하고 촉진하기 위한 홍보라는 점에서 제품광고와 구별된다. 기업홍보를 위해서 신제품 개발 소식, 수상 소식, 소비자 현장견학, 의견지도자에 대한 산업시찰 등 다양한 홍보활동을 전개하고 있다(〈그림 10-9〉).

3. 인물홍보

회사의 창업주, 회장, 사장 및 기타 임원 등에 대한 인물기사는 회사 그 자체에 대한 인격성을 조성하는 데 큰 기여를 한다. 전문경영인들에 대한 인물평, 장학금 전달, 불우이웃 돌보기와 같은 인정미담의 기사, 공중연설이나 특강, 신문이나 잡

〈그림 10-10〉 **인물홍보의 예**

지의 대담기사, 텔레비전 또는 라디오의 대담 프로그램 참여, '성공시대'와 같은
다큐멘터리 프로그램의 주인공이 됨으로써 조직에 대한 호의 조성에 크게 이바지
할 수 있다(〈그림 10-10〉).

4. 제품홍보

   신제품을 개발하거나 제품의 질을 높인 경우, 예를 들면 '세계 최초의 고성능 메
모리칩 개발'과 같은 소식처럼 제품의 질을 획기적으로 향상시킨 기사, 새로운 개
념의 신제품을 개발한 경우, 해외시장에 진출하거나 해외시장에서 호평을 받은 경
우, '올해의 히트상품'처럼 관련 업계 또는 유관 단체로부터 수상하는 경우, '신차
발표회'와 같이 제품과 관련이 있는 행사를 마련하여 언론사, 소비자, 여론선도자,
관련 업자들에게 제품과 관련된 홍보를 할 수 있다. 새로운 제품에 대한 시연회나
설명회를 가짐으로써 소비자들에게 적절한 상품정보를 제공하기도 한다(〈그림 10-
11〉).

산삼으로 만든 탈모제 어때요

토종생약 탈모방지제들 미녹시딜제에 도전장

급성장하고 있는 탈모방지(치료)제 시장을 놓고 토종과 수입제품간 경쟁이 치열해질 것 같다. 미녹시딜을 주원료로 하는 수입 탈모 치료제와 국산 생약을 주원료로 하는 탈모방지제간 시장 다툼이다.

수입품은 두피에 바르는 제품으로 일반의약품으로 인정받아 약국에서 판매되고 있다. 토종 탈모방지(치료)제는 살무 반식으로 사용하여 의약외품으로 허가받아 팔리고 있다.

◆미녹시딜 외용액=미녹시딜은 미국 업손사가 개발, 미국 FDA로부터 유일하게 탈모치료성분이다. 바이 차는 미녹시딜을 5% 외용액으로 '로게 인'을 내놓고 있으며 마케팅에 상당한 시장을 점유했다. 고려시마티리아 + 이용 수입, 국내 약국을 통해 판매하고 있으며 탈모로 고민하고 있는 사람들 간에 어린 인지도를 상당히 높여놓고 있다.

CJ에는 2004년 말 스칼프메드(사진③)를 출시했다. 시장의 성장흐름에 따라 요즘 광고를 대폭 늘리고 마케팅을 강화하는 중이다. 스칼프메드는 미국 MHL사가 개발한 제품으로, 여서 미녹시딜 5%의 외용액이다. 미녹시딜은 8가지 보조성분으로 만들었다. CJ는 MHL사의 기술 제휴해 국내 독점계약을 맺고 수원공장에서 이 제품을 자체 생산해 판매하고 있다.

CJ관계자는 "사용의 권리성에서 미국 원재료를 뛰어넘는다는 점을 알고 있다. 혼합기술에 대해 본사가 역수입을 고려할 정도"라고 말했다. 탈모 방지제 일반의약품 시장은 연간 250억 원 정도다. 02-726-8100.

◆토종 생약 제재=파보노션은 국산 생약을 주성분으로 하는 탈모방지용 살무 '보노겐'을 개발, 2004년 식품의약품안전청으로부터 의약외품으로 풍위허가를 받아 2005년2월부터 국내 판매하고 있다.

모대 모 국립대학에서 실시한 안전성과 효과 실험에서 미녹시딜과 동등한 트리홈A(AAA)를 받았다고 회사 측은 주장했다. 광고를 하지 않고 네트워크 마케팅 업체들 통해 판매하고 있으며, 효과에 대해 입소문이 잘나 급속히 판매가 늘어나고 있다.

회사 측은 "남성호르몬 과다본비, 스트레스, 두피의 혈액순환 장애, 머리용 탈모 원인을 억제하는 천연 생약 성분으로 만들어져 탈모의 진행을 억제하고 두피·모발에 영양을 공급해 모발 재생효과를 낸다"고 설명했다.

사용이 쉽다. 머리에 샴푸처럼 바른 뒤 분지르고, 3~5분 뒤 물로 행구면 된다. 080-483-1000.

광장농산영농조합법인은 최근 '장생모+30'(사진④)을 개발, 시판에 나섰다. 이 조합법인이 고려산삼연구소 한영태 박사의 기술자문을 받아 개발했다. 산삼으로 만들었다.

산양산삼홍삼의 유효사포나인을 주원료로 하수오·마늘 등 20여 가지 순수토종약용식물을 농축해 제작했다. 식품의약품안전청으로부터 탈모·양모·육모에 대한 기능적 효과를 인정받아 의약외품으로 풍목허가를 냈다.

홍삼은 6년근 재배인삼을 수차례 찌고 말려 만든다. 산양산삼홍삼이란 야산에서 10년 이상 자연상태에서 키운 산삼을 홍삼처럼 찌고 말려 만든다.

회사 관계자는 "장생모를 사용하면 5~7일 이내에 탈모가 중지되고 1~2개월에 모발이 탄력 있고 풍성해지는 느낌을 느낄 수 있다"고 말했다.

'장생모+30'은 헤어케어 샴푸와 레이토닉으로 구성됐다. 샴푸는 머리에 바르고 분지른 뒤 5분 후 미지근한 물로 씻어내면 된다. 주로 밤에 사용하되 1회 두 번 샴푸하다고 회사 측은 권장한다.

헤어토닉은 샴푸 후 건조된 상태에서 두피에 뿌리고 3~5분 마사지하면 된다. 1544-6089.

<図 10-11> 제품홍보의 예

<図 10-12> 경제피처 기사의 예

5. 경제피처 기사

대중매체의 경제뉴스를 보면 여러 기업의 활동을 기사화하고 있는 것을 볼 수 있다. 세계적으로 또는 국가적으로 중요한 경제활동으로 언론매체에서 자발적으로 취재한 경우도 있지만, 기업의 대언론활동에 의해 기사화되는 경우가 많다. 개별 기업의 영업활동이나 제품개발, 신규사업 진출, 외국회사와의 제휴 또는 합작, 해외자금의 유치실적, 주식시장에의 등록 또는 증자, 임직원 인사 및 동정에 관한 기사는 해당 기업이 대중매체에 제공하는 정보에 의존하는 경우가 많다(〈그림 10-12〉).

6. 생활정보 제공

문화, 예술, 건강, 부동산, 실내장식, 여행, 관광, 미용 정보 등을 취급하는 기업이나 단체들도 소비자들에게 유용한 정보를 제공해 줌으로써 언론에서 다루어지

〈그림 10-13〉 **생활정보 제공의 예**

는 경우가 많다. 예를 들어 연주회 또는 각종 문화행사, 영화 및 연극 감상, 건강과 관련한 의학상식이나 정보, 세계적인 여행지 소개 등 일반인들에게 필요한 생활정보를 소개하면서 관련 업계의 안내 전화번호나 연락처, 웹 주소 등을 제공하는 경우를 흔히 볼 수 있다. 또는 해당 분야 전문가의 의견을 빌려서 간접홍보를 하거나 생활정보와 함께 해당 업계의 입장을 대변하기도 한다(〈그림 10-13〉).

7. 위기관리 홍보

　노사쟁의, 심각한 산업재해나 사고의 발생, 유조선 침몰로 인한 해양오염, 식품에서의 이물질 검출, 항공기의 결항이나 사고 등으로 고객들의 불만이 고조되었을 때나, 화재·인명피해 등 기업이나 조직의 이미지가 심각하게 훼손되거나 훼손의 우려가 있는 위기상황에서도 홍보가 필요하다. 즉 공중에게 사건의 개요를 정확하고 객관적으로 알려 주는 배경 설명문을 내보내거나 이해 당사자들의 항의와 규탄에 적절히 대응하는 방어적 홍보도 때에 따라서는 실시해야 한다. 이런 경우 위기관리를 위한 매뉴얼을 작성, 비치하여 매뉴얼에 따라 단계적으로 대처함으로써 공중의 신뢰 회복과 빠른 수습을 할 수 있다(〈그림 10-14〉).

머리 숙여 사과드립니다

서해 북서방 해상에서 저희 해상 크레인이 항해 도중 갑작스런 기상 악화로
홍콩 선적 유조선 허베이스피리트호와 충돌하여 원유가 유출되면서 서해 연안이 크게 오염되었습니다.
국민 여러분께 큰 충격과 걱정을 끼쳐 드려 죄송합니다. 이 일로 지역 주민들께서 당하신 고통과 피해,
그리고 생태계 파괴라는 재앙 앞에서는 어떠한 말도 위로가 되지 못할 것입니다.
사고 직후 저희들은 현장 방제 활동에 전력을 다해 왔습니다. 이제 긴급 방제가 마무리되는 상황에서
앞으로 관련 당사자들과 함께 주민 여러분의 생활 터전이 조속히 회복되고
서해 연안의 생태계가 복원될 수 있도록 최선을 다하겠습니다.
다시 한 번 국민 여러분과 지역 주민들께 깊이 사과드립니다.

2008년 1월 22일
삼성중공업 대표이사 사장 김징완 외 임직원 일동

〈그림 10-14〉 **위기관리 홍보의 예**

10.4. PR의 수행과정

PR 활동은 먼저 PR 문제의 확인에서부터 출발한다. PR 문제의 확인은 내부적인 점검과정에서 드러날 수도 있고, 외부적인 사건의 발생과 함께 나타나기도 한다. 이처럼 PR 문제에 대해 확인되면 그에 알맞은 해결방안이 강구되고, 그러기 위해서는 계획과 목표의 설정단계가 필요하다. 그 다음 구체적인 커뮤니케이션 전략이 수립되어야 한다. 마지막으로 PR 활동의 수행에 대한 효과측정과 평가가 이루어져야 하는데, 이러한 결과는 차후 PR 활동에 큰 도움이 된다.

1. PR 문제의 규정

PR 문제의 규정은 조직과 관련하여 어떤 일이 잘못되거나 조만간 잘못될 것 같다는 판단과 함께 시작한다. 일반적으로 다음과 같은 체크리스트에 따라 상황분석이나 조사연구를 한다.
- 문제의 근원은 무엇인가?
- 문제는 어디에서 발생하였나?
- 문제는 언제 발생하였나?
- 누가 관여되었거나 영향을 받았나?
- 그들은 어떻게 관여되었거나 영향을 받았나?
- 이 문제는 왜 조직과 그 공중에게 관심의 대상이 되었나?

2. 계획과 목표의 설정

일단 PR 문제가 상황분석이나 조사연구를 통해 밝혀지면 이 문제를 해결할 방법을 강구하여야 한다. 이를 위해서 실무자는 기본적인 전략적 결정과 행동계획을 구체화한 PR 활동계획을 세워야 한다. PR의 목표는 일정기간 내에 달성할 수 있고 또한 측정이 가능하도록 구체적으로 수립하는 것이 좋은데, 이를 목표관리라고 한다.

PR의 목표는 크게 양적 목표와 효과목표로 나눌 수 있다. 먼저 양적 목표는 언론기관에 발송한 보도자료의 숫자, 언론에서 취급한 기사의 숫자와 크기 등 구체적이고 수량화할 수 있는 목표를 말한다. 이에 비해 효과목표는 PR 프로그램의 의도된 효과, 즉 공중에게 정보제공으로 인한 인지도 향상, 호의적인 태도의 변화, 새로운 행동의 창출과 같은 실질적인 효과가 나타나는 것을 측정한다.

3. 커뮤니케이션

조직과 관련된 문제가 확인되고 PR의 필요성에 따라 계획과 목표의 설정이 이루어지고 나면 공중에게 알리고 설득하여 호의를 조성하고 행동변화를 꾀하기 위해 커뮤니케이션을 실시한다. 이 과정에서 설득커뮤니케이션과 관련된 이론이나 기법이 많이 활용된다. 커뮤니케이션의 방법은 뉴스릴리스와 같은 퍼블리시티 활동, 기자회견 또는 기자간담회, 의견광고, 특별행사, 뉴스레터 등을 통해 수행된다.

커뮤니케이션의 과정에서는 앞에서 설명한 설득커뮤니케이션의 요인들, 즉 전달자, 메시지, 수용자, 채널요인의 차이에 따라 다양한 형태의 커뮤니케이션이 가능하며 이에 따른 효과도 다양하게 나타난다. 효과적인 커뮤니케이션을 성취하기 위해서는 다음과 같은 지침이 유용하게 사용될 수 있다.

- 수용자의 관점에서 접근하며, 되도록 구체적인 수용자를 겨냥하여 메시지를 작성한다.
- 수용자들도 커뮤니케이션 과정에 참여하고 있다는 느낌을 주도록 관심분야를 포착하고, 상호 간에 도움이 되는 방향으로 이끌어 나간다.
- 커뮤니케이션 채널의 특성을 파악하되, 여러 채널을 활용하면 보다 효과적이다.
- 커뮤니케이션 과정에서 일관성과 신뢰감을 가져야 한다.
- 커뮤니케이션 메시지는 분명한 것이 좋으며, 선전성이 강한 것은 피해야 한다.

4. PR 결과에 대한 평가

평가는 설정된 PR 목표의 수행결과에 대해 측정하는 것이다. 앞에서 보았듯이, PR의 효과를 정확하게 평가하기 위해서는 PR 활동의 성공 여부를 측정할 수 있는 구체적인 목표를 설정하는 것이 좋다. 평가과정에서 살펴보아야 할 중요한 문항을 들어 보면 다음과 같다.

- 프로그램은 적합하게 계획되었나?
- 수용자는 메시지에 노출되었으며, 내용을 이해하였는가?
- 퍼블리시티는 계획대로 이루어졌는가?
- 예상하지 않았던 상황이 프로그램의 시행에 영향을 미쳤나?
- PR 프로그램은 예산 범위 내에서 수행되었나?

10.5. PR 메시지의 요소

PR 메시지 작성은 PR 과정에서 중요한 부분을 차지하며, PR 활동의 성공을 좌우한다고 할 수 있다. 효과적인 PR 메시지가 되기 위해서는 제3장에서 다루었듯이 참신성과 설득성을 가지고 전달하고자 하는 표적공중에게 적합한 내용이어야 한다.

1. 메시지의 참신성

PR 메시지가 뉴스 가치를 얻기 위해서는 참신성 또는 창의성을 가지는 것이 중요하다. 언론매체에 제공된 PR 자료가 게재 또는 방송되기 위해서는 새롭고 흥미 있는 내용이어야 한다. 언론인은 항상 새로운 뉴스를 발굴하고 제한된 시간 내에 기사를 작성해야 하기 때문에, 참신한 정보를 언론사에서 취급하기 쉽도록 잘 가공하여 제공하면 수용될 가능성이 높아진다.

일반적으로 뉴스 가치가 있는 소재는 시의성, 저명성, 근접성, 영향성, 그리고 인간적 흥미성을 가지고 있다. 사람들은 항상 새로운 뉴스를 요구하며, 뉴스와 관련된 인물이나 사건이 잘 알려져 있으면 공중의 주의를 끌기 쉽다. 또한 지리적 근접성이나 심리적 근접성을 지닌 내용이거나 많은 사람들에게 영향을 미치는 메시지는 뉴스로서의 가치가 크다. 이뿐만 아니라 어떠한 인물이나 사건이 본능이나 호기심과 관련되는 인간적 흥미성을 지닐 때 뉴스의 가치는 증대한다.

2. 메시지의 설득성

PR 메시지는 사실을 바탕으로 하되 PR를 실시하는 조직이나 단체, 즉 PR주에게 유리한 내용을 선별적으로 보내는 경우가 일반적이다. 특히 언론사에 보내지는 퍼블리시티는 공중의 호의 획득이나 긍정적인 태도 형성을 위해 설득적 메시지를 담는 경우가 많다. PR는 공중에게 영향을 미치고, 이해를 구하며, 선별적인 정보를 제공하여 공중의 호의를 획득하기 위해 실시하는 정교하게 설계된 활동이다. 따라서 PR 메시지의 작성과정에는 앞의 제7장과 제8장에서 다룬 설득이론들이 직접 또는 간접적으로 활용된다.

3. 표적공중의 적절성

PR 메시지가 효과를 보기 위해서는 표적공중에 알맞은 내용과 난이도를 갖추어야 하며, 표적공중의 관심사항을 적절하게 취급할 때 보다 큰 호응을 얻을 수 있다. 표적공중을 찾아내는 작업은 마케팅 활동에서 표적시장과 표적소비자를 찾기 위해 시장세분화를 실시하는 것과 같은 절차를 거쳐야 한다. 시장세분화는 지역·인구밀도·기후 등에 따른 지리적 세분화, 나이·성별·소득·교육수준·직업 등으로 나누는 인구통계적 세분화, 개성이나 라이프스타일에 따라 나누는 심리적 세분화 등으로 나눌 수 있다. PR 활동과 관련해서 살펴보면 모든 쟁점에 대하여 행동적인 공중이 있는가 하면, 반대로 모든 쟁점에 대하여 무관심한 공중도 있다. 이뿐만 아니라 거의 모든 사람들에게 관련되는 쟁점에 대해서만 행동적인 공중이 있는가 하면, 단일 쟁점에 대해 집중적인 관심을 지닌 공중도 있다.

10.6. PR와 기업 이미지

1. 기업 이미지

많은 소비자들은 '좋은 이미지를 가진 기업은 좋은 제품을 만들 것이다' 라는 생각을 가지고 있다. 이런 생각은 실제 구매행동과도 밀접한 연관이 있으며, 따라서 각 기업은 자사의 이미지를 제고하기 위해 많은 노력을 하고 있다.

기업의 이미지에 영향을 미치는 요소는 다양하며 복합적으로 작용한다. 기업광고는 물론 홍보활동, 경영자의 대외활동, 각종 캠페인 협찬, 언론에서의 취급태도, 사보 또는 각종 PR 간행물, 홈페이지에 대한 고객 의견, 제품사용후기, 각종 행사와 이벤트, 공익사업이나 문화산업에 대한 후원활동 등 이미지 형성에 영향을 주는 요소들이 많다. 아울러 상품의 질, 사업구조, 경영활동과 주주에 대한 배당, 고객만족도, 사회공헌도, 직원에 대한 복지정책, 노사관계, 신기술개발, 기업의 장래성 등 기업의 고유활동도 기업 이미지를 형성하는 본질이다.

일반적으로 좋은 이미지를 가진 기업의 특징을 살펴보면, 신기술 개발에 앞장서고, 가격 우위를 가지며, 최고의 서비스를 지향하고, 소비자 정보를 적극적으로 활용하며, 원만한 노사관계 등 내부공중과의 관계가 좋고, 내부구조의 민주화와 투명한 경영을 위해 노력하는 기업이다.

2. 기업 PR 광고

기업의 PR 활동 가운데 가장 손쉽게 사용할 수 있는 방법 중 하나는 기업 PR 광고이다. 기업 PR 광고 또는 기업광고는 기업이 자사의 홍보를 위해 신문지면과 방송시간을 유료로 구매하는 것이므로 PR와 광고의 결합체라고 할 수 있다. 몇 년 전 심각한 경제불황을 거치면서 기업광고가 현저히 줄어들었다가, 경기가 호전되면서 다소 늘어나는 추세를 보이고 있다. 특히 새로운 천년을 맞이하여 기업의 새로운 비전을 제시하고 장기적인 이미지 제고를 위해 기업광고가 활성화되고 있으나, 최근에는 기업 PR 광고가 텔레비전 및 신문광고에서 인터넷광고로 이동하는 현상을 보이고 있다.

기업광고를 주도하고 있는 업종은 끊임없이 바뀌고 있으며, 앞으로도 산업구조의 개편과 함께 기업광고의 양상이 변화될 것이다. 현재 우리나라의 기업광고를 이끌어 가는 주요 업종은 금융 및 보험광고, 인터넷 및 휴대전화와 관련된 정보통신 분야의 광고라고 할 수 있는데, 얼마 전까지 건설·전자·자동차광고 등이 주류를 이루던 것과는 상당한 대조를 보인다.

1) 기업 PR 광고를 하는 이유

기업 PR 광고란 제품이나 서비스를 생산하고 제공하는 주체로서의 기업이 소비자들로부터 호의 또는 좋은 이미지를 획득하고 신용도를 높이기 위해서 실시하는 일련의 광고활동이라고 할 수 있다. 그러면 기업은 왜 상품광고에 만족하지 않고 기업광고를 하는가?

기업광고를 하는 첫 번째 이유는 기업경영이 다각화되고 기술혁신에 따라 상품이 다양화되었기 때문이다. 오늘날 대기업들의 사업분야는 한 가지에 편중되어 있지 않고, 생산하는 상품 역시 다양하다. 이런 상황에서는 어느 한 가지만을 광고하는 것보다 기업광고를 통해 자사의 기업 이미지를 높임으로써 전 사업분야의 총체적인 이미지 향상을 하는 것이 보다 효율적이다.

둘째, 기술의 고도화에 따른 품질의 균등화 현상 때문이다. 제품 간의 기술 차이는 거의 나지 않고, 생산원가의 통제에 따라 가격경쟁도 한계에 달하게 되었다. 경우에 따라서는 특별한 차이점이 있는 제품이 생산되는 경우도 있지만, 오늘날의 제품들은 이미 소비자가 이해할 수 있는 수준 이상의 기술을 구현하고 있으며, 소비자들은 제품 간의 기술적인 차이를 거의 느끼지 못하게 되었다. 따라서 소비자들이 제품을 구입할 때 기업의 총체적인 이미지가 더욱 중요한 역할을 하게 된 것이다.

셋째, 기술혁신에 따라 상품수명이 단축되었기 때문이다. 특히 많은 광고비를 투자하는 정보통신기기나 전자제품의 경우 생명주기가 매우 짧다. 따라서 새 모델이 나올 때마다 새로운 광고 캠페인을 시도하면 이미지의 분산을 일으켜 소비자에게 혼동과 불신을 가져올 수 있다.

마지막으로, 표현정책의 통일성을 위해서 실시한다. 대기업의 경우 다양한 사업분야에서 수많은 제품을 생산하고 그에 따라 수많은 광고를 집행하고 있다. 그러한 광고들이 보다 큰 힘을 갖게 하기 위해서는 한 기업집단의 광고 속을 흐르는 한

가지 표현의 맥을 가져야 한다.

2) 기업 PR 광고의 역할

기업광고는 기업의 대내외적인 이미지를 제고하고, 개별상품 광고를 간접적으로 지원함으로써 기업의 궁극적인 목표인 이윤추구에 중대한 역할을 한다. 기업광고에는 강한 설득메시지를 담는 것이 일반적인데, 기업광고의 역할을 대외적인 면과 대내적인 면으로 나누어 살펴보자.

먼저 기업광고의 대외적인 역할을 살펴보면, 첫째, 회사의 정책, 기능, 설비, 목적, 이념 및 수준을 일반대중에게 이해시키거나 알리거나 또는 좋은 인상을 남기기 위해서이다.

둘째, 회사 경영진의 우수성, 과학적 전문지식, 제조기술의 숙련도, 기술개발 및 제품개선과 함께 사회발전과 대중복지에 대한 공헌을 강조함으로써 회사에 대해 좋은 의견을 형성하기 위해서이다.

셋째, 회사에 대한 각종 투자가 유리하다는 의견을 형성하거나, 회사의 건실한 재무구조를 많은 투자자들에게 인식시키기 위해서이다.

넷째, 회사가 일하기 좋은 곳임을 알림으로써 우수한 대학 졸업생들이나 특수기술 보유자 등 인력의 장기적인 확보를 위해 실시한다.

다음으로 기업광고의 대내적인 역할은 다음과 같다. 흔히 기업광고가 대중매체에 게재되었을 때 가장 관심을 가지고 읽는 사람은 다름 아닌 그 기업체의 직원이라는 말이 있듯이, 기업광고는 조직구성원들을 광고메시지를 중심으로 뭉치게 하여 강한 경쟁력을 가지게 한다. 즉, 기업광고는 기업의 이념이나 목표, 경영방침 등을 매스미디어를 통해 국민에게 알리고 그 실천을 공개적으로 약속함으로써, 내부적으로는 그러한 기업의 약속을 지키기 위해 직원들이 긍지를 가지게 된다. 또한 직원들로 하여금 그 광고에서 제시한 주장이 지켜질 수 있도록 마음가짐을 가지게 하는 자기암시의 효과도 있다. 예를 들어 삼성그룹의 '또 하나의 가족', LG그룹의 '고객만족' 등의 기업광고 콘셉트는 대내외에 다짐하는 선언적 의미가 크다고 볼 수 있다.

10.7. 스포츠 마케팅

1. 스포츠 마케팅의 활성화

월드컵, 올림픽 등 세계적으로 스포츠가 주목받고 있으며, 이와 함께 스포츠 마케팅에 대한 관심도 증가하고 있다. 경제적 성장과 함께 대중의 여가시간 증가로 인해 스포츠에 대한 관심이 증대하고 있으며, 관람하는 스포츠는 물론 레저활동과 같은 참여스포츠도 증가하고 있다. 이에 따라 스포츠를 광고 및 홍보의 기회로 활용하는 경우가 늘고 있으며, 효과도 꾸준히 증가하고 있는 추세이다. 또한 스포츠가 단순히 구경하는 운동경기의 개념에서 벗어나, 점차 다른 부대사업이 가능한 스포츠 산업으로 자리 매김하고 있다.

스포츠 마케팅이라는 용어가 사용되기 시작한 시기는 1960년대 말로, 이를 사업적으로 적용시킨 사람은 스포츠 마케팅 대행사인 IMG의 창업자이자 현재 회장으로 있는 매코믹이다. 그는 초기 스포츠 마케팅 시장을 주도하였다. 매코믹은 스포츠 자체가 엄청난 시장을 형성할 것이라 예상하였고, 스포츠 시장은 엄청난 규모로 확대되었다. 현재는 시장규모의 확대와 더불어 스포츠 마케팅 대행사도 점차 증가하고 있다.

스포츠 마케팅은 다른 홍보활동과 비교해서 여러 가지 장점이 있다.

첫째, 스포츠는 독특한 광고 노출효과를 가지며, 기존 매체의 장벽을 피해 갈 수 있다. 기존의 커뮤니케이션 수단인 방송이나 신문은 방송법과 같은 각종 규제에 얽매여 마케팅 효과를 보지 못하는 경우가 있다. 예를 들면, 스포츠 마케팅은 프로그램과 광고의 명확한 구분, 광고 가능 품목, 광고의 표시규정, 시간별 광고방송, 간접광고의 금지와 같은 규제를 피할 수 있다.

둘째, 표적시장이나 세분시장을 목표로 한 광고를 효과적으로 집행할 수 있다. 즉 특정 집단, 타깃별 세분화 전략을 펼 수 있다. 이것은 해당 스포츠 종목이나 스포츠 이벤트를 통해 보다 손쉽게 고객에게 접근할 수 있다. 표적시장이 스포츠에 따라 구분되므로 기업은 이를 적절히 활용하여 해당하는 상품을 광고할 수 있다.

셋째, 스포츠 마케팅은 광고에 대한 수용성이 높다. 즐겁게 상기된 상황에서 설득이 이루어지므로 대상집단에게 접근하기가 용이하다는 것을 뜻한다. 스포츠 마케팅은 대개 시청자 또는 관중이 기피하지 않고 긍정적으로 받아들인다. 또한 운동경기 중에는 경기장의 펜스, 광고탑, 선수들의 유니폼, 용품에 새겨진 광고가 자연스럽게 노출되어 수용성을 높이는 역할을 한다.

넷째, 스포츠는 마케팅의 훌륭한 촉진수단이다. 대중 속에 자리 잡고 있는 스포츠의 이미지 및 스포츠에 대한 관심을 기업커뮤니케이션 목적에 이용할 수 있는 것을 의미하며, 비용 면에서도 효율적이다.

2. 스포츠 마케팅의 설득효과

스포츠 마케팅은 기업이 소비자에게 실시하는 간접적이고 우회적인 설득커뮤니케이션이라고 할 수 있다. 스포츠 마케팅은 스포츠 경기나 이벤트를 활용하여 기업이 벌이는 마케팅 및 PR 활동을 의미한다. 즉 스포츠팀을 운영하거나 경기단체나 선수 또는 대회 등을 후원하여 제품을 널리 알리거나 기업 이미지를 높이려는 활동이다. 특히 오늘날의 스포츠는 매스미디어 가치에 의해 창출된 고부가가치 상품으로서, 생산제품을 대상으로 하는 제품홍보와는 다르다. 특히 올림픽과 월드컵 등은 단순히 스포츠의 차원을 넘어서 각 나라의 문화 수준을 과시하는 종합축제의 성격을 띠며, 세계 각국은 국력과 국가 이미지를 높일 수 있는 PR 기회로 여기고 있다.

스포츠 마케팅의 특징은 수용자에게 별 거부감 없이 기업명이나 설득적 메시지

〈그림 10-15〉 **공식기념품 상품화권자의 예**

를 자연스럽게 주입시킬 수 있다는 것이다. 예를 들면, 세계적인 담배회사나 주류 회사는 매스미디어를 통한 광고활동이 제약을 받는 상황에서, 스포츠 이벤트를 후원함으로써 간접적인 홍보효과를 극대화하고 있다. 광고활동이 별로 없는 것으로 알려진 공산국가에서도 스포츠 마케팅을 통한 홍보는 어느 정도 가능하다. 이처럼 스포츠 마케팅은 비상업적 상황에서 표적집단에게 접근하기가 용이하며, 특히 스포츠를 좋아하는 수용자에게는 강력한 기업 이미지를 제공할 수 있는 전략이다.

스포츠 마케팅은 크게 두 가지로 나눌 수 있다.

첫째, 스포츠 자체의 마케팅은 스포츠를 사업화하는 것으로 스포츠 제품이나 서비스에 대한 마케팅을 말한다. 예를 들면, 스포츠팀의 팬을 확보하고 각종 활동, 스포츠 시설과 용품, 그리고 의류판매 등과 연계시키는 것이다(〈그림 10–15〉).

공식기념품 상품화권자는 일정한 금액을 지불하고 개최국 내에서 대회를 기념하는 기념품에 로고를 부착하여 제작, 제조, 판매할 수 있는 권리를 부여받는 기업을 말한다.

둘째, 스포츠를 통한 마케팅은 스포츠를 기업 PR나 상품판매의 촉진수단으로 활용하는 것을 말한다. 예를 들면 방송중계권, 스폰서십, 수익사업, 유명선수의 광고모델 기용 등이 이에 해당한다. 스포츠 마케팅을 가장 활발하게 실시하는 기업은 코카콜라로서, 1928년에 개최된 올림픽 이후 계속하여 후원하는 업체로 유명하다. 또한 삼성 아스트라는 프로골프선수 박세리를 후원함으로써 엄청난 PR 효과를 보았고, 삼보컴퓨터는 프로야구선수 박찬호를 광고모델로 활용하였다. 아울러 나이

〈그림 10–16〉 **스포츠 스타를 등장시킨 스포츠 마케팅의 예**

키는 월드컵에 출전하는 국가대표 축구선수들을 후원하고, 타이거 우즈, 최경주와 같은 세계적인 스포츠 스타를 광고모델로 기용하여 큰 홍보효과를 거두고 있다. 현대자동차가 월드컵을 적극적으로 활용하는 데 비해, 삼성그룹은 올림픽의 공식 스폰서가 되면서 스포츠 마케팅을 적극적으로 활용하고 있다(〈그림 10-16〉).

10.8. PR 성공사례

PR 활동과 관련하여 성공이나 실패 사례를 살펴보면 외국의 사례는 비교적 많이 알려져 있지만, 우리나라의 PR 사례는 잘 알려져 있지 않다. 여기에서는 유한킴벌리의 '우리강산 푸르게 푸르게' 캠페인을 살펴보자.

유한킴벌리는 '우리강산 푸르게 푸르게' 라는 장기 캠페인을 실시하여 환경친화 기업이라는 이미지를 조성하였으며, 공중의 호의를 획득한 것은 물론 다른 기업이나 단체의 환경운동에도 큰 자극제가 되었다. 유한킴벌리는 1984년에 '우리강산 푸르게 푸르게' 라는 슬로건으로 나무심기 사업을 시작하여, 공해와 자연파괴로부터 인간을 보호해야 한다는 광고 캠페인을 전개하였다. 일명 '한국을 푸르게' 로 이름을 붙인 이 캠페인은, 그 당시 호주의 킴벌리 사가 코알라를 살리는 캠페인을 벌이고 있다는 데에서 힌트를 얻었다고 한다. 1971년의 크리넥스 티슈를 시발로 해서 두루마리 화장지, 기저귀 등 주로 종이제품을 생산하는 유한킴벌리는 나무를 베어 내서 종이를 만드는 자연훼손 기업이라는 부담감에서 벗어나 보다 적극적으로 나무를 심고 자연을 사랑하는 기업으로 세간에 인식시키고자 하였다.

유한킴벌리의 그린 캠페인은 크게 3단계로 나눌 수 있다. 먼저 사업이 시작되는 첫 단계인 1984년부터는 일반소비자에게 캠페인 자체를 알리는 데 주력하였으며, 콘셉트도 '나무가 필요합니다' 라는 문구를 활용하였다. 두 번째 단계인 1990년부터는 환경문제의 인식을 통해 캠페인의 당위성을 이해시키는 데 주력하였으며, 이때의 주제는 '자연을 지키는 것이 우리를 지키는 것입니다' 라며 저명인사들의 목소리를 빌려 공신력을 높이는 데 주력하였다. 세 번째 단계에서는 이 캠페인을 국민들에게 정착시키고 관심을 적극적 참여로 유도하는 것이었으며, 광고에서도 '한국을 푸르게 캠페인은 모든 국민이 함께하는 캠페인입니다' 라고 강조하였다.

이 캠페인의 효율성을 높이기 위해 각종 이벤트 사업을 동시에 진행하였는데, 이를 좀 구체적으로 살펴보면 다음과 같다. 캠페인 원년인 1984년에는 텔레비전과 신문을 주 매체로 유한킴벌리의 육림조성사업을 홍보하였다. 또한 메시지 노출빈도를 높이려고 크리넥스 상자 한 면에 캠페인 내용을 담았다. 1985년부터는 '한국을 푸르게' 캠페인을 계절에 맞추었는데, 식목일을 전후해서는 나무심기 홍보를, 여름에는 홍수와 가뭄을 연결하였으며, 겨울에는 산불조심을 주제로 하는 등 메시지 전개방법을 다양화하였다. 1988년부터는 '푸른 강산, 푸른 꿈나무' 라는 슬로건과 함께 청소년을 대상으로 나무관찰대회, 나무캠프, 나무사생대회 등을 열었다. 1990년에는 '나무가 필요합니다' 라는 광고 주제를 설정하고 애니메이션 기법의 텔레비전 광고를 실시하였으며, 최근에는 사회의 저명인사들을 등장시켜 아름다운 자연의 모습을 지키자는 메시지를 전달하였다.

유한킴벌리의 '우리강산 푸르게 푸르게' 캠페인은 언론매체와 국민들로부터 좋은 반응을 받았으며, 이와 유사한 종류의 자연보호운동에 도화선이 되었다. 여러 기업들도 그린 캠페인에 참여하였고, 그 결과 국민들에게 자연보호에 대한 관심을 유발시키는 데 기여하였다. 또한 환경보호 캠페인을 실시하는 기업이 환경개선과 사회발전을 위해 노력하는 기업으로 인식되었으며, 이들 기업의 제품에 대해서도 호의적인 반응을 보였다. 이에 따라, 간헐적으로 환경보호와 관련된 협찬 캠페인을 하던 언론사들이 본격적으로 참여하게 되었다.

¤ 연습문제

1 다음 중 PR의 주요 목적이 <u>아닌</u> 것은?

① 상호이해   ② 호의 형성

③ 쌍방향 커뮤니케이션   ④ 일방적 정보 제공

2 다음 중 PR 활동을 가장 적극적으로 실시하고 있는 경제 주체는 누구인가?

① 기업   ② 가계   ③ 정부   ④ 비정부기구

3 기업의 PR 활동 가운데 대언론활동으로 가장 많이 사용하고 있는 퍼블리시티 종류는 무엇인가?

① 뉴스릴리스   ② 경제피처 기사   ③ 생활정보   ④ 위기관리 홍보

4 기업 PR 광고의 중요한 역할이 <u>아닌</u> 것은?

① 회사의 정책을 공중에게 이해시킨다.

② 회사가 일하기 좋은 곳이라고 알려 우수인력을 확보한다.

③ 직원들의 사기와 긍지를 높인다.

④ 정부시책에 대한 기업의 입장을 밝힌다.

정답   **1** ④   **2** ①   **3** ①   **4** ④

¤ 연구과제

1 선진형 PR는 어떤 특징을 가지고 있는지 논하시오.

2 PR의 전체적인 수행과정에 대해 설명하고, 설득이론이 가장 많이 활용되는 단계를 논하시오.

3 PR 메시지의 세 가지 요소를 설명하시오.

4 기업 PR 광고의 역할을 대외적인 면과 대내적인 면으로 나누어 비교, 분석하시오.

5 스포츠 마케팅이 활성화되는 이유를 설명하시오.

제 11 장

설득과 건강커뮤니케이션

개요

사람들의 건강을 증진하는 데 커뮤니케이션이 큰 역할을 할 수 있으며, 특히 설득커뮤니케이션은 그에 대한 이론적 배경과 실천방법을 제공해 준다. 건강커뮤니케이션은 일반인들에게 건강에 해로운 요인들에 대해 경각심을 갖게 하고 그들의 행동패턴을 바꾸게 도와준다. 이 장에서는 특히 수용자의 역할이 중시되는 건강커뮤니케이션을 중점적으로 살펴본다.

학습목표

- 건강커뮤니케이션의 의미를 이해할 수 있다.
- 설득이론과 건강커뮤니케이션의 관계를 이해할 수 있다.
- 건강커뮤니케이션과 관련된 국내외 사례를 알아본다.

주요용어

공중보건, 캠페인, 인포테인먼트, 매개변인, 통제집단
실험집단, 건강신념모델

11.1. 건강커뮤니케이션의 이해

미국 보건복지부에서는 건강커뮤니케이션(health communication)을 "개인, 조직, 공중에게 중요한 건강 이슈에 관한 정보를 제공하고, 영향력을 행사하며, 동기를 부여하는 기술 및 방법"으로 정의하고 있다. 건강커뮤니케이션에서 다루는 주제는 매우 광범위하다. 예를 들면, 심장병이나 고혈압과 같은 질병의 관리 및 예방을 비롯하여 음주운전이나 폭력예방 프로그램, 음식의 안전이나 자연재해에 대한 대비 등과 같은 건강 관련 위기에 대한 대처가 포함되며, 금연이나 절주와 같은 공중보건의 문제와 건강 관련 정책 및 의료산업 등도 여기에 속한다.

건강커뮤니케이션에서 강조점을 두는 분야는 매스미디어, 인터넷, 대인채널을 통한 건강 관련 정보의 전달이며, 그 궁극적 목표는 공중의 건강 관련 행동의 변화에 있다. 그 범위도 한 개인의 건강 관련 태도와 행동을 바꾸는 것에 목표를 두는 미시적인 수준에서부터 한 사회, 더 넓게는 한 나라의 보건정책을 고안하는 거시적 수준에 이르기까지 매우 포괄적이다.

건강을 증진하기 위한 건강커뮤니케이션 캠페인의 고안자들은 특정한 건강행동 영역에 대해 전문성을 가지고 있으며, 특정한 사례, 예를 들어 금연이나 금주, 안전벨트 착용을 권장하기 위해 인쇄매체나 방송매체 혹은 인터넷 중 어떤 매체를 이용할 것인가에 대해서도 잘 알고 있다.

1. 현대사회와 건강

끊임없는 의학의 발달로 인해 인간의 평균수명이 늘고 있으며, 아직 남은 불치의 병을 제외하고는 대부분의 질병은 본인의 생활습관 변화 등을 통해 예방이 가능하다. 건강한 생활습관을 널리 알리기 위해서는 적절한 건강커뮤니케이션의 고안과 실천이 필수적이다. 왜냐하면 대부분의 조기 사망은 흡연이나 음주, 무절제한 생활, 안전벨트 미착용과 같은 잘못된 생활양식이나 위험요소(risk factor)가 포함된 행동에 기반을 두고 있기 때문이다. 조기 사망으로 발생하는 손실과 질병으로 인한 병원비의 지출은 한 나라의 경제에 심각한 악영향을 끼친다. 더구나 대부분의 질병이나 안전사고가 기초적인 건강지식을 미리 알고 대처하였다면 예방이 가능하였다는 사실은 건강커뮤니케이션이 왜 중요한가를 증명해 준다.

2. 건강커뮤니케이션 캠페인의 필요성

텔레비전, 인터넷, 인쇄매체 등 각종 매체를 이용한 건강 관련 정보의 제공은 공중이 건강한 몸을 유지하게 하는 데 필수적이다. 또한 건강커뮤니케이션 캠페인은 훈련이나 상담과 같은 대인적인 수단을 사용하기도 하고 이웃이나 동아리와 같은 공동체의 도움을 받기도 한다. 그러나 대부분의 경우는 다양한 수단이 통합되어 사용된다. 로저스와 스토리는 캠페인을 다음과 같은 네 가지 요소로 특징짓고 있다.

첫째, 명확한 목표가 있으며 개인에게 영향을 미치려고 한다.

둘째, 다수의 수용자를 목표로 한다.

셋째, 특정하게 정의된 시간적 한계가 있다.

넷째, 커뮤니케이션 행위가 조직적으로 배열되어 있다.

대부분의 대규모 건강커뮤니케이션 캠페인은 텔레비전을 동원하여 대대적으로 이루어져 왔다. 이는 텔레비전의 즉시성과 광범위한 영향력 등이 효과를 발휘하기 때문이다. 그러나 오늘날에는 인터넷이라는 상호작용적인 미디어의 보급으로 인해 보다 다양한 매체가 복합적으로 사용되고 있다.

한편 캠페인은 개인이나 집단에게 특정한 혁신을 권유한다. 이때 혁신이라는 의

〈표 11-1〉 **커뮤니케이션 캠페인의 효과위계와 효과의 표본측정**

효과의 수준	표본효과 측정
① 수용자의 메시지 노출	시청률, 접속률
② 수용자의 메시지 인식	수용자 서베이
③ 수용자의 메시지 파악	수용자 서베이
④ 수용자의 메시지 설득	수용자 서베이
⑤ 수용자의 행동변화 의도 표현	수용자 서베이
⑥ 수용자의 실제 행동변화	전문가 모니터링
⑦ 수용자의 행동변화 유지	전문가 모니터링

미는 안전벨트를 착용해야 한다든지 담배를 끊는 것과 같은 구체적 행동을 가리키며, 이러한 권유를 받았을 때 사람들은 태도를 변화시킬 수도 있고 기존 태도를 유지할 수도 있다.

이러한 건강커뮤니케이션 캠페인에는 두 가지 형태의 혁신이 있는데, 하나는 점증적 혁신이고 다른 하나는 예방적 혁신이다. 점증적 혁신은 새로운 농사법을 채택하는 농부의 예에서 볼 수 있듯이, 시간이 지남에 따라 사용을 증가시키는 것이다. 예방적 혁신은 신속하게 도입되기 어려운 것인데, 그 이유는 특정 질병을 예방하기 위해 특정 행동을 채택하는 것이 어렵기 때문이다. 혁신을 채택하였을 때 따르는 보상이 이 경우에는 즉각적이지 않고, 경우에 따라서는 보상이 따르지 않을 수도 있다.

오늘날 텔레비전 프로그램에서는 교양이나 오락 프로그램을 막론하고 건강이나 운동에 대한 주제를 많이 다루고 있고, 이는 시청자들의 인기를 끌고 있다. 또한 새로운 프로그램 형식인 인포테인먼트(infotainment)에서도 건강이나 음식을 주제로 다루는 경우가 많다. 선정성 논란이 있기는 하지만 건강 관련 인포테인먼트도 건강커뮤니케이션의 일종으로 볼 수 있다.

11.2. 주요 설득이론과 건강커뮤니케이션

이 절에서는 설득커뮤니케이션의 주요 모델로 널리 알려진 정교화가능성 모델이 건강커뮤니케이션의 하나인 마약남용 방지 프로그램에 어떻게 사용되는지 알아볼 것이다. 또한 사회학습이론이 건강커뮤니케이션에 어떻게 적용되는가도 살펴볼 것이다.

제1장에서 살펴보았듯이, 정교화가능성 모델 혹은 약칭 ELM은 수용자들이 정보를 처리하는 데 있어 자신에게 중요하거나 많은 시간이나 비용이 들어가는 대상에 대해서는 많은 신경을 쓰는 중심경로를 사용하고, 그리 중요하지 않거나 적은 시간이나 비용이 드는 대상에 대해서는 크게 신경을 쓰지 않는 주변경로를 사용한다는 기본가정을 전제로 한다. 이 모델은 페티와 캐시오포가 이미 사람들의 기본적인 정보처리 과정으로 정의한 것으로, 이후에도 매우 중요하게 사용되고 있다. 정

교화가능성 모델은 주로 광고 메시지의 처리에 많이 이용되었으나, 페티는 이후의 글에서 이를 마약남용 방지를 위한 건강커뮤니케이션에도 사용할 수 있음을 제시하고 있다. 주요한 설득커뮤니케이션 모델을 광고와 같은 상업적 설득커뮤니케이션에서뿐만 아니라 건강커뮤니케이션과 같은 친사회적(pro-social) 설득커뮤니케이션에서도 사용할 수 있다는 것은 하나의 새로운 시각을 제시해 준다.

여기서 소개되는 배경은 1990년대의 미국 사회이지만, 2000년대의 한국 사회에도 많은 시사점을 줄 수 있다. 왜냐하면 미국의 경우 젊은 층의 건강을 위협하는 주요한 위험요소 중 하나가 마약이지만, 한국의 경우는 매우 비슷한 중독성을 가지고 있는 흡연이나 온라인 게임 중독이 청소년들을 중심으로 매우 심각한 수준에까지 이르고 있기 때문이다. 최근의 한국 문화는 젊은 세대의 휴대전화와 인터넷 사용을 빼고는 언급할 것이 거의 없을 정도로 새로운 커뮤니케이션 테크놀로지의 사용이 널리 퍼져 있다. 오늘날 광고들은 휴대전화 혹은 다른 디지털 기기와 관련된 것이 대부분이다. 따라서 이 글에서 사용되는 마약남용을 한국의 인터넷 중독과 같은 개념으로 이해하면 보다 이해가 쉬울 것이다.

페티와 베이커, 글라이허는 미국 사회의 마약남용 문제와 이에 대한 해결책에 대해 다음과 같이 제시하였다. 마약남용에 대한 해결책으로는 다양한 것이 있으나 그중 대표적인 것은 두 가지 범주로 구분할 수 있다. 하나는 강제적인 방법으로 법적인 제재를 사용하여 불법적인 마약사용을 금지하는 것이고, 다른 하나는 잠재적으로 해로운 마약에 대한 요구를 없애는 것에 초점을 두는 것이다.

물론 두 가지 방법에서 가장 중요한 것은 미국인들이 특정한 마약과 마약방지 프로그램에 대해 어떻게 생각하는가, 다시 말해 그에 대한 태도가 어떤 것인가에 달려 있다. 예를 들어, 마약의 공급을 줄이려는 노력은 공중이 법적인 강제수단에 대해 얼마나 호의적인 태도를 가지고 있는가와 이러한 접근방식이 효과적일 것인가에 대한 태도가 어떤 것인가에 달려 있다. 이와 유사하게 마약에 대한 수요는 부분적으로 사람들이 이러한 약물이 얼마나 유익함을 줄 것인가, 혹은 위협을 줄 것인가에 대한 태도에 달려 있고, 또한 마약처리 프로그램의 효과에 대한 태도도 중요한 역할을 한다. 마약 문제에 대한 공중의 태도와 이에 대한 다양한 해결책은 마약방지 프로그램을 어떻게 실현할 것인가에 중요한 영향을 미친다. 예를 들어, 1989년에 미주리 주의 캔자스시티에서는 주민들이 마약에 대한 관리와 재활치료를 위해 판매세에 0.025달러를 추가하는 것에 동의하였고, 그 결과 7년 동안 세금 수익은 1억 달러에 달할 정도로 크게 증가하였다.

앞에서 살펴본 바와 같이 마약방지에 대한 노력에서 태도의 역할이 매우 커짐에 따라 마약 문제에 대해 여러 가지 방안을 모색하는 사람들은 가능한 많은 수의 사람들의 태도에 영향을 주기 위해 매우 다양한 노력을 하고 있다. 예를 들어, 마약의 공급을 추후에 줄이려는 노력의 일환으로 지역의 경찰이나 검찰과 같은 기구들은 다양한 매체를 통해 압수된 마약을 지속적으로 공중에게 공개한다. 마약처리와 관련하여 가장 자주, 그리고 체계적으로 사용되는 시도는 수요 측면에 초점을 둔 것이다. 마약남용 방지와 관련된 대부분의 접근방법은 주로 마약에 대한 수요를 감소시키는 데 초점을 두고 있다.

11.3. 정교화가능성 모델과 건강커뮤니케이션

미국에서는 1970년대를 정점으로 마약사용이 줄고 있으나 그 사용비율은 아직도 심각한 수준이며, 특히 10대와 20대 같은 젊은 층의 사용은 그들의 장래의 건강에 매우 부정적인 영향을 끼치므로 매우 심각하게 간주된다. 1980년대와 1990년대를 거치면서 마약에 대한 태도는 어느 정도 긍정적인 방향으로 변화하고 있으나 아직도 부정적 혹은 부정확한 정보들이 널리 퍼져 있다. 보다 성공적인 태도변화를 위해서는 지식과 태도, 행동 사이의 인과적 연계에 대한 이해와 함께 변화가 일어나는 기본 메커니즘에 대한 평가가 필요하며, 이를 통해 최적의 변화를 장려하기 위한 전략이 수립될 수 있다. 또한 너무 낙관적이거나 비관적인 평가를 피하기 위해 기본적인 연구결과를 이해할 수 있는 능력이 필요하다. 이를 위해서는 기초적인 연구방법에 대한 개략적 이해가 필수적이다.

1. 설득에 대한 기본적 접근방법

인간과 인간들 간의 관계를 주로 연구하는 사회심리학자들은 태도, 혹은 사람들이 다른 사람이나 대상, 이슈를 긍정적 혹은 부정적으로 평가하는 일반적 성향에 대해 탐구해 왔다. 마약에 대한 수요와 관련된 태도 중 중요한 요소들은 다음과 같다.

첫 번째 요소는 사용자 자신이다. 자신에 대한 존경심이 적은 사람은 마약을 사용할 가능성이 높다.

두 번째 요소는 권위적 인물이다. 부모, 정부관리, 교사 혹은 교수 등은 타인의 마약사용에 큰 영향을 미친다.

세 번째 요소는 동료이다. 사람들은 가까운 동료의 마약사용에 매우 중요한 역할을 한다.

네 번째 요소는 마약 자체이다. 그것이 해로운 것으로 보이는가, 혹은 흥분시키는 것으로 인식되는가가 중요하다.

다섯 번째 요소는 마약처리 프로그램이다. 이것이 가치 있는 것인가, 낭비적인 것으로 인식되는가가 중요하다.

태도라는 개념은 사회적 영향과 관련된 주제에서 매우 중요한 지위를 차지해 왔는데, 그 이유는 사람의 태도가 새로운 지식의 습득과 행동변화 사이의 매개변인(mediating variable)으로서 중요한 역할을 하기 때문이다. 예를 들어, 마약에 대한 사실을 제공하는 시각에 기초한 초기의 마약남용 방지 노력은 마약을 혐오하게 만들어 사용을 억제할 수 있었다.

1940년대 이후로 태도변화와 지식-태도-행동 간의 관계에 대한 여러 가지 모델이 여러 학자에 의해 개발되었다. 태도변화와 관련된 가장 초기의 가정 중의 하나는 맥과이어와 스트롱 등이 제시한 것으로, 효과적인 영향은 일련의 과정을 필요로 한다는 것이다. 예를 들어, 전형적인 모델은 사람들이 우선 특정한 새로운 정보에 노출되어야 한다는 것이다. 물론 영향을 행사하기 위한 전략은 가능한 많은 사람들을 표적수용자로 끌어 모아야 한다. 이러한 전략은 자연스럽게 다양한 커뮤니케이션 채널을 필요로 하는데, 이는 내면적 커뮤니케이션, 매스미디어, 학교에서의 지역사회 프로그램, 직장 프로그램 등을 포함한다.

두 번째 과정은 사람들이 제시된 정보에 주목해야 한다는 것이다. 많은 광고 메시지를 통해 수백 혹은 수천 개의 메시지가 주목을 받기 위해 경쟁을 하지만 그중에서 수용자의 주목을 끄는 것은 단지 몇 개에 불과하다.

세 번째 과정은 수용과 관련된 것인데, 이는 수용자에게 인식된 정보가 장기기억 속으로 들어가는 것을 의미한다. 사람들은 무의식적으로 정보의 제시를 인식하기 때문에 어떤 정보가 보이고 들리는지는 알 수가 없다. 마약남용 방지와 관련된 최근의 연구에서 흥미로운 결과는, 마약사용 방지와 관련된 매스미디어의 캠페인 내용과 정보를 오히려 마약을 사용하지 않는 사람들이 마약사용자보다 더 잘 기억한다는 것이다.

그럼에도 불구하고 새로운 정보가 교육적 캠페인에서 사용되었다는 사실만으로 이러한 지식이 직접적으로 태도나 행동의 변화에까지 도달하는 것은 아니다. 최근의 연구결과는, 태도변화는 설득메시지가 특유하게 정교화되거나 평가되거나 해석되어 특정인을 심리적으로 의미 있게 만드는 형식에 달려 있다는 것을 보여 준다. 수용된 정보는 호의적이거나 비호의적 혹은 중립적인 사고나 이미지, 사상을 제공해 주기도 하고, 경우에 따라서는 어떠한 인지적 혹은 감정적 반응도 일으키지 않는다. 정보에 대한 인지적이거나 감정적인 반응이 더 우호적일수록 행동이 긍정적 방향으로 변화할 가능성이 높지만, 보다 부정적인 인지적 혹은 감정적 반응이 도출되면 될수록 태도는 변화하지 않거나 의도하였던 것과는 정반대의 방향으로 변화할 가능성이 높아진다. 일단 수용된 정보가 여러 가지 사고나 감정을 불러일으키게 되면 이들은 기억에 저장된 전체적인 감정과 평가로 통합되어야 한다. 이런 경우에야 비로소 추후의 행동을 인도할 수 있는 전체적인 평가나 태도가 형성되는데, 이것이 궁극적 단계에 해당한다.

이러한 일반적 정보처리 모델은 이론과 실제에서 다음과 같이 이해된다. 일련의 과정에서 초기의 변화는 필연적으로 추후의 변화를 이끌어 낸다. 이러한 추론에서 하나의 문제점은 과정의 각 단계에서 불러일으키는 메시지가 조건적 가능성으로 비쳐질 수 있다는 것이다. 따라서 캠페인에서 각 단계를 성취할 가능성이 60%에 이른다고 하더라도 노출, 주목, 수용, 해석, 통합, 행동의 여섯 단계를 모두 이루는 확률은 단지 5%에 불과하다.

그러나 두 번째 요소는 이러한 과정의 몇 단계는 각각 독립적이라는 것이다. 예를 들어, 한 사람이 새로운 정보를 학습하고 회상하는 능력은 태도와 행동변화를 위한 중요한 인과적 결정요소이며 선결요건이라고 여겨지지만, 이를 증명할 경험적 자료는 많지 않다. 그보다 메시지 학습은 태도변화가 없이도 일어나며 사람들의 태도는 커뮤니케이션에서의 특정한 정보의 학습이 없이도 변화한다는 연구결과는 많이 알려져 있다.

다음의 예를 보면, 텔레비전에서 방영된 마약사용 금지 캠페인에 대해 여섯 명의 사람들이 어떻게 반응하는가를 보여 주고 있다. 캠페인의 스폰서는 젊은 층에게 마리화나의 사용은 매우 위험한 것이며 이것이 보다 강한 마약의 사용으로 발전한다는 것을 제시하고 있다. 이 캠페인에서는 한 유명인이 그의 친한 친구 두 명이 마약 때문에 심각한 건강상의 위험에 처하였음을 보여 주고 있다. 여섯 명의 피험자 중 첫 번째 사람은 메시지로부터 아무것도 얻지 못하였고, 따라서 아무런 추후의 반응도 보여 주지 않았다. 다른 피험자들은 메시지의 핵심을 이해하고 이후의 회상과 이해 단계로 넘어갔으나 그 후의 발전은 사람마다 다르게 나타났다. 여기서 중요한 사항은 개인이 캠페인의 효과를 단지 커뮤니케이션으로부터 얻은 지식을 검토해서 판단하는 것은 매우 드물다는 것이다. 그보다는 각 개인의 특성적 성향과 메시지의 해석이 훨씬 중요하다.

사람들에 따라 메시지의 심각성을 인식하는 정도는 모두 다르며, 그 결과로 태도나 행동의 변화에 이르는 과정도 자연스럽게 다르게 나타난다. 같은 메시지를 수용하였다 하더라도 사람에 따라 이를 전혀 다르게 해석하고 자신의 태도를 지킬 것인가 아니면 변화시킬 것인가를 결정한다. 이러한 예는 한국의 경우 건강에 위협을 주는 대표적인 요소인 흡연과 관련된 연구에서 잘 드러난다. 주지하다시피 한국에서 흡연자의 비율은 전 세계적 기준에서 볼 때 대단히 높다. 많은 금연 캠페인과 건강에 대한 관심의 증가로 인해 흡연율이 지속적으로 감소하고는 있지만 아직도 성인 남성의 흡연율은 절반을 넘으며, 특히 10대나 여성의 흡연율이 증가하고 있다는 조사결과가 있다. 흡연자들은 위에서 예를 든 미국의 마약사용자들과 마찬가지로 흡연에 대한 부정적 정보에 대해 다양하게 반응한다. 대부분의 흡연자들은 공익광고 등에서 제시하는 손상된 폐에 대한 사진이나 동영상을 보며, 이에 대해 비흡연자보다 많은 주목을 하게 된다. 그러나 이를 해석하고 태도변화를 이루는 단계에 이르러서는 확연히 구분되는 경로를 보인다.

금연을 할 의사가 있는 흡연자들은 건강커뮤니케이션에서 제시하는 흡연에 대한 부정적인 메시지들을 보다 적극적으로 자주 접하며 이를 자신의 기존 태도나 인식을 바꾸는 데 사용한다. 이들은 흡연과 폐암과의 상관관계, 그 외의 질병과의 관련에 대해 매우 주목하며 자신의 흡연으로 인해 자신과 가족들에게 미칠 영향을 심각하게 고려하기 시작한다. 이들은 흡연이 장래 자신의 건강에 심각한 악영향을 끼칠 것이며 사회적으로도 점차 용인되기 힘든 행동이 될 것이라는 인식을 갖게 된다. 결국 이들은 흡연에 대한 부정적 태도를 가지게 되며 이후 담배를 끊기 위한 여러 가지 노력을 시도하게 된다.

한편 흡연을 중단할 의사가 없는 흡연자들의 경우 이와는 확연히 다른 반응을 보인다. 이들도 담배의 해악에 대한 친건강적 메시지를 주목하고 어느 정도 자신의 건강에 대해 생각한다. 그러나 이들은 곧 담배의 해로움에 대한 메시지를 무시하게 되고 흡연의 이로운 점을 생각하려고 노력한다. 이들은 담배를 피움으로써 얻게 되는 이점, 예를 들어 스트레스를 풀어 준다든지 외로움을 이기게 해 준다든지 하는 점들을 흡연으로 인한 해로움을 강조하는 메시지보다 많이 생각한다. 따라서 이들은 자신의 경우는 다른 사람들과 다르다고 믿고 반흡연 메시지를 무시하고 이에 대해 거부감을 느끼게 된다.

자신이 좋아하는 메시지나 사람들은 보다 많이 접하려 하고, 자신이 싫어하는 메시지나 사람들은 회피하려고 하는 경향은 대부분의 사람들이 공통적으로 가지고 있는 심리성향이다. 이러한 경향은 일찍이 하이더가 균형이론을 통해 이론화시킨 바 있다.

앞의 여섯 명의 피험자를 대상으로 한 연구에서 알 수 있는 사항은 다음과 같다.

첫째, 태도변화는 비판적 지식이 존재하지 않더라도 발생할 수 있다.

둘째, 비판적 지식은 어떠한 태도변화가 없이도 얻을 수 있다.

셋째, 동일한 지식이 상반되는 태도를 만들어 낼 수 있다.

넷째, 명백하게 동일한 태도라고 할지라도 상이한 행동상의 의미를 가져올 수 있다.

이러한 연구결과는 마약남용 방지 교육과 관련된 이전의 연구들이 지식의 변화가 태도와 행동의 변화에 왜 충분하지 못하였는가, 혹은 태도변화가 행동변화를 왜 일으키지 못하였는가를 설명해 준다.

굿스타트와 셰퍼드, 챈은 알코올남용과 관련된 정보에 기초한 프로그램을 평가하였다. 실험에 참석한 학생들은 알코올과 관련된 미신과 광고에 대한 정보, 음주 이유, 가족과 운전, 운동, 몸매관리, 성적 매력에 대한 음주의 효과 등을 다룬 열 가지의 교육을 받았다. 처치를 전혀 받지 않은 집단, 다시 말해 통제집단(control group)의 학생들과 비교해 보았을 때 실험집단(experimental group)에 속하는 학생들은 알코올에 대해 훨씬 많은 지식을 가지고 있었으나 태도에서는 유의미한 변화를 보여 주지 못하였다.

마약과 같이 건강에 위협을 주는 요소들과 관련된 설득커뮤니케이션 연구들을 정리한 후, 킨더와 페이프, 윌피시 등은 비록 친건강 프로그램들이 마약에 대한 참여자들의 지식을 향상시키는 데는 성공적이었으나 태도나 행동을 변화시키는 데에는 그리 성공적이지 않았음을 지적하고 있다.

2. 설득의 두 가지 경로

영향(influence)을 탐구대상으로 하는 최근의 심리학적 이론들은 설득 상황의 다양한 특성이 어떻게, 그리고 왜 커뮤니케이션 과정에서 각각의 단계에 영향을 미치는가에 초점을 맞추고 있다. 예들 들면, 전달자의 신뢰성이 메시지의 주목에 어떤 영향을 주는가와 같은 것이다. 그중 가장 많은 연구가 이루어진 분야는 정보처리 과정에서 여러 가지 변인들이 어떻게 해석단계에 영향을 미치는가에 대한 것이다. 이 단계는 가장 중요한 단계로도 인식되는데, 그 이유는 이 단계에서 메시지가 어떤 의미를 갖게 되며 우호적 혹은 비우호적으로 받아들여지는가, 혹은 수용되는가의 여부가 결정되기 때문이다.

설득에서의 정교화가능성 모델에 따르면 해석단계 동안 이루어지는 과정들은 구별되는 두 가지 설득경로를 사용한다. 첫 번째는 중심경로로, 사람들이 주의 깊게 조사하기 위해 이전의 경험이나 지식을 이용하고, 커뮤니케이션에서 제시되는 이슈와 관련된 논의들을 평가하는 데 많은 노력이 필요한 인지적 행위를 포함한다. 이것이 발생하기 위해서는 사람들은 충분히 동기부여가 되어 있어야 하고 제공된 정보를 처리하기 위한 능력과 기회가 있어야 한다. 이 과정의 최종 결과는 그 사람의 신념 구조와 일치하고 제대로 통합된 태도이다. 이 경로를 통해 변화된 태도는 상대적으로 지속적이고 행동이 예측 가능하며, 설득력 있는 상반되는 정보에 의해 도전받기 전까지는 변화에 저항적이다.

추가적으로 한 사람이 새롭게 얻게 된 마약에 대한 부정적인 태도를 생각하거나 방어하면 할수록 그 사람은 새로운 태도가 분명하게 맞이할 도전에 대해 더욱 저항적으로 된다. 제5장에서 소개한 접종이론에서 맥과이어는 생물학적 유추를 사용하였는데, 핵심은 다음과 같다. 사람들에게 소량의 균을 주사하면 특정한 병에 대해 보다 저항적으로 되는 것과 마찬가지로 새로운 의견을 미리 접하게 되면 그 의견에 대한 공격에 보다 저항적으로 된다. 설득에서 접종을 시킨다는 의미는 사람들에게 자신의 의견과 상반되거나 적대적인 정보에 노출되도록 하여 그에 대해 어떻게 반박할 것인가를 미리 알려 주는 것이다. 여러 연구결과들은 다른 의견에 미리 접종을 받은 사람들은 그들의 의견과 상반되는 의견에 접하였을 때, 항상 자신의 의견과 일치되는 정보만을 받은 사람들에 비해 이후의 공격에 대해 방어를 더 잘하였다.

앞에서 살펴본 중심경로와는 상반되는 경로가 주변경로이다. 이 경로는 중심경로와 달리 메시지에 대한 논쟁이나 이슈와 관련된 사고에 주안점을 두지 않는다. 대신에 이 관점은 설득에서의 단순한 단서가 주창되는 지위와 결합된 감정적인 상태를 불러일으키거나 사람들이 메시지의 타당도를 판단할 수 있는, 상대적으로 단순한 추론이나 근거를 제공한다고 본다. 자주 사용되는 텔레비전이나 라디오의 공익광고는 제시되는 주장의 장점을 강조하는 대신에 태도변화를 이끌어 내기 위해 유명인이나 운동선수를 이용한다. 사실 주변경로를 사용한 설득기법은 단기적인 효과는 매우 뛰어나다. 그러나 장기간에 걸친 캠페인에서는 효과가 떨어지는 단점이 있다. 왜냐하면 시간이 지남에 따라 유명인과 운동선수에 대한 사람들의 감정은 변하게 마련이며, 따라서 전달자와 관련된 긍정적인 감정들이 점차 희미해지기 때문이다. 또한 사람들은 나이가 들어감에 따라 규범적인 영향의 원천이 덜 중요해지게 된다. 한 연구결과에 따르면, 주변경로에 의한 태도변화는 지속되기 힘들며 이후의 압력에 쉽게 영향을 받게 된다. 따라서 마약사용에 대한 부정적 정보를 단지 주변경로를 통해서만 얻은 사람들은 특정한 위험에 대해 심사숙고하며 정보를 내재화한 사람들에 비해 상반되는 주장에 영향을 받기 쉬우며 태도변화가 오래 가지 않는다.

요약하면, 중심경로를 통한 태도변화는 잘 통합된 인지적 구조를 통해 나온 능동적인 사고과정에 기초하고 있는 데에 비해, 주변경로를 통한 태도변화는 단순한 단서에 기초한 수동적인 수용 혹은 거부에 기초하고 있다. 중심경로를 통해 마약에 대한 태도를 익힌 사람은 마약에 대해 조직적인 스키마(schema) 혹은 도식을 가지고 있다. 마약에 대한 논의에 접할 때, 이러한 수용자는 쉽게 부정적인 태도와 신념을 도출해 낼 수 있으며 이에 대한 태도가 확고하다. 한편 주변경로를 통해 마약에 대한 정보를 습득한 사람은 기억과정이 산만하며 이에 대한 사고와 감정도 복잡하고 정리가 되어 있지 않다. 따라서 마약에 대해 언급이 되더라도 쉽게 사고를 하지 못한다. 오히려 그들은 정보가 마이클 잭슨과 같은 유명인이 제시한 단서를 중심으로 조직화되어 있다. 비록 초기에는 중심경로와 주변경로를 사용하여 태도변화를 한 사람들의 비율이 비슷하더라도 시간이 지남에 따라 태도의 구조는 확연하게 차이가 나게 된다.

중심경로와 주변경로에 대한 논의에서 다시 주의를 기울여야 하는 것은 설득과정에서 능동적인 참여가 태도에 영향을 미치며, 시간이 지나도 변화에 저항하는 안정적인 태도변화의 형성에 핵심적인 요소라는 것이다. 성공적인 마약남용 방지 프로그램들은 이와 같은 중심경로를 효과적으로 사용하였다. 다시 말해 수용자들을 능동적으로 참여시키고 미리 반대되는 입장을 주입시켰으며, 주어진 정보에 대해 끊임없이 질문을 하고 이를 강화하기 위해 역할을 수행하도록 하였다. 실제로 한 연구결과에서도, 알코올남용 방지를 위한 캠페인에서 금주의 장점에 대해 주입받았던 학생들은 장점에 대해 아무런 언급도 받지 못하였던 학생들에 비해 훨씬 자신들의 입장을 적극적으로 방어하고 반대되는 주장에 대해 논박을 잘하였다.

참여자의 능동적인 참여를 장려하는 환경을 창조하는 데 성공한 주요한 사례는 뉴멕시코 대학교에서 개발되었던 알코올과 마약방지 프로그램에서 찾을 수 있다. 이 프로그램에서 참여자들은 병원과 감옥, 응급실을 방문하는 등 적극적인 참여를 함으로써 마약사용의 결과를 직접적이고도 생생하게 경험할 수 있었다. 참여자들은 자신의 질문을 개발하고 다양한 사회적·대인적 중요성 수준에서 문제를 밝혀내고, 결과적으로 마약남용 문제를 자신의 삶과 자신의 지역사회에 직접 영향을 미치는 것으로 여겨 문제를 해결하려고 하였다.

3. 정교화가능성 모델에서 특정 변인의 역할

변인(variable)은 사회과학에서 가장 중요하게 사용되는 개념 중 하나인데, 한 특정 현상을 설명하기 위한 주요한 도식으로 사용된다. 미디어 관련 연구에서 주요한 변인으로는 남성·여성과 같은 성별과 청소년층·장년층·노년층과 같은 나이, 텔레비전 시청량과 신문구독률 혹은 인터넷 접속률과 같은 미디어 이용량 등이다. 예를 들어, '성별에 따라 인터넷 사용량이 다를 것이다'라는 연구주제를 가지고 연구를 하고자 할 때, 중요한 변인은 성별이라는 변인과 인터넷 사용시간이라는 변인이다. 이때 성별과 같이 원인이 되는 변인을 독립변인(independent variable)이라고 하며, 인터넷 사용시간과 같이 결과가 되는 변인을 종속변인(dependent variable)이라고 한다.

정교화가능성 모델에서는 정교화가능성이 증가할수록, 다시 말해 논쟁에 대한 사고가 상대적으로 객관적으로 진행되는가, 혹은 편향된 양식으로 진행되는가에 따라 이슈와 관련된 논쟁의 성격이 더욱 중요한 설득의 결정요인이 된다고 본다. 그러나 정교화가능성이 줄어들수록 주변경로는 더욱 중요해진다. 다시 말해 정교화가능성이 높을 경우에는 설득과정에서의 중심경로가 지배하지만 정교화가능성이 낮을 경우에는 주변경로가 우세해진다. 이와 관련된 여러 연구에 따르면 설득메시지에 대한 사고의 양을 증가시키거나 감소시키는 데 기여하는 여러 가지 변인들을 알 수 있다. 커뮤니케이션에서의 개인적 적절성과 인지욕구에 대한 개인적 수준과 같은 변인들은 이슈와 관련된 논쟁들을 처리하는 전체적인 동기부여를 결정한다. 또한 메시지 반복 정도, 혹은 사고를 혼란스럽게 만드는 변인들은 이슈와 관련된 논쟁들을 처리하는 능력을 결정한다. 어떤 변인들은 정보처리 행위를 상대적으로 객관적인 방식으로 처리하지만, 또 어떤 변인들은 정보처리 행위에 대해 체계적으로 편향되게 만든다. 예를 들어, 매우 높은 정도로 관여되어 있는 수용자에게 그들의 태도와 상반되는 메시지를 제공하는 것은 많은 저항과 반박을 불러일으킨다.

정교화가능성 모델의 가장 중요한 특성 중의 하나는 어떤 한 변인이 여기서 제시된 역할 중 하나를 수행할 수 있다는 점이다. 다시 말해, 하나의 변인이 어떤 맥락에서는 중심적 단서 역할을 할 수 있으며, 다른 맥락에서는 주변적 단서로 기능할 수 있다. 한편 다른 영역에서는 사고의 강도나 처리방향의 편향성에 영향을 미칠 수 있다. 예를 들어 메시지 소스의 매력에 대한 연구에 따르면, 매력은 다르게 처리될 수 있다.

첫째, 매력은 태도대상의 장점을 평가하는 것과 관련이 없을 경우 단순히 주변경로로 사용된다.

둘째, 매력은 태도대상의 장점을 평가하는 것과 관련이 있을 경우와 정교화가능성이 높을 경우 메시지의 논의대상이 된다.

셋째, 정교화가능성이 중간 정도일 경우 제시된 메시지 논의에 대한 사고의 정도에 영향을 미친다.

만일 하나의 변인이 여러 가지 수단에 의해 설득에 영향을 미칠 수 있다면 변인이 각각의 다른 역할에서 수행하는 일반적 조건들을 알아내는 것이 필수적이다. 정교화가능성 모델에 따르면, 정교화가능성이 높을 경우 사람들은 제시된 논의의 장점에 대해 평가하기를 원한다. 소스의 매력과 같은 변인들은 이러한 상황에서는 단순한 단서로 사용됨으로써 평가에 직접적인 영향을 거의 미치지 못한다. 대신 그들이 이슈의 장점과 관련이 있거나 지속적인 인지적 능력의 본질에 악영향을 미칠 경우에는 논점이 될 수 있다. 한편 정교화가능성이 낮을 경우, 사람들은 제시된 논쟁의 장점을 평가하는 것을 원하지 않거나 평가할 능력이 없다. 만일 어떤 평가가 이러한 조건 아래에서 형성되었다면, 이는 상대적으로 단순한 결합이나 추론의 결과일 가능성이 높다. 마지막으로 정교화가능성이 중간 정도일 경우, 사람들은 메시지가 제공하는 것이 무엇인지에 대해 확실하지 않으며, 이러한 분석을 제공할 능력이 있는가에 대해서도 잘 알지 못한다. 이러한 상황에서 그들은 설득의 상황이 무엇인가를 검토하려고 노력한다.

다양한 상황에서 변인들이 수행할 수 있는 다양한 역할이 무엇인지 알아볼 필요가 있다. 설득에서 사람의 감정에 대한 예를 들어 보자. 정교화가능성이 낮을 경우, 다시 말해 메시지의 개인적인 적합성이 낮을 경우 긍정적인 감정은 단순한 단서로 작용할 수 있다. 반면 정교화가능성이 매우 높고 확실하게 동기부여가 되어 있으며 제시된 논쟁들에 대해 사고할 능력이 있을 경우, 긍정적 감정은 긍정적 사고가 처리과정 동안 이용될 수 있다는 가능성을 높여 준다. 마지막으로 메시지가 불확실한 적절성을 가지고 있고 사람들이 메시지에 대해 심사숙고할지의 여부를 결정해야 한다면 긍정적인 감정을 깨뜨리지 않기 위해 그에 대해 생각하지 않을 것이다.

어떠한 변인도 다양한 방식으로 설득을 만들어 낼 수 있기 때문에 변인들이 왜 작동하는가를 이해하는 것이 중요하다. 마약남용 방지와 관련된 경험적 연구에서 전달자와 메시지, 수용자, 맥락 변인에 대한 연구가 검토되었으나 이러한 변인들이 작용하는 과정에 대해서는 많은 연구가 이루어지지 않았다.

4. 태도-행동 연계

한 사람의 태도가 변화하면 새로운 태도가 행동을 인도하게 된다. 이러한 태도와 행동의 연계에 대해서는 앞에서도 살펴보았듯이 여러 학자들이 다양한 연구를 지속해 왔다. 태도는 다음과 같은 상황에서 행동에 많은 영향을 끼친다.

첫째, 태도가 기존의 신념과 일치하는 경우

둘째, 태도가 이슈와 관련된 정보이거나 개인적 경험이 높은 경우

셋째, 태도가 이슈와 관련된 사고를 많이 한 후에 형성되었을 경우

넷째, 상황의 단서가 사람의 태도가 행동과 관련이 있다고 제시하는 경우

태도가 행동을 인도하는 과정을 설명하는 데는 두 가지 일반모델이 사용되었다. 한 가지 모델은 피시바인과 에이젠의 합리적 행동이론(theory of reasoned action)인데, 이 이론의 가정은 사람들이 주어진 행동에 참여할 것인가 아닌가를 결정하기 전에 그들의 행동의 의미를 고려한다는 것이다. 이 모델에서 사람들은 행동을 수

행하거나 하지 않을 의도를 형성하는데, 이러한 의도는 중요한 타인의 의견 혹은 규준을 따를 뿐 아니라 행동에 대한 개인의 태도에 기초하고 있다. 이 모델은 행동을 할 경우에 따르는 이익과 손실을 고려하는, 상대적으로 사려 깊은 과정에 초점을 맞추고 있다. 보다 구체적으로 이 모델은 특정한 이익이 얻어지거나 손실을 예방하는 가능성에 관심을 둔다.

로젠스톡은 건강과 관련된 행위에 관한 특정한 신념을 건강신념모델(health belief model)로 정리하였다. 이 모델에서 제시된 신념은 네 가지이다. 첫 번째는 특정한 부정적인 조건에 대한 개인의 감수성이고, 두 번째는 조건의 심각성에 대한 지각이다. 세 번째는 권장된 행동을 행함으로써 나오는 주관적인 혜택이고, 네 번째는 행동에 대한 경제적 · 심리적 소비에 대한 것이다. 다시 말해 사람들은 담배를 피우지 않거나 마약을 사용하지 않는 것과 같은 건강 관련 행동을 할 것으로 예상되는데, 그것은 그러한 행동이 중요하고, 그들에게 적절하며, 권장되는 행동에 따르는 효율성과 혜택이 소비를 훨씬 압도한다고 믿을 경우에 이루어진다.

한편 합리적 행동이론의 가정과 상반되는 입장이 있다. 파지오는 많은 행동이 즉시적이며 상대적으로 자율적인 과정을 거쳐 유발된다는 입장을 취한다. 파지오는 태도가 어떠한 심사숙고나 추론 없이 행동을 인도한다고 보았는데, 그러기 위해서는 두 가지 조건이 필요하다고 보았다. 첫 번째 조건은 태도가 태도대상의 단순한 대두와 같이 즉시적으로 나오는 경우이고, 두 번째 조건은 태도가 대상의 지각을 결정짓는 경우인데, 그 결과로 태도가 우호적이면 대상의 상태는 우호적인 것으로 인식된다고 보았다. 예를 들면, 마약중독자가 코카인을 접하게 되면 이전의 경험에 기초한 긍정적 감정이 자동적으로 일어나서 코카인을 사용하게 된다.

이후의 연구에서 파지오는 합리적 이성이 작용하는지, 혹은 자동적 행동과정이 일어나는지를 결정하는 데에는 동기부여와 능력이라는 요소가 중요하게 작용한다고 보았다. 다시 말해, 행동 결과가 개인에게 커다란 영향을 미치는 경우에 태도는 심사숙고한 회고과정을 통해 결정되는 경향이 많다. 반면 예상되는 결과가 그리 중요하지 않을 경우에는 즉각적 태도형성이 보다 중시된다. 또한 결정을 하기 위한 시간이 줄어듦에 따라 즉각적 태도형성 과정의 중요성이 심사숙고한 결정보다 커지게 된다.

11.4. 사회학습이론과 건강커뮤니케이션

특정한 상황에서는 태도가 직접 행동으로 이어지는 반면, 다른 상황에서는 이러한 태도와 행동 간의 연계가 쉽게 일어나지 않는다. 건강커뮤니케이션의 주요 주제인 마약남용 방지의 경우 태도변화가 마약사용 중지와 같은 바람직한 행동변화로 직접 이어지지는 않는다. 사람들은 새롭게 얻는 태도를 행동으로 연결시키기 위해 새로운 기술과 자기지각을 필요로 한다. 더 나아가 태도가 새로운 행동으로 이어지더라도 이러한 변화는 유인책(incentive)가 주어지지 않으면 지속되지 않는다. 이러한 과정을 이해하기 위해서는 제1장에서 언급한 사회심리학자인 밴듀라의 사회학습이론을 이해하는 것이 필요하다.

정교화가능성 모델의 중심경로와 같이, 사회학습이론에서는 개인의 자발적 행동은 개인이 다양한 행동의 과정에서 기대하는 개인적 결과에 따라 부분적으로 결정된다고 본다. 이를 단순화하면 보상과 처벌은 이전의 개인적 경험에 의존하거나, 타인의 경험을 관찰하거나, 인지적 추론과정의 결과로 단순하게 기대한 결과로 나타나게 된다. 사회학습이론에 따르면, 행동변화를 일으키기 위해서 사람들은 새로운 행동이나 이미 얻어진 행동에 대해 새로운 결과를 얻어야 한다. 예를 들어, 마약에 대해 부정적인 태도를 가졌다고 마약을 사용하라는 압력을 받았을 때 아니라고 말할 언어적 기술을 가지고 있는 것은 아니다. 새로운 기술을 배우는 것은 직접적 경험을 통하거나 타인의 행동패턴을 관찰함으로써 이루어진다. 타인의 행동을 관찰하고 따르는 것을 모델링(modeling)이라고 한다. 가장 효과적인 모델은 설득의 대상이 되는 사람들과 가장 유사하거나 설득대상자들이 존경하거나 동경하는 사람들이다. 흔히 공익광고 모델로 자주 등장하는 사람들은 사회적으로 존경을 받거나 평상시 생활이 모범적인 유명인이나 운동선수들이다. 밴듀라의 사회학습이론에서 중요하게 고려해야 할 사항은 사람들은 항상 최선의 방향으로 행동하지 않는다는 것이다. 이는 사람들이 올바른 행동이 무엇인지 알고 있고 그에 대해 긍정적인 태도를 가지고 있을 경우에도 적용된다. 다시 말해 사람들은 새로 얻은 기술을 행동으로 옮기도록 항상 동기화되어 있지 않다.

사람들의 태도가 행동으로 전이되는지 여부에 대한 특별히 중요한 인지적 결정요인의 하나는 사람들이 스스로 내리는 자신의 능력에 대한 평가, 혹은 자기 효율성에 대한 판단이다. 자기 효율성에 대한 판단은 매우 중요한 요소인데, 그 이유는 효율성에 대한 지각 수준이 높으면 높을수록 사람들은 학습된 새로운 행동을 유지할 가능성이 높기 때문이다. 자기 효율성에 영향을 주기 위한 방법으로는 특정 기술을 제공해 주는 훈련이 효과적인 것으로 드러났다.

사회학습이론과 능동적 참여원칙을 결합하여 성공적인 마약남용 방지 프로그램을 이루어 낸 사례로는 미국에서 고안되었던 DARE(Drug Abuse Resistance Education) 프로그램을 들 수 있다. 로스앤젤레스 경찰국과 그 지역의 연합학군에서 공동으로 기획한 이 프로그램에서 그 지역 경찰들은 초등학교 6학년 학생들을 대상으로 열일곱 개의 마약남용 방지 프로그램을 운영하였는데, 이 프로그램을 통해 어린 학생들은 친구들의 권유를 뿌리치는 방법과 마약남용의 해로운 결과에 대해 집중적인 교육을 받았다.

11.5. 건강 관련 태도변화를 위한 이론적 입장

여러 가지 이론이 사람들의 건강에 대한 태도를 변화시키는 데는 성공하였지만, 실제로 새로운 지식이 자동적으로 새로운 행동으로 전이되는 것은 아니다. 많은 연구결과는 사람들이 비록 새로운 지식 혹은 친건강적 지식을 가지고 있음에도 불구하고 건강에 해로운 행동을 계속하는 경우가 많음을 보여 주고 있다. 친건강적 메시지가 성공적으로 행동변화까지 이루어 내는 것은 대체적으로 다음과 같은 조건이 충족되었을 경우이다. 즉 사람들의 동기가 유발되어 있고, 제시된 정보를 처리할 능력이 있으며, 이러한 처리가 유익한 인지적·감정적 반응을 일으킬 경우이다. 더 나아가 일단 태도가 진정으로 변화하려면 새로운 행동기술과 자기 효율에 대한 확실한 인식이 있어야 한다. 따라서 최근의 태도와 행동변화에 대한 연구들은 마약남용 방지 지식과 태도가 실제 행동에 이르는 데 실패한 이유들을 설명해 줄 수 있을 것이다.

첫째, 마약금지 관련 지식은 수용자들에 의해 적절하지 않은 것으로 여겨졌으며, 결과적으로 비우호적인 결과를 낳는다고 인식되었다. 둘째, 긍정적 태도변화가 주어졌음에도 불구하고 변화는 정교한 메시지 처리과정을 거치기보다는 단순한 주변단서에 기초하여 이루어졌다. 셋째, 태도변화가 중심경로에 의해 이루어졌음에도 불구하고, 영향받은 사람들은 그들의 새로운 태도를 행동으로 옮기기 위해 필요한 기술이나 자기 확신이 부족하였다.

앞에서 살펴본 여러 이론에서 유추할 수 있는 결과는 비록 몇몇 태도가 주의 깊은 추론과정에 기초하여 이루어졌지만, 그 밖의 태도들은 상대적으로 단순한 단서에 기초하여 이루어졌다는 것이다. 마약남용 방지를 위한 캠페인은 상대적으로 장기간에 걸친 태도변화를 목표로 하는 것이므로 설득의 중심경로를 이용한 전략이 보다 선호되는 전략이다. 그러나 현실은 그리 단순하지 않다. 새로운 정보의 수용자는 동기부여가 되어 있어야 하고 정보처리를 할 능력이나 기회가 충분히 있어야 한다. 앞의 여러 이론에서 살펴본 바와 같이 메시지에 대해 생각할 동기부여를 위한 가장 중요한 결정요인은 메시지에 대한 개인적인 적절성 여부이다. 만일 주어진 정보가 개인에게 매우 적절하고 중요하게 인식된다면, 그 사람은 그 정보를 매우 소중하게 생각하고 중심경로를 통해 정보를 처리하려고 노력할 것이다. 반면에 그 정보가 중요하지 않다고 생각할 경우에는 이를 부차적인 것으로 생각하고 주변경로를 이용하여 처리하려고 할 것이다. 미국의 경우에는 마약, 한국의 경우에는 담배가 공중건강에 가장 큰 위험요소라고 할 수 있는데, 많은 사람들이 이들의 위험성에 대한 메시지가 자신과는 크게 관련이 없다고 여기는 경향이 있다. 어떠한 종류건 마약남용 방지 프로그램의 목표는 이러한 메시지에 대한 일반인들의 관여를 높이는 것이고, 이러한 친건강적 메시지를 자신의 가족이나 친구에게 전달하게 하는 것이다. 그래야 전체 국민의 건강이 증진될 수 있으며 심각한 후유증을 예방할 수 있다.

11.6. 건강커뮤니케이션 사례

1. 건강 캠페인의 유형

앞에서 이론적으로 살펴본 건강커뮤니케이션은 전 세계에서 다양한 방식으로 광범위하게 사용되고 있다. 다양한 견해가 있으나 건강 캠페인의 대표적인 유형은 다음의 다섯 가지가 있다.

1) 금연 캠페인

홉연은 현대사회에서 질병의 가장 주요한 원인 중 하나이다. 상습적이고 심한 홉연은 심장혈관질환, 폐질환, 폐암의 원인이 되고 있다. 과실, 부주의와 함께 홉연은 매년 발생하는 화재의 원인이 되기도 한다. 홉연은 공중건강의 심각한 위협이 되고 있을 뿐만 아니라 엄청난 사회적 비용을 야기하기 때문에 홉연의 확산을 방지하는 효과적인 전략을 찾는 데 큰 관심이 모아지고 있다.

한편 금연과정에 대한 연구는 행동변화의 여러 단계와 관련이 있는 중요한 기술과 사회적 요인들을 발견해 냈다. 예를 들어, 금연의 초기 단계에서는 공식적으로 담배를 끊는 이유들을 밝혀내고 또 반복하여 상기하는 것이 금연 유지에 도움이 된다는 것이다. 각 단계 간에 서로 겹치는 부분이 있지만, 준비단계는 홉연의존성에 대한 불만족과 의사결정에 대한 근거수집으로 특징지을 수 있다. 행동단계에서 개인은 의존성을 극복하기 위한 자생력을 습득하게 된다. 금연에 대한 사회적 지원과 강화는 이 단계를 성공적으로 끝내는 데 중요한 역할을 한다. 게다가 개인은 자신에 대한 재평가의 과정을 거치게 되는데, 이 과정에서 개인은 자신을 '과거의 홉연자' 로 규정하고 자신의 자의식을 새로 획득한 금연이라는 생활양식에 어울리게 변화시킨다. 마지막 단계에서 개인은 홉연과 연관되는 자극을 피하고, 새로운 대처능력을 습득하며, 일반적인 사회지원 네트워크를 유지함으로써 생활양식 변화를 유지하려는 시도를 한다. 유지단계의 또 다른 특징은 홉연을 부추기는 상황에 대처할 수 있는 자생력에 관한 자신감을 갖게 된다는 것이다. 이와 같은 요인들을 바탕으로 텔레비전이나 다른 매스미디어에서 사용될 모델링 사례들을 창조해 낼 수 있다.

2) 에이즈 예방 캠페인

질병예방이 질병치료보다 훨씬 효과적이며 비용이 덜 든다. 그러나 산불방지나 환경보호처럼, 대부분의 사람들은 먼 훗날에나 있을 위기상황에 그들의 시간과 자원, 그리고 에너지를 투자하는 데 매우 인색한 경향을 보인다. 건강과 관련해서도 이러한 태도는 항상 문제시되고 있다. 그렇지만 약물남용, 청소년 임신, 알코올중독, 그리고 에이즈의 위협에 직면한 오늘날의 현실에 비추어 보았을 때 그런 안일한 태도는 개인과 사회의 복지에 심각한 위협이 되고 있다. 설득이론과 연구는 질병에 대한 치료법이 적절하지 못하거나 질병에 대한 해결책을 찾지 못하고 있는 상황에서 유용하게 활용될 수 있다.

3) 심장병 예방 캠페인

심장질환은 미국과 서구 산업국가들에서 조기 사망이나 신체불구의 가장 중요한 원인이다. 대략 미국인의 사망 원인 가운데 절반 이상이 이 질환에서 비롯되고 있으며, 심장동맥질환 하나만도 전체 사망 원인의 40%에 이르고 있다.

4) 알코올, 마약과 같은 중독성 약물 캠페인

술은 미국의 청소년들 사이에 가장 널리 남용되는 제품이며, 음주는 마리화나나 코카인 같은 비합법적인 약물의 사용을 시작하게 하는 제1관문이다. 술을 처음으로 시음해 보는 것은 보통 13~14세의 어린 나이인데, 점점 더 빨라져 가고 있는 추세이다. 수백만 명의 10대 청소년들이 술과 관련된 심각한 문제를 안고 있는데, 예를 들면 음주운전과 그 밖의 사고, 일탈범죄, 자살, 경변증을 비롯한 그 밖의 질병, 사회적 및 감정적 발달의 손상 등이다. 캠페인의 효과를 감소시킬지 모르는 몇몇 장애요소들의 제거가 필요하였다. 첫째, 동료집단으로부터 강한 음주압력이 있다. 둘째, 음주는 현대사회에서 수용 가능하고 매력적인 관습으로 인식되고 있다. 셋째, 많은 가정과 사회에서 음주는 쉽게 허용되고 젊은 시절 음주를 한번 해보는 것을 성인들이 허락한다.

5) 개발도상국의 가족계획 캠페인

원하지 않는 출생을 방지하고, 자녀 간에 터울을 둘 것을 권장하며, 부부가 원하는 자녀의 수를 줄이고, 부부들의 불임문제를 돕는 것이다.

2. 건강 캠페인 사례

1) 금연 캠페인

(1) 동화 패러디 광고

〈그림 11-1〉~〈그림 11-3〉은 동화 속 주인공들을 소재로 하여 흡연을 한 왕자의 키스를 거부하는 잠자는 숲속의 공주, 담배를 피움으로써 늙어 버린 피터팬, 그리고 백설공주의 아름다움을 앗아가기 위해 독사과 대신 담배를 권하는 마녀의 모

〈그림 11-1〉 **잠자는 숲속의 공주 : Smoking makes you have bad breath**(흡연은 악취를 동반한다.)

〈그림 11-2〉 **피터팬 : Smoking makes you look older than your years**(흡연은 당신을 훨씬 더 늙어 보이게 만든다.)

〈그림 11-3〉 백설공주 : Smoking hazardous your beauty(흡연은 당신의 아름다움을 위협한다.)

금연 캠페인 지하철의 외부 모습

금연 캠페인 지하철의 내부 모습

〈그림 11-4〉 지하철의 캠페인

습을 패러디하여 금연이라는 주제를 보다 유머러스하게 해석한 포스터들이다. 〈그림 11-4〉는 이 포스터들이 부착된 지하철의 실제 모습이다.

청소년의 흡연 예방과 금연을 위하여 제작되었으며, 이 메시지를 접하는 대상들에게 좀더 친근한 소재로 다가가 자연스럽게 금연을 생활화할 수 있도록 하는 데 목적을 두었다.

(2) 우리나라의 공익광고

〈그림 11-5〉는 흡연은 자신의 몸을 자학하는 행위와 같다는 내용을 담고 있는 공익광고이다.

〈그림 11-6〉과 〈그림 11-7〉은 공익광고를 접하는 사람으로 하여금 다소 '섬뜩

〈그림 11-5〉 공익광고 '폐 자학'편

〈그림 11-6〉 공익광고 '피부 자학'편

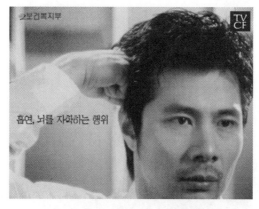

〈그림 11-7〉 공익광고 '뇌 자학'편

하다', '엽기적이다'는 느낌을 줄 수도 있는 내용의 금연광고이다. 이 광고는 각종 독성물질로 이루어진 담배를 피우는 행위는 자신의 몸을 자학하는 것과 마찬가지라는 메시지로, 보다 강력하고 위협적인 방식으로 소구하여 흡연에 대한 일종의 경각심을 일깨워 준다.

이 공익광고들은 배경음악과 모델들의 무표정, 그리고 다소 섬뜩한 메시지가 어우러져 이전의 공익광고들과는 달리 내용 전달이 사실적이고 충격적이어서 화제가 되었다.

한 미녀가 요염한 자태를 뽐내며 뭇 남성들의 시선을 사로잡는다. 한 남성이 다가가 호감을 표시하려는 순간 담배 때문에 누렇게 변색된 여성의 이를 본 남성이 놀라서 뒷걸음질을 친다(〈그림 11-8〉).

〈그림 11-8〉 공익광고 '치아 변색' 편

〈그림 11-9〉 공익광고 '기억 감퇴' 편

〈그림 11-10〉 공익광고 '구취' 편

    연극 중에 대사를 잊어버려 쩔쩔매는 고등학생의 모습은 청소년 흡연의 해악을 경고하고 있다(〈그림 11-9〉).

    아기에게 이유식을 먹이려는 아빠, 그러나 담배에 찌든 아빠의 입냄새를 맡은 아기는 고개를 돌리며 울음을 터뜨린다(〈그림 11-10〉).

    〈그림 11-8〉~〈그림 11-10〉은 2006년 보건복지부에서 '진실을 말하세요'라는 슬로건으로 벌인 금연 캠페인이다. 이 세 버전의 금연광고는 극적인 반전을 통해 재미와 효과를 배가하고 있다. 일상생활 속에서 일어날 수 있는 흡연에 대한 혐오감을 소재로 하여 광고 속 모델의 행동을 통해 흡연으로 인해 일어날 수 있는 일들을 사실적이면서도 우스꽝스럽게 묘사하였다.

    흡연 때문에 치아가 검게 변색된 여자, 역시 흡연 때문에 대사를 잊어버린 배우, 이유식을 먹이려다 구취 때문에 아이를 울린 아버지의 모습은 일방적인 홍보가 아닌 사람들에게 공감을 얻어 낼 수 있는 광고로 효과적이다.

    특히 흡연이 폐암과 같은 질병을 유발할 뿐만 아니라 사회관계를 저해할 수 있다는 점에 주안점을 두어 흡연의 폐해를 감성적으로 전달하고 있다.

(3) 해외 사례

    〈그림 11-11〉은 흡연을 하는 남성들을 타깃으로 위협소구를 사용하고 있는 캠페인이다. 담배를 이용한 성적 이미지를 연출함으로써 그들에게 강한 임팩트를 던져서 설득하려 하고 있다.

    흡연자 본인이 아닌 주변인에게 피해를 주는 모습을 보여 주는 위협소구를 사용

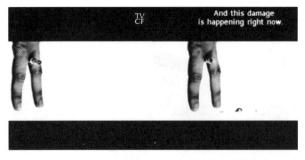

<그림 11-11> 위협소구와 성적 소구의 결합

Na : 수천 명의 남자들이 흡연으로 인해 성기능 장애를 가진다는 사실을 알고 있나요.
아마 모를 것입니다.
사람들은 이야기하고 싶어 하지 않으니까요.
담배를 피울 때마다 지방이 축적되어 음경의 혈액흐름이 원활하지 못하게 됩니다.
그런 피해는 지금도 일어나고 있습니다.

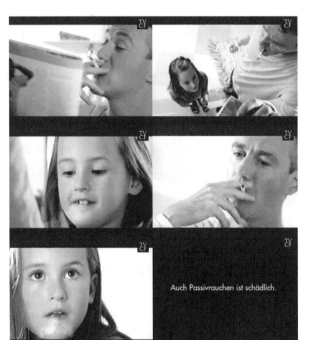

<그림 11-12> 간접흡연의 위험성 경고

NA : 간접흡연 또한 해롭습니다.
금연 상담소
자막 : 라우흐프라이
NA : ｗｗｗ.라우흐프라이-인포.de
그리고 01805-31 31 31

함으로써 금연을 하도록 설득하고 있는 캠페인을 다수 볼 수 있다(<그림 11-12>). 이 캠페인에서는 아버지가 담배를 피우자, 아이의 입에서도 담배연기가 나오는 모습을 시각화함으로써 간접흡연의 심각함을 보여 주는 과장된 위협소구를 사용하고 있다.

<그림 11-13>의 대상은 흡연자가 아닌 흡연자의 주변인, 즉 청소년 흡연자의

NA : 숙제를 해라. 방청소를 해라.
양치질을 해라. 잔디를 깎아라.
머리를 빗어라. 애완견 먹이
를 줘라. 야채를 먹어라.
아이들에게 마지막으로 잔소
리하였던 게 언제인가요?
금연하라는 말도 해 주어야
합니다.
더 자주, 더 많이 말해 주세요.
청소년금연.COM으로 오세
요.

자막 : 아이들과 담배 사이를 막을
수 있는 가장 좋은 방법은 부
모님입니다.

〈그림 11-13〉 **주변인에게 흡연자 설득 유도**

부모이다. 흡연을 하는 이들은 단기적인 공익광고의 위협소구를 대수롭지 않게 여
기는 경우가 대부분이므로, 그들의 곁에서 지속적으로 금연으로의 설득을 이끌어
낼 수 있는 사람에게 메시지를 전달하고 있다.

한 남자가 담배를 피우는데 갑자기 입으로 폐가 튀어나온다. 튀어나온 폐는 담
배를 피해 멀리 도망간다. 그리고 나오는 메시지 "Get Your lungs back." 이 캠페
인은 과장된 표현의 위협소구를 사용하고 있다. 폐가 튀어나오는 모습은 보는 이
로 하여금 혐오감을 느끼게 하고 있으며, 폐가 도망감으로써 담배는 폐에 좋지 않
다는 것을 흡연자들에게 각인시키고 있다(〈그림 11-14〉).

NA : 당신의 폐를 되찾으세요.

〈그림 11-14〉 과장된 위협소구

2) 에이즈 예방 캠페인

(1) 우리나라의 공익광고

에이즈라는 질병에 대한 예방보다는 에이즈 감염자들에 대한 편견과 차별을 해
소하는 것에 초점이 맞추어진 공익광고이다.

이 광고는 우리 사회가 에이즈 감염자에게 따뜻한 배려와 관심을 가지고 다가가
야 한다는 메시지를 담고 있으며, 에이즈는 일상생활에서의 접촉에서는 감염이 되
지 않는다는, 그동안 일반인들이 잘 인식하지 못하였던 정보를 자신의 친구를 소
개하는 방식으로 제공하여 보다 그들을 가깝게 느낄 수 있도록 사실적으로 소구하
는 방식을 취하였다(〈그림 11-15〉).

〈그림 11-15〉 **공익광고 에이즈 예방 캠페인 : '내 친구입니다'**

　질병관리본부는 "대부분의 일반국민은 에이즈 감염인과의 식사, 포옹, 운동, 가벼운 키스, 변기사용 등으로도 감염될 수 있다고 잘못 알고 있다."며 "이 공익광고는 에이즈 감염인을 아프게 하는 세상의 무관심과 외면, 사람에 대한 그리움을 담아 감염인에 대한 편견과 차별의 벽을 넘어 모두가 함께 살 수 있는 아름다운 세상을 만들어 가자는 의미"라고 언급하였다.

〈그림 11-16〉 **공익광고 에이즈 예방 캠페인 : '왕따는 학교에만 있는 것이 아닙니다'**

〈그림 11-16〉도 〈그림 11-15〉의 사례와 마찬가지로 에이즈의 위험성을 강조하는 위협적인 소구방식이 아닌 에이즈 감염자에 대한 편견을 없애기 위한 의도로 보다 많은 사람들의 감성에 호소하는 방식으로 제작되었다.

(2) 해외 사례

〈그림 11-17〉은 커플이 같이 콘돔을 고르며, 행복해하는 모습을 보여 준다. 에이즈를 예방하자는 메시지를 전달하는 것으로, 임팩트가 부족하여 보는 이들에게 설득력이 부족하다고 생각되는 캠페인이다.

한 남자가 자신의 얼굴과 몸을 이리저리 거울로 살펴본다. 아마도 에이즈 증상이 겉으로 나타날 것이라는 생각에서 비롯된 행동인 것 같다. 남자는 계속 이리저리 살펴보다가 마침내 에이즈 검사센터로 향한다(〈그림 11-18〉).

이 캠페인에서는 에이즈의 증상은 테스트를 통해서만 정확히 알 수 있다는 것, 비밀이 보장된다는 사실을 알림으로써 에이즈 검사를 하는 사람들이 늘어나기를 바라고 있다.

〈그림 11-19〉에서는 한 남자가 빠른 속도로 차들이 다니는 도로를 아무런 무장도 없이 건너고 있다. 에이즈 검사를 받지 않는 것은 이러한 상황과 같다는 비유적인 표현으로 설득하고 있다.

〈그림 11-20〉은 칸 광고제 수상작으로, 아프리카의 현실을 사람들에게 드라마틱하게 보여 줌으로써 메시지를 강력하게 어필하고 있다. 노인이 나타나자 노인의

〈그림 11-17〉 에이즈 예방 캠페인(독일)

NA : 에이즈 보균자인지 아닌지를 알아보는 방법은 어떤 것이 있을까요.
유일한 방법은 테스트를 받는 것입니다.
검사 시스템은 익명으로 행해지고 철저하고 비밀이 보장됩니다.
결과도 믿을 수 있습니다.
아래로 전화 주세요.

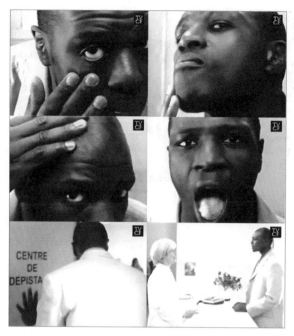

NA : 나는 내가 원하는 것이 무엇인
지 안다.
삶, 사랑, HIV로부터의 안전
안내전화는 01805-555 444
자막 : 에이즈는 기회가 없다.
삶! 사랑! HIV로부터의 안전
BZgA 건강계몽교육을 위한 연
방정부

〈그림 11-18〉 에이즈 검사에 관한 정보 전달 캠페인

NA : 언제까지 위험을 감수하실 건가
요?
에이즈, 검사를 받아야 합니다.
당신을 보호하세요.

〈그림 11-19〉 비유적인 위협소구의 사용

모습이 어떠한지 모르는 사람들이 도망을 가는 장면인데, 이를 흑백화면과 적절한
음악으로 나타냄으로써 더욱 강력한 메시지 전달이 이루어지고 있다. 에이즈는 이
미 소수의 문제가 아닌, 다수의 사람들이 겪는 고통임을 느낄 수 있게 하고, 이로
써 에이즈라는 질병에의 관심을 유도하고 있다.

아프리카의 평균 기대수명은 47세에 불과합니다.
머지않아 노인의 모습이 어떠한지조차 모르게 될 겁니다.
아프리카를 에이즈의 손아귀에 넘겨주지 맙시다.

〈그림 11-20〉 **사회적인 현실을 반영한 위협소구**

3) 마약퇴치 캠페인

공포, 위협소구를 이용한 마약퇴치 공익광고이다(〈그림 11-21〉). 배경음악으로
〈월광 소나타〉가 낮게 깔리며, 한 남자가 땅을 파는 모습이 보인다. 광고 마지막의
자신이 판 구덩이에 누워 있는 남자의 겁에 질린 모습과 카피는 마약에 대한 공포
심을 자극한다.

〈그림 11-21〉 **공익광고 '스스로 파는 무덤' 편**

마약이라는 소재를 직접적인 계도 메시지가 아닌 상황을 구체적으로 표현하여, 인간의 내면에 있는 공포심리를 자극해 하지 말아야 한다는 결심을 얻어 내기 위한 공익광고이다. 주제가 다른 공익광고에 비해 무거운 편이기 때문에 과정을 이야기하기보다는 행위에 대한 결과를 극단적으로 보여 주는 방식을 택하였다.

3. 건강커뮤니케이션 프로젝트

1) 핀란드의 북카렐리아 프로젝트

1972년에 핀란드의 북카렐리아 지역에서 지역공동체 주민들의 심장혈관질환과 관련된 위험요소를 줄이기 위한 예방적 건강 캠페인이 시작되었다. 이 프로그램은 핀란드가 전 세계에서 심장혈관질환 발생비율이 가장 높았고, 그중에서도 북카렐리아 지역이 그 질환의 발생수준이 가장 높다는 통계조사가 나온 이후 북카렐리아 지역주민들의 동의하에 고안되었다. 이 계획은 정부가 지원하고 세계보건기구(WHO)와 지역 지도자들의 협력 아래 시행되었다.

북카렐리아 프로젝트는 헬싱키에 있는 국립공중보건원(NPHI)의 푸스카의 주도로 고안되고 평가되었으며, 이후에는 지역 지도자들과 지역 사회기구들의 많은 도움을 받아 진행되었다. 이 과정에서 NPHI는 북카렐리아 주민들에게 권위 있고 신뢰할 만한 기구로 인식되었다. 이 프로젝트는 지역사회 규모로 심장병의 위험을 줄이려는 프로그램으로 실행되었다. 전문가들은 이 프로그램이 지역사회와 보건서비스 구조가 통합되는 방식으로 이루어져야 한다고 진단하였다. 왜냐하면 핀란드와 북카렐리아 지역에서 심장병은 전염병과 같기 때문에 이를 막기 위한 최선책은 대규모의 협력 프로젝트라는 결론에 도달하였기 때문이다.

앞에서 지적하였듯이, 북카렐리아 지역이 시험적 연구를 위한 지역으로 선정되었던 이유는 이 지역의 심장병 발병률이 핀란드 내에서 가장 높았기 때문이다. 의료진은 흡연이나 과다한 콜레스테롤 수치, 고혈압 등의 위험요소가 심장병 발생과 직접적인 관련이 있다고 보았고, 따라서 위와 같은 위험요소들을 줄이면 심장병 발생도 줄일 수 있다고 결론지었다.

이러한 건강커뮤니케이션을 수행하기 위해서는 매스미디어의 사용이 필수적이었다. 우선 텔레비전 방송을 통해 지역주민들에게 심장병 예방을 위해서는 금연이

절대적으로 필요하다고 지속적으로 알려 주었다. 또한 포스터나 인쇄광고를 통해 심장건강에 좋은 행동들을 지속적으로 홍보하였다.

건강커뮤니케이션의 예로 든 북카렐리아 프로젝트를 더 정확히 알기 위해서는 핀란드의 생활양식과 보건상태에 대해 알아 둘 필요가 있다. 핀란드는 제2차 세계 대전 이후 수십 년간 국민총생산의 증가하는 등 생활수준이 향상되었고, 이는 버터나 쇠고기, 돼지고기 등 고콜레스테롤 음식을 소비하는 식습관의 변화로 이어져 지방의 섭취가 늘어났다. 고콜레스테롤 음식을 소비하는 것은 핀란드 사람들이 이전과 같이 농어업이나 벌채업과 같이 많은 노동력을 필요로 하는 작업을 하는 경우에는 건강에 큰 영향을 주지 않았지만, 대부분의 사람들이 사무 작업이나 컴퓨터 작업 등 앉아서 하는 일을 하게 됨에 따라 건강에 큰 위협을 주게 되었다. 운동량이 적어진 만큼 음식의 섭취를 줄이거나 지방이 적은 음식을 먹어야 하지만 핀란드인들은 그렇게 하지 않았다.

그러나 1971년에 발생한 과도한 심장혈관질환 발병률의 증가는 핀란드 사회에 일어난 중요한 변화와 관련되어 있다. 핀란드에서 직업, 혹은 다른 사회적 변화는 많이 일어났으나 운동이나 영양, 생활양식에서의 변화는 바람직하게 변화하지 않았다. 북카렐리아 프로젝트의 주요한 기능의 하나는 생활양식을 현대 핀란드 사회의 변화된 직업적 상황에 맞추는 것이었다.

제1장에서 살펴본 개혁의 확산모델과 같이, 혁신을 채택하는 양상은 대개 시간이 지남에 따라 S자 형태의 커브를 띤다. 먼저 새로운 아이디어를 채택하는 사람은 소수에 불과하다. 그 다음 15~25%에 해당하는 사람들이 혁신을 채택하는데, 여기서 채택곡선이 급격하게 증가하는 경향이 나타난다. 시스템 안의 구성원들이 혁신을 확산시키는 주요한 전략은 바로 결정적 다수를 만드는 것이다. 결정적 다수 혹은 임계질량(critical mass)이란 물리학에서 나온 용어로, 많은 사람들이 혁신을 채택함으로써 채택비용 혜택이 대부분의 사람들에게 이익이 되고, 따라서 혁신의 채택률이 자기 충족적이 되는 시점을 의미한다. 이를 다시 설명하면, 휴대전화나 위성방송과 같은 새로운 기술을 구매하거나 이용하는 사람의 수가 처음에는 소수였다가 점차 늘어나기 시작하여 채택하는 것이 이익이 되는 시점이라고 볼 수 있다. 이 지점을 통과하면 혁신은 계속해서 증가하고 스스로 힘을 가지고 발전한다.

결정적 다수개념은 혁신의 확산과정 초기에는 캠페인을 위해 많은 노력과 시간이 들어가지만 특정한 수의 채택자가 생기면 혁신은 스스로의 힘으로 지속된다고 정리할 수 있다. 새로운 아이디어에 만족한 채택자들이 그들의 동료에게 혁신을 채택하는 것이 좋다고 이야기함으로써 결정적 다수가 발생하게 된다. 이러한 아이디어는 북카렐리아 캠페인의 고안자들에게도 적극적으로 채택되었다.

건강커뮤니케이션 캠페인의 효과는 누적적이다. 다시 말해 수용자에게 미치는 효과는 서서히 형성된다. 북카렐리아 프로젝트의 경우 20년간의 장기적인 노력의 결과로 심장혈관질환의 발병이 확실하게 감소하였다. 이러한 건강커뮤니케이션의 경우 대개 10년 이내에 효과를 보려고 하지만 큰 효과를 보기는 힘들다. 다시 말해 전 사회적인 장기적인 노력이 있어야 효과를 볼 수 있는 것이다. 예를 들어, 북카렐리아 프로젝트는 낙농업 위주의 농업경영을 딸기류 작농으로 변화시킴으로써 전반적인 공중건강을 향상시키고자 하였다. 또한 주민들의 식생활에도 직접적으로 관여하여 슈퍼마켓이나 식료품 제조업체와 협력하여 지방과 설탕, 소금 등의 사용을 줄이도록 하였고, 버터 대신 식물성 기름이나 마가린을 소비하도록 하였으며, 우유도 저지방 우유를 마시도록 권유하였다. 그러나 이러한 식생활의 변화는 반드시 보건전문가들과 공중의 상호신뢰 관계가 이루어진 후에만 가능한데, 이러한 관계가 이루어지는 데에는 많은 시간이 필요하다.

또한 북카렐리아 프로젝트는 지역도시 간 콜레스테롤 감소를 위한 시합을 지원함으로써 지역사회의 원조를 촉발시키기도 하였다. 이 시합에 참여한 도시 주민 중 80%에 해당하는 사람들에게 시합 이전과 이후에 혈중 콜레스테롤을 측정하도록 하였다. 우승한 도시는 평균적으로 10% 정도의 콜레스테롤 수치 감소가 발견되었고, 우승상품으로 하와이여행이 제공되었다.

북카렐리아 프로젝트는 1975년에 의견지도자들을 활용하기 시작하였는데, 그들을 2일간에 걸친 세미나에 초청하여 교육시켰다. 약 800명의 의견지도자들이 건강한 생활양식에 대해 교육받았고, 이러한 정보를 다른 사람에게 전달해 줄 것을 요구받았다. 7년 후인 1982년의 조사에 따르면 초기에 의견지도자로 활동하였던 사람들의 절반이 아직도 활동 중이었다. 의견지도자들은 그들의 친구들과 이웃들에게 담배를 끊고 야채를 많이 먹도록 권유하였으며, 이 프로젝트의 주요한 미디어 구성요소인 텔레비전의 금연 프로그램을 시청하도록 적극적으로 설득하였다. 북카렐리아 프로젝트에서 의견지도자들을 사용한 이유 중 하나는 건강한 생활양식을 촉진시키는 캠페인이 확산의 S곡선에서 결정적 다수에 도달하기 위해서였다.

북카렐리아 지역에서 일어났던 건강 관련 생활양식의 혁명은 보건교육의 본질에서의 거대한 혁명이라고 할 수 있다. 20년 전에는 보건교육이라는 것이 한 사람의 공중보건전문가와 한 사람의 교육자 간의 일대일 만남으로 이해되었다. 그러나 오늘날에는 보건교육은 다양한 종류의 커뮤니케이션 채널과 사회 마케팅(social marketing), 사회학습이론 등을 이용하는 것을 의미한다. 물론 의견지도자와 같은 면대면 커뮤니케이션은 오늘날에도 사용된다.

북카렐리아 프로젝트나 다음에 알아볼 스탠퍼드 심장병 예방 프로그램과 같은 심장혈관질환의 감소를 성공시킨 사례들은 의학계의 획기적인 연구 성과 없이 이루어졌다는 점에 주목해야 한다. 대신에 이러한 성공은 보건교육의 결과에 의한 것인데, 이러한 교육은 심리학 연구의 발전과 이론에 기인하고 있다. 여기서 주목해야 할 이론은 밴듀라의 사회학습이론이다. 이 이론은 특히 북카렐리아 프로젝트에서 광범위하게 사용되었다. 예를 들어 1978년에 핀란드의 텔레비전에서는 금연을 위한 프로그램을 방영하였는데, 이 프로그램에서는 10명의 사람들이 선택되었다. 10명의 사람들은 핀란드에서 특히 흡연율이 높은 연령층을 고려하여 선택되었는데, 그 연령층은 중년 남성, 젊은 여성, 10대 소년들이었다. 각각 10명의 참여자들은 담배를 끊는 과정에서의 저항과 어려움, 성취감 등에 대해 솔직히 말하도록 요구받았다. 7부에 걸친 텔레비전 프로그램 시리즈가 끝났을 때 참석자 10명 중 8명이 담배를 끊는 데 성공하였으며, 이 프로그램을 시청한 전국의 시청자 중 1만 명에 가까운 사람들 역시 담배 피우는 것을 포기하였다. 더욱 고무적인 것은 이러한 성공적인 건강커뮤니케이션이 불과 8000달러의 비용만으로 이루어졌다는 점이다. 핀란드 텔레비전 네트워크는 이 프로그램의 방송비용을 부담하였다.

금연 프로그램은 핀란드의 다른 지역보다 북카렐리아 지역에서 거의 두 배에 가까운 효과를 보였는데, 경험적 연구결과에 따르면 그 이유는 의견지도자들이 지역 텔레비전 시청자집단을 조직하였기 때문이다. 따라서 건강커뮤니케이션의 성공여부는 미디어의 사용 외에 지역사회가 얼마나 지역주민들에게 관심을 가지고 끝까지 보건교육을 시키는가에 달려 있는 것이다.

사회학습이론이 북카렐리아 프로젝트에서 사용된 또 다른 예는 그 지역의 축구팀과의 좋은 관계를 발전시킨 것이었다. 축구선수들은 북카렐리아 프로젝트를 상징하는 두 개의 빨간색 심장표시를 유니폼에 달고 심장건강을 위한 행동을 촉진하는 포스터와 인쇄광고에 등장하였다. 따라서 축구선수들은 건강한 생활양식을 위한 역할모델로서 긍정적인 역할을 수행한 것이다.

2) 미국의 스탠퍼드 심장병 예방 프로그램

1971년 미국에서는 국립보건원의 재정보조로 스탠퍼드 대학교의 심장전문의인 파쿠하와 커뮤니케이션 학자인 매코비의 공동작업으로 심장병을 줄이려는 프로그램이 시작되었다. 이 프로그램의 정식명칭은 스탠퍼드 심장병 예방 프로그램(이하 스탠퍼드 프로그램)이었다. 이 프로그램의 첫 번째 단계는 캘리포니아 주의 세 개 소도시에서 수행되었고, 2단계 프로그램은 다른 다섯 개 소도시에서 수행되었다.

스탠퍼드 프로그램은 심장병과 관련된 위험요소를 줄이기 위한 핵심적 목표를 세우고 금연과 체중 감소, 운동, 스트레스 감소를 위해 시행되는 일련의 건강커뮤니케이션 캠페인으로 정의할 수 있다. 특히 매스미디어를 이용하는 방법과 소집단 커뮤니케이션과 같은 대인적 커뮤니케이션을 이용하는 방법, 의견지도자의 네트워크를 구성하는 것과 같이 다양한 채널이 사용되었다. 그중 매스미디어를 이용한 캠페인에는 텔레비전과 라디오, 신문, 그 외에 대량 유통되는 인쇄매체가 사용되었다. 교육행위도 중요한 캠페인의 일종이었는데, 특히 각 교육집단에서의 대면교육과 콘테스트, 서신을 통한 교육 등이 모두 사용되었다. 또한 그 지역에 많이 사는 스페인어 사용 주민들을 위해 스페인어 라디오, 신문, 대량 인쇄물이 사용되었다.

프로그램이 시작된 후 연속적인 모니터링과 평가과정이 스탠퍼드 프로그램의 효과를 측정하기 위해 수행되었다. 건강한 생활방식에 대한 유용한 교훈들이 이 프로그램을 통해 널리 알려졌으며, 이 건강커뮤니케이션은 전반적으로 성공적인 것으로 평가되었다. 그러나 각각의 하부 캠페인 행위들은 독립적으로 평가되지 못하였는데, 이는 이 캠페인이 하나로 통합되어 이루어졌기 때문이다.

¤ 연습문제

1 캠페인에 대한 다음 설명 중 <u>잘못된</u> 것은?

① 명확한 목표가 있으며 개인에게 영향을 미치려고 한다.

② 소수의 수용자를 목표로 한다.

③ 특정하게 정의된 시간적 한계가 있다.

④ 커뮤니케이션 행위가 조직적으로 배열되어 있다.

2 다음 중 건강 캠페인의 종류에 속하지 <u>않는</u> 것은?

① 금연 캠페인   ② 에이즈 예방 캠페인

③ 재활용 권장 캠페인   ④ 심장병 예방 캠페인

정답 **1** ② **2** ③

¤ 연구과제

1 현대사회에서 건강의 의미와 매체와의 관계에 대해 논하시오.

2 캠페인의 특징을 정리하고 건강 캠페인의 적절한 예를 찾아보시오.

3 정교화가능성 이론과 건강커뮤니케이션과의 함의를 논하시오.

4 사회학습이론에서 사용되는 모델링을 건강 캠페인에 적용시켜 설명하시오.

5 건강커뮤니케이션에서 위협소구의 정기능과 역기능에 대해 설명하시오.

참고문헌

권상희·이근영·김위근(2007). 「상호작용성(Interactivity)과 맥락(Context)이 인터넷 광고
    효과에 미치는 영향」. 『광고학연구』 18권 1호.

김미애(2001). 「노년층 광고모델에 대한 광고실무자들의 지각」. 『광고학연구』 특별호.

김병희 외(2006). 『방송광고와 광고비평』. 나남출판.

김병희(2007). 「광고 헤드라인의 유형분류에 관한 연구」. 『광고연구』 75권, 여름호.

김영석(2005). 『설득커뮤니케이션』. 나남출판.

김완석(2000). 『광고심리학』. 학지사.

리처드 바고지 외 저, 김완석·이성수 공역(2004). 『소비자행동의 심리학』. 시그마프레스.

김용만 외(2000). 『스포츠 마케팅』. 학현사.

김재휘(2004). 『광고와 심리』. 한국방송광고공사, KOBACO문고 01.

김재휘·안정태(2004). 「TV 드라마에서의 제품 배치(PPL)의 광고효과 측정」. 『광고연
    구』 64호.

김재휘·이해인(2006). 「구매 결정후의 인지부조화가 구매 후 정보탐색 행동에 미치는
    영향」. 『광고학연구』 17권 5호.

김춘식(2005). 『대통령선거와 정치광고』. 한국방송광고공사 광고신서 08.

남동현·백광(2001). 『최신 스포츠 마케팅론』. 대경북스.

남승규(1999). 『소비자심리학』. 학지사.

존 오셔네스·니콜라스 잭슨 오셔네스 저, 남인용·김미애 공역(2007). 『광고와 설득커
    뮤니케이션』. 커뮤니케이션북스.

민영(2005). 「정치광고의 의제설정기능과 투표선호도에 대한 효과」. 『광고연구』 66호.

박재진·윤소향(2007). 「이념 성향에 따른 정치광고의 메시지 프레이밍 효과」. 『광고연
    구』 가을호.

박정자(2006). 『로빈슨크루소의 사치』. 기파랑.

박종민·안주아(2003). 「협상자로서 PR실무자의 협상자질 구성요인에 관한 연구」. 『광
    고학연구』 14권 3호.

박창희(2003). 「CATV 홈쇼핑 광고프로그램이 소비문화와 수용에 미치는 영향」. 『광고
    학연구』 14권 3호.

부경희(2006). 「'다른 사람에게 적극 추천은 했는데… 저는 안 샀어요.' : 잡지 관여도에 따른 잡지 애드버토리얼의 태도 vs. 행동 설득 효과에 관한 연구」. 『광고학연구』 17권 3호.

오택섭 편역(1994). 『설득이론과 광고』. 나남출판.

우석봉(2007). 『브랜드 심리학』. 학지사.

우형진(2007). 「텔레비전 뉴스 시청이 시청자의 건강증진의지에 미치는 영향에 관한 연구」. 『한국언론학보』 51권 2호.

원우현 외(2006). 『인터넷 커뮤니케이션』. 박영사.

이강형(2007). 「인지 일관성 이론에 근거한 텔레비전 후보 토론회의 효과 : 합리적 투표, 설득, 선택적 지각의 가능성을 중심으로」. 『한국언론학보』 51권 1호.

이명천 외(2002). 『글로벌 시대의 광고와 사회』. 한울아카데미.

이원형(2005). 『광고, 쉽게 알 수 있는 사전』. 커뮤니케이션북스.

이은택 · 정만수 공저(2002). 『설득커뮤니케이션』. 한국방송통신대학교출판부.

이준웅 · 김은미 · 김현석(2007). 「누가 인터넷 토론에서 영향력을 행사하는가? : 온라인 의견지도자의 속성」. 『한국언론학보』 51권 3호.

이철영 · 이경렬(2006). 「웹 사이트 플로팅광고가 수용자 태도에 미치는 영향에 관한 연구」. 『광고학연구』 17권 5호.

이화자(2006). 『광고그라피』. 수류산방중심.

장대련 · 한민희(2006). 『광고론』. 학현사.

정성호(2003). 「TV토론이 유권자의 인지변화에 미치는 영향에 관한 연구 : 제16대 대통령선거 TV토론을 중심으로」. 『한국언론학보』 47권 6호.

제리 A. 헨드릭스 저, 조전근 · 김원석 공역(2005). 『성공한 PR』. 커뮤니케이션북스.

차배근 · 리대룡 · 오두범 · 조성겸 (1995). 『설득커뮤니케이션 개론』. 나남출판.

최명일(2007). 「메시지 유형에 따른 에이즈 예방 캠페인 효과 : 공포소구와 메시지 측면성의 효과를 중심으로」. 『광고학연구』 18권 2호.

최윤희(2003). 『현대PR론』. 나남출판.

─────(2003). 『국제PR론』. 커뮤니케이션북스.

탁진영 · 박정향 (2002). 「비교광고의 조정변인이 설득효과에 미치는 영향에 관한 연구」. 『한국언론학보』 46권 3호.

윌슨 브라이언 키 저, 허갑중 역(1992). 『현대사회와 잠재의식의 광고학』. 나남출판.

Backer, T. E., Rogers, E. M., & Sopory, P.(1992). *Designing Health Communication Campaigns: What works?* Sage.

Cilaldini, R.(2001). *Influence.* Allyn & Bacon.

Hogan, K.(2004). *The Psychology of Persuasion.* Pelican Publishing Co.

———(2005). *The Science of Influence.* John Wiley & Sons, Inc.

Key, W. B.(1976), *Media Sexploitation.* Englewood Cliffs, NJ : Prentice-Hall.

Larson, C. U.(2004). *Persuasion: Reception and Responsibility.* Thomson.

Mortensen, K. W.(2004). *Maximum Influence.* Amacom.

Patterson, K., Grenny, J., Maxfield, D., McMillan, R., & Switzler, A.(2008). *Influencer.* New York: McGraw-Hill.

Petty, R. E., & Cacioppo, J. T.(1996). *Attitudes and Persuasion: Classic and Contemporary Approaches.* Westview Press Inc.

Rice, R. E., & Atkin, C. K.(2001). *Public Communication Campaigns.* Sage Publications, Inc.

Stiff, J. B., & Mongeau, P. A.(2003). *Persuasive Communication.* The Guilford Press.

네이버(www.naver.com)

다음(www.daum.net)

카인즈(www.kinds.or.kr)

광고정보센터(www.adic.co.kr)

매일경제(www.mk.co.kr)

연합뉴스(www.yonhapnews.co.kr)

사진자료(www.tvcf.co.kr)

중앙일보(www.joins.com)

롯데삼강(www.lottesamgang.com)

한국 야쿠르트(www.yakult.com)

현대 홈쇼핑(http://www.hmall.com)

CJ 홈쇼핑(http://www.cjmall.com/)

우리 닷컴(http://www.woori.com/)

GS 이숍(http://www.gseshop,co,kr/)

농수산 홈쇼핑(http://www.nseshop.com/)

찾아보기

ㄱ

각성 121

감정 138

건강신념모델 261

게슈탈트 심리학 133

게슈탈트 원칙 134

고전적 조건화 137

공명(共鳴)모델 96

공약 118

공포소구 24

관점가변이론 181

관찰학습 137

귀인(歸因)이론 185

균형이론(balance theory) 27

근접학(proxemics) 78

기억 135

기업 PR 광고 236

ㄴ

노출효과 67

논점관여 118

ㄷ

독립변인 258

동기 121

동기부여 140

동조 45, 46

ㄹ

로고스(logos) 4

리커트 척도 114

ㅁ

모델 6

모델링 262

ㅂ

반응관여 118

발견적-체계적 모델(Heuristic-Systematic
  Model : HSM) 30

부메랑효과 6

비언어 커뮤니케이션 43

ㅅ

사이코그래픽스 141

사회경제적 계층 110

사회학습이론 20, 262

삼단논법(syllogism) 15

생략삼단논법(enthymeme) 4

소구방식 75

소스(source) 74

소시오그래픽스 144

수면자효과(sleeper effect) 23, 75

『수사학(rhetoric)』 4

순서효과(order effect) 74

스키마 257

스포츠 마케팅 238

신뢰성 42

실험집단 255

심리적 반발이론 170

ㅇ

양적(quantitative) 연구 11

에토스(ethos) 4

에피파니 17

역하지각 133, 134

연계학습 137, 152

위험요소 247, 250

유기체 109

유레카 17

의미 분별 척도 114

의사결정이론 160

의제설정 101

이용과 충족이론 36

인구통계학적(demographics) 자료 49

인상관리이론 168

인지 132

인지일관성이론 26

인지적 구두쇠(cognitive miser) 70

인지학습 152

인포테인먼트 249

ㅈ

자아관여 117

잠재의식 205

잠재적 효과 130

적응수준이론 178

접종이론 120

정교화가능성 모델(Elaboration Likelihood
    Model : ELM) 29

정보과잉 73

정보처리모델 159

조작적 조건화 137

종속변인 258

준거집단 110

지각 133

질적(qualitative) 연구 11

ㅊ

초두효과 23

최신효과 23

ㅋ

캠페인 248

쿨미디어 99

ㅌ

통제집단 255

통합적 설득모델 189

ㅍ

파토스(pathos) 4

판단이론 177

평판 42

ㅎ
합리적 행동이론 190, 260
핫미디어 99
행동주의 19
현재적 효과 130

확산(diffusion) 34

FUD 전략 25
PPL 209
Q 방법론 138
VALS 142

집필자

정만수

고려대학교 신문방송학과 졸업

미국 플로리다대학교 졸업(언론학 석사)

미국 미주리대학교 졸업(언론학 박사)

(주)금강기획 국제광고본부장, 마케팅본부장

수원대학교 언론정보학과 교수

방송위원회 광고심의위원

• 현재 : 숙명여자대학교 언론정보학부 홍보광고학과 교수

• 저서 : 『현대광고의 이해』, 『글로벌시대의 광고와 사회』,
　　　　『인터넷 커뮤니케이션』, 『글로벌마케팅 커뮤니케이션』,
　　　　『브랜드자산의 전략적 관리』(역서) 등

이은택

고려대학교 심리학과 졸업

고려대학교 대학원 졸업(신문학 석사)

미국 미주리대학교 졸업(언론학 박사)

한국언론재단 객원연구원

미국 오클라호마대학교 언론대학 방문교수

• 현재 : 한국방송통신대학교 미디어영상학과 교수

• 저서 : 『미디어비평』, 『뉴미디어론』, 『저널리즘의 이해』,
　　　　『언론윤리의 재발견』(역서) 등

한국방송통신대학교 미디어영상학과 http://msn.knou.ac.kr (02)3668-4710